城市道路桥梁工程新技术应用

肖春　徐伟　李旭彪　著

吉林大学出版社

·长春·

图书在版编目（CIP）数据

城市道路桥梁工程新技术应用／肖春，徐伟，李旭彪著. -- 长春：吉林大学出版社，2021.11
ISBN 978-7-5692-9185-8

Ⅰ.①城… Ⅱ.①肖… ②徐… ③李… Ⅲ.①城市道路-道路工程②城市桥-桥梁工程 Ⅳ.①U415 ②U448.155

中国版本图书馆 CIP 数据核字（2021）第 215982 号

书　　名	城市道路桥梁工程新技术应用
	CHENGSHI DAOLU QIAOLIANG GONGCHENG XINJISHU YINGYONG
作　　者	肖　春　徐　伟　李旭彪　著
策划编辑	黄忠杰
责任编辑	田茂生
责任校对	冀　洋
装帧设计	亿博林轩
出版发行	吉林大学出版社
社　　址	长春市人民大街 4059 号
邮政编码	130021
发行电话	0431-89580028/29/21
网　　址	http://www.jlup.com.cn
电子邮箱	jdcbs@ jlu.edu.cn
印　　刷	三美印刷科技（济南）有限公司
开　　本	787mm×1092mm　1/16
印　　张	12.5
字　　数	220 千字
版　　次	2022 年 5 月　第 1 版
印　　次	2022 年 5 月　第 1 次
书　　号	ISBN 978-7-5692-9185-8
定　　价	38.00 元

前　言

随着时代的发展，道路桥梁工程技术也在不断发展和完善，尤其是进入 21 世纪后，随着新技术、新材料、新工艺的不断涌现，道路桥梁工程技术也与时俱进，日臻完善。对这些新技术的学习，可以保证工程一线技术人员能及时掌握公路工程检测技术，更好地保证和提高道路桥梁工程质量。

本书围绕城市道路桥梁工程新技术应用展开论述，在内容编排上共设置七章，第一章是概论，主要阐释城市道路桥梁工程的特点、技术现状以及新技术；第二章研究城市道路桥梁设计新技术，内容包括城市道路路线、路基、路面、限速以及城市桥梁设计的新技术；第三章探讨城市道路施工技术及应用，内容涵盖城市道路路基填筑技术、城市道路路基排水技术、城市道路路面施工技术、城市路面降噪技术及应用、城市路面排水技术及应用；第四章从四个方面——城市桥梁的构造及其受力特点、城市桥梁的施工机械与设备、城市桥梁下部结构预制拼装技术、城市桥梁多滑道顶推技术，探究城市桥梁施工技术及应用；第五章从材料、道路与桥梁检测新技术及应用，探讨城市道路桥梁检测技术及应用；第六章是城市道路桥梁养护技术及应用，涉及沥青路面与水泥路面的维修养护技术及应用、桥梁维修与修补技术及应用、桥梁结构加固技术及应用；第七章突出创新性，研究城市道路桥梁 BIM 技术，内容包括 BIM 技术的概念、BIM 技术的应用现状、城市道路桥梁全生命周期的 BIM 技术、城市道路桥梁 BIM 技术的应用展望。

本书立足当前基础设施建设迅速发展的前提，以工程的技术现状为载体，强调行业需求为导向，探讨城市道路桥梁工程的新技术及其应用。本书坚持传承历史、面向未来、尊重科学的原则，紧扣城市道路桥梁与创新技术主题，丰富拓展道路桥梁知识，对从事道路桥梁工作的工程师和学者具有一定的参考意义。

笔者在撰写本书的过程中，得到了许多专家学者的帮助和指导，在此表示诚挚的谢意。由于笔者水平有限，加之时间仓促，书中所涉及的内容难免有疏漏之处，希望各位读者多提宝贵意见，以便笔者进一步修改，使之更加完善。

肖春　徐伟　李旭彪
2021 年 8 月

目　录

第一章　概　论 ·· (1)

　　第一节　城市道路桥梁工程及其特点 ···················· (1)

　　第二节　城市道路桥梁工程的技术现状 ·················· (6)

　　第三节　城市道路桥梁工程的新技术 ···················· (8)

第二章　城市道路桥梁设计新技术 ······················ (10)

　　第一节　城市道路路线设计新技术 ······················ (10)

　　第二节　城市道路路基设计新技术 ······················ (19)

　　第三节　城市道路路面设计新技术 ······················ (30)

　　第四节　城市道路限速设计技术 ························ (35)

　　第五节　城市桥梁设计新技术 ·························· (41)

第三章　城市道路施工技术及应用 ······················ (47)

　　第一节　城市道路路基填筑技术 ························ (47)

　　第二节　城市道路路基排水技术 ························ (60)

　　第三节　城市道路路面施工技术 ························ (64)

　　第四节　城市路面降噪技术及应用 ······················ (77)

　　第五节　城市路面排水技术及应用 ······················ (81)

第四章　城市桥梁施工技术及应用 ······················ (86)

　　第一节　城市桥梁的构造及其受力特点 ·················· (86)

　　第二节　城市桥梁的施工机械与设备 ···················· (91)

　　第三节　城市桥梁下部结构预制拼装技术 ················ (96)

　　第四节　城市桥梁多滑道顶推技术 ······················ (99)

第五章　城市道路桥梁检测技术及应用 ·················· (105)

　　第一节　材料检测新技术及应用 ························ (105)

第二节　道路检测新技术及应用 ·············· （116）

第三节　桥梁检测新技术及应用 ·············· （127）

第六章　城市道路桥梁养护技术及应用 ·············· （136）

第一节　沥青路面的维修养护技术及应用 ·············· （136）

第二节　水泥路面的维修养护技术及应用 ·············· （145）

第三节　桥梁维修与修补技术及应用 ·············· （157）

第四节　桥梁结构加固技术及应用 ·············· （170）

第七章　城市道路桥梁 BIM 技术 ·············· （179）

第一节　BIM 技术的概念 ·············· （179）

第二节　BIM 技术的应用现状 ·············· （181）

第三节　城市道路桥梁全生命周期的 BIM 技术 ·············· （181）

第四节　城市道路桥梁 BIM 技术的应用展望 ·············· （184）

结束语 ·············· （190）

参考文献 ·············· （191）

第一章 概 论

第一节 城市道路桥梁工程及其特点

一、城市道路桥梁工程概述

（一）城市道路桥梁工程的组成与等级划分

按所在位置、交通性质及使用特点，道路工程可分为公路、厂矿道路、林区道路等。道路还包括铁路等轨道交通。桥梁是指为道路跨越天然或人工障碍物而修建的建筑物。

1. 公路和铁路的组成

线形组成。公路线形是指公路路线中线的空间几何形状和尺寸。铁路线形是指铁路线路中心线的空间几何形状和尺寸。公路路线中线和铁路线路中心线均是一条三维空间曲线。因此，道路工程是一个带状建筑物。

结构组成。公路的结构是承受荷载和自然因素影响的结构物，包括路基、路面、桥涵、隧道、排水系统、防护工程、特殊构造物及交通服务设施等。铁路等轨道交通除用轨道结构替代路面结构外，其余结构组成与公路结构大致相同。

2. 城市道路的组成

道路工程的主体是路线、路基（包括排水系统及防护工程等）、路面、桥梁、隧道等部分。

3. 桥梁的组成

一般来讲，桥梁由五大部件和五小部件组成。五大部件是指桥梁承受汽车或其他车辆运输荷载的桥跨上部结构与下部结构，是桥梁结构安全的保证。其包括桥跨结构（或称为桥孔结构、上部结构），桥梁支座系统，桥墩、桥台，承台，挖井或碇基。五小部件是指直接与桥梁服务功能有关的部件，过去称为桥面构造。其包括桥面铺装、防排水系统、栏杆、伸缩缝、灯光照明。大型桥梁附属结构有桥头堡、引桥等设置（图1-1）。

图1-1 桥梁组成

（二）城市道路与公路的等级划分

1. 城市道路的等级划分

按城市道路系统的地位、交通功能和对沿线建筑物的服务功能，城市道路分为以下四类。

（1）快速路。快速路主要为城市长距离交通服务。

（2）主干路。主干路是城市道路网的骨架。

（3）次干路。次干路配合主干路组成城市道路网。它是城市交通干路。

（4）支路。支路是一个地区（如居住区）内的道路，以服务功能为主。

2. 公路的等级划分

根据使用任务、功能和适用的交通量，公路分为高速公路、一级公路、二级公路、三级公路、四级公路 5 个等级。

（1）高速公路。高速公路是指具有 4 个或 4 个以上车道，设有中央分隔带，全部立体交叉，全部控制出入，专供汽车分向、分车道高速行驶的公路。

（2）一级公路。一级公路与高速公路设施基本相同，但一级公路只部分控制出入。

（3）二级公路。二级公路是中等以上城市的干线公路。

（4）三级公路。三级公路是沟通县、城镇之间的集散公路。

（5）四级公路。四级公路是沟通乡、村等地的地方公路。

（三）城市桥梁的分类

1. 按照受力特点分类

桥梁按照受力特点可分为梁式桥、拱式桥、悬索桥等类型。

梁式桥一般建在跨度很大、水域较浅处，由桥柱和桥板组成，物体重量从桥板传向桥柱。

拱式桥一般建在跨度较小的水域之上，桥身呈拱形，一般都有多个桥洞，起到泄洪的作用。桥中间的重量传向桥两端，而桥两端的重量则传向桥中间。

悬索桥是现今最实用的一种桥。它可以建在跨度大、水深的地方，由桥柱、铁索与桥面组成。早期的悬索桥就可以经受住风吹雨打，不会断掉，悬索桥基本上可以在暴风来临时岿然不动。

2. 按照长度分类

（1）按多孔跨径总长，分为特大桥（$L>1000\text{m}$）、大桥（$100\text{m}<L<1000\text{m}$）、中桥（$30\text{m}<L<100\text{m}$）、小桥（$8\text{m}<L<30\text{m}$）。

（2）按单孔跨径长度，分为特大桥（$L_\text{K}>150\text{m}$）、大桥（$40\text{m}<L_\text{K}<150\text{m}$）、中桥（$20\text{m}<L_\text{K}<40\text{m}$）、小桥（$5\text{m}<L_\text{K}<20\text{m}$）。

3. 按照其他分类

按用途分为公路桥、公铁两用桥、人行桥、舟桥、机耕桥、过水桥。

按跨径大小和多跨总长分为小桥、中桥、大桥、特大桥。

按行车道位置分为上承式桥、中承式桥、下承式桥。

按承重构件受力情况分为梁桥、板桥、拱桥、钢结构桥、吊桥、组合体系桥（斜拉桥、悬索桥）。

按使用年限分为永久性桥、半永久性桥、临时桥。

按材料类型分为木桥、圬工桥、钢筋混凝土桥、预应力桥、钢桥。

（四）铁路分类

按性质和管理主体，铁路分为国家铁路、合资铁路、地方铁路、专用铁路、铁路专用线。

按运营性质，铁路分为客运专线铁路、客货共线铁路、货运专线铁路（重载铁路）。

按列车运行速度，铁路分为常速（普速）铁路（列车最高运行速度小于或等于160km/h的铁路）、快速铁路（列车最高运行速度大于或等于160km/h且小于200km/h的铁路）、高速铁路（新建铁路列车最高运行速度大于250km/h和改建铁路列车最高运行速度大于200km/h的铁路）、超高速铁路（磁浮铁路列车最高运行速度大于400km/h的铁路）。

按线路条件，铁路分为单线铁路、复线铁路、电气化铁路、非电气化铁路。

按服务范围，铁路分为干线铁路、城际铁路、市郊铁路、城市轨道交通。

二、城市道路桥梁工程的特点

为了科学地组织、管理城市道路桥梁工程生产活动，提高城市道路桥梁建设的经济效益，必须了解城市道路桥梁工程建筑产品的特点和道路桥梁工程建设的特点。

（一）城市道路桥梁工程建筑产品的特点

道路桥梁工程建筑产品具有以下特点。

（1）产品的固定性。道路桥梁工程建筑产品一般固定于某一地点而不能移动。

（2）产品的多样性。由于道路桥梁具体使用目的、技术等级、技术标准、自然条件、结构形式、主体功能等不同，故道路桥梁的组成部分、形体构造千差万别、复杂多样。

（3）产品形体的庞大性。道路桥梁工程为线形构造物，其组成部分的形体一般都比较庞大。

（4）产品部分结构的易损性。道路桥梁工程受自然因素及行车的影响，其暴露于大自然的部分及受行车直接作用的部分易损坏。

（5）产品的非商品性。道路桥梁工程具有极强的公益性质，属于公共设施。它虽然是物质产品，但一般不作为商品出售。因为道路桥梁工程虽然能满足他人需要，但不通过交换，所以不是商品。

（二）城市道路桥梁工程建设的特点

（1）劳动对象分散。道路桥梁工程建设点多线长，工程分布极为分散，因而需要采取与之相适应的工程管理方法。

（2）生产流动性强。由于道路桥梁工程建筑产品的固定性，故必须组织人力或机械围绕这一固定劳动对象，在同一工作面不同时间或同一时间不同工作面进行生产活动。此外，当某一道路桥梁工程竣工之后，施工队伍就要向新的施工现场转移。

（3）受自然因素影响大。道路桥梁工程施工大部分是露天作业，受自然条件影响很大。例如，气候冷暖、地势高低、洪水雨雪等，均对工期和工程质量有很大的影响。

（4）需要个别设计、分别组织施工。由于产品具有多样性，每项工程具有不同的功能，施工条件各不相同，因此每项工程不仅需要个别地设计，还需要采用不同的施工方法，分别进行组织施工。

（5）生产周期长。由于产品形体庞大，需耗用人工、材料比较多，生产周期长，故要在较长时间内占用大量的劳动力和资金。

（6）生产协作性高。由于产品具有多样性，特别是道路桥梁工程生产施工环节很多，生产程序复杂，每项工程都需要建设单位、设计单位、施工单位，以及材料、动力、运输等各部门密切配合，通力协作，因此，其生产施工必须有严密的计划和科学的管理。

（7）生产类型多，但以单件生产为主。这是由道路桥梁工程建筑产品的多样性所决定的。

（8）需要不断地养护和修理。这是由道路桥梁工程部分结构的易损性所决定的。不对道路桥梁工程进行养护、维修，就不能维持正常的运输生产。

（9）组成部分的系统性。道路桥梁工程是线形构造物，必须由路基、路面、桥涵工程等有机地组成功能系统，否则将不能连续、正常地发挥其运输功能。从宏观方面看，还要求干线、支线连成网络。

（10）道路桥梁工程建设的先行性。道路桥梁工程建设在我国国民经济建设中处于"先行官"的地位。[①]

---

① 李远富，王恩茂. 道路桥梁工程概预算［M］. 武汉：武汉大学出版社，2015：4.

第二节　城市道路桥梁工程的技术现状

一、城市道路桥梁工程技术的成就

随着科学技术的进步，施工机具、设备和建筑材料的发展，现代道路桥梁工程施工技术在原有施工技术的基础上不断改进、提高而逐步发展和丰富。了解施工技术的发展进程对掌握施工规律，不断总结、改进和创造新的施工技术是十分有益的。

我国道路桥梁工程施工技术所取得的成就如下。

（1）制定或修订了道路桥梁工程施工方面的技术规范，目前已经建立起一整套符合我国国情的道路桥梁工程施工控制、检测和验收标准及规范。很多施工规范从制定初期到现在已历经数次修订，体现了我国施工技术的不断进步和提高。

（2）机械化施工水平大大提高，各种先进的施工机械广泛应用于道路桥梁工程施工中。目前，全国交通市政部门已拥有一大批国产和进口的技术先进、种类齐全、成龙配套的施工机械、试验仪器和检测设备；大型施工机械设备已达几百万台（套），固定资产达数千亿元。

（3）新技术、新工艺、新材料得到广泛应用，取得了巨大的社会效益和经济效益。过去的路面材料主要是碎石、级配砂砾、泥结碎石、沥青表处、沥青贯入等。而现在沥青混凝土和水泥混凝土等性能较好的路面材料得到了广泛应用，使路面的等级提高、质量加强、使用年限变长。水泥混凝土可以使用30年甚至40年，且不怕重车碾压。越来越多的轻质高强混凝土、钢材已广泛应用于桥梁建设上，使桥梁的跨度越来越大，承载能力越来越强。

（4）施工控制及检测手段日臻完善，从而有力地保证了工程质量，加快了施工进度。核子密度仪无损检测、断桩的超声波无损检测、电磁测厚仪等快速准确的检测仪器应用得越来越广泛。

二、城市道路桥梁工程技术的发展趋势

（1）施工方案的拟订和选择方面，将充分利用电子计算机及其他现代化的先进手段，综合考虑材料、机具、工期、造价等因素进行方案优化，以获取

最大的经济效益与社会效益。

（2）在道路施工方面，土石方综合爆破，稳定（加固）土，旧有沥青及水泥混凝土再生，工业废料筑路及水泥、沥青、土壤外加（改性）剂等工艺将有突破性的进展；在钢桥制造方面，国外已较普遍应用电子计算机放样、画线和管理，采用数控坐标精密切割代替刨铣机械加工，采用光电跟踪焊接技术等；在桥跨结构施工和架设方面，关于平衡悬臂施工法、顶推法、转体法等技术，我国已积累了许多经验，接近世界先进水平，特别是转体法修建大跨度拱桥技术，我国已居领先水平。但逐节预制拼装、逐孔无支架施工技术与发达国家相比仍有较大差距。研制大型的吊装机具、设备，采用逐段逐孔的预制安装技术，将是我国桥梁施工技术的发展方向之一。

（3）在施工机械、设备方面，将出现利用单机配套机械进行流水作业和多功能联合施工机械；为实现施工机械自动化，还将使用电子装置和激光技术对施工现场进行遥控监测。在混凝土桥梁的预应力体系方面，国外在20世纪六七十年代开发并完善了一系列适用于平行钢绞线、钢丝束、粗钢筋等的预应力筋锚固体系及相应的连接器和张拉设备，我国基本上是在引进这些技术的基础上成功研制了一些自己的锚具设备。在张拉吨位方面，研制更大吨位、适应性更强、更安全可靠且施工方便的预应力体系仍是当前桥梁界的重要课题。①在深水基础施工方面，施工中采用遥控自动挖掘机、自动装渣排渣机和先进的测试系统，可以实现施工高度机械化和自动化。

（4）在施工检测技术方面，将广泛使用能自动连续量测动、静两种荷载作用下的路基、路面弯沉仪和曲率半径仪；研究使用冲击波、超声波测定道路结构的强度和弹性模量，并研究使用雷达波、同位素方法等测定密实度和厚度，以及使用电脑自动连续量测路面抗滑性能和平整度的仪器等。

（5）在施工作业方面，将大量使用预制结构使道路桥梁施工，特别是人工构造物的施工实现标准化和工厂化。

（6）在特殊路基处理方面，将充分应用生化技术，最大限度地利用当地材料。

（7）各种环保和交通工程设施，如声屏墙、减噪路面及绿化工程等的施工技术将提高到一个新的水平。

（8）在施工与技术结合方面，施工技术的发展将更好地满足设计要求，设计与施工的结合将更加密切。

---

① 李栋国，张洪军，戴文宁. 道路桥梁工程施工技术［M］. 武汉：武汉大学出版社，2014：4.

第三节　城市道路桥梁工程的新技术

21 世纪，随着道路桥梁科技及其产业化发展的加快，交通业还将会发生更大的变化，道路桥梁技术的水平还会更快地提高，但这种变化已不仅仅是道路桥梁工程专业技术某一学科领域的变化和提高，它将更明确地表现在交通生产方式和交通涵盖内容的巨大变化。

道路桥梁建设将实现两个根本性的变化：一是目前还占有一定范围的道路桥梁专业生产方式将向道路桥梁工业化生产方式全面转变；二是通过高新技术的开发应用，道路桥梁工程技术与电子信息技术和节能技术交融、渗透和结合，交通工程将会越来越多地出现涵盖自动化、信息化、生态化的智能交通和充分体现可持续发展的节能交通。

21 世纪是我国道路建设事业蓬勃发展的时期，但是相对于资源的枯竭、环境的进一步恶化，如何在保证道路建设发展的同时，运用新理念、新材料、新的设计方法使道路建设走一条可持续发展之路是道路工作者需要思考的问题。①

运用新的设计方法，更注重道路建设对环境的影响，节约资源、保护环境，加快建设速度，使道路建设更经济，道路和交通设施使用更安全，能够在设计中更多地考虑人的因素，更人性化地设计，无论从道路线形设计还是路面设计都考虑到工程、环境与人的和谐，更好地使道路融入自然，不破坏自然环境，不对人产生不利影响。

运用新的施工方法，将高科技运用于施工当中，使施工质量大大提升、施工速度大大加快，避免道路路面的早期破坏，对节约资源起到不可估量的作用。

运用新的养护方法，对道路进行预防性养护，增加道路的使用寿命，亦可节约资源、保护环境。

运用新的检测方法，可以更好地对公路的施工质量进行监控，对道路在使用中发生的变化进行检测，及时地发现和预报一些病害，做到有针对性地养护，能够对道路的养护和管理起到很大的帮助。

运用新的材料，使道路路基、路面更能符合路用性能，寿命更长，使用性

---

① 周艳. 道路工程施工新技术 [M]. 徐州：中国矿业大学出版社，2013：7.

能更好，对节约能源、保护环境亦起到很大的作用。

可以确信，在持续快速的经济发展驱动下，有人才和物质资源等有利条件的保证，不久的将来，展现在人们面前的将是真正意义上的高科技与交通艺术相结合的，功能、安全、技术、经济、艺术、环境相协调统一的道路。

第二章　城市道路桥梁设计新技术

第一节　城市道路路线设计新技术

一、数字地形模型

数字地形模型（digital terrain model，DTM）是用离散量模拟地表形态与地表有关的各种信息（包括地形、地物、土壤地质、植物覆盖等）的一种方法，它实际上是一个地理信息系统的子系统。

数字地形模型是根据地表面上一些地形点的三维大地坐标（x, y, z）的集合以及在集合中配有的内插规则，而建立起来的一个数字化的地形模型。所谓数字化就是说地形模型不是实物而是用一组数据来构建的；所谓内插就是通过构成 DTM 的一组数据来求算地面上任意一个给定了平面坐标（x, y）的地形点的高程（z）的数学方法。DTM 对人而言是一个看不见、摸不着的非视觉模型，它的存储介质是磁盘或磁带，但对于计算机却是一个易于接受、易于处理的模型，可以认为 DTM 就是给计算机使用的等高线地形图。有了 DTM，只要确定了平面位置，计算机就能够迅速地通过内插获取路线总横断面高程，进行总横断面的有关设计计算，求得土石方工程数量，进一步还可以按一定的方法对路线平面位置和纵断面设计方案做出调整，实现工程的优化设计和自动化设计。

数字地形模型不同于地形图、地形立体模型等直观地表示地形的方法，而是以抽象的数字阵列表示地貌起伏、地表形态的。虽然数字地形模型是一种不直观的、抽象的地表形态表示，人眼不能观察，但这种形态对计算机的处理很有利，计算机可以从中直接、快捷、准确地识别，进行数据处理，提供出方便的地形数据，以实现各项作业的自动化。

由于采用了数字地形模型，设计人员几乎只要根据地形图资料而不必进行极为艰苦的外业测量，或者只需要做一些必要的外业资料调查，便能既保证精度也能高效地完成各个阶段的设计工作。如果配有计算机绘图设备，同时还可绘出包括平、纵、横三方面的设计图纸，甚至是公路透视图。

二、"3S" 技术

在大规模进行高速公路建设的今天，公路勘测质量的好坏以及设计水平的高低直接影响着整个工程的质量。因为一个公路建设项目质量的好坏、投资的多少以及运营的完善与否，直接取决于勘测工作是否周全、设计方案是否合理，二者是相辅相成、互为影响的。如何有效地加快勘测速度、缩短设计周期、优化设计方案、提高设计质量是公路设计人员面临的重要任务。目前提出"数字化地球"概念，并通过"3S 计划"来实现，即 GIS（geographic information system，全球地理信息系统）、GPS（global positioning system，全球定位系统）、RS（remote sensing，遥感测设系统）。

（一）GIS 技术

GIS 是地理学科和计算机学科运用测绘遥感、卫星定位、信息传递等高新技术而发展起来的，它以三维地理空间系统为骨架，包含与该地理空间系统有关的各种属性信息，并随时间进程不断更新，为国民经济各行各业服务。

GIS-T（geographic information system for transportation，交通地理信息系统）是在传统的 GIS 基础之上，加入几何空间网络概念及线的叠置和动态分段等技术，并配以专门的交通建模手段而组成的专门系统，是收集、存储、管理、综合分析和处理空间信息和交通信息的计算机软硬件系统。它是 GIS 技术在交通领域的延伸，是 GIS 与多种交通信息分析和处理技术的集成，应用于交通管理、公路网规划、公路管理、道路运输管理、智能运输系统（ITS）。

公路 GIS 是综合处理三维公路信息的一个计算机软硬件系统，它是 GIS 技术在公路领域的发展，是 GIS 与多种公路信息分析和处理技术的集成。早在几年前，北京市公路局科技处就着手开发了北京公路地理信息系统，是未来数字化地理信息系统的雏形。数字化地理信息系统应该具备详细的地形数据资料，包括平面点的坐标、高程，已建道路和桥梁的位置、名称，道路沿线的民宅、工矿企事业单位、田地、果林、鱼塘、水渠、河流、电力管线等详细地面资料。建立一个庞大的 GIS，单靠公路部门是无法实现的，还需与其他单位通力合作，如测绘部门、航测部门、规划部门、地勘部门。系统完成以后，完全可以实现资源共享，具有较大的经济效益和社会效益。

应用 GIS 可以方便打开某一个区域或某设计路段数字化地形图，通过鼠标在地形图上选取控制点，控制点的属性也同时显示（包括点的坐标、高程），控制点连线后，路线的走向就基本确定，输入一些平曲线要素，一条路线方案很快就选定。如果对所选路线方案不满意，可随时用鼠标修改，同时地形图比例也可以根据需要随时调节。在路线方案选定的同时，可以从地理信息系统数据库中获取其他相关信息资料，如最佳路径、最短出行时间、交通流量、道路沿线地区人口数量、经济状况、建材分布与储量、运输条件、土壤、地质和植被情况等。同时设计人员对于同一起终点的路线，可以选取不同的路线方案进行分析、对比、筛选直至获得最佳满意方案为止。

GIS 在道路前期规划中发挥了巨大作用，在占地拆迁中也作为前期规划工作中的一项重要工作，它的估算准确与否直接影响工程总造价的高低和经济评价的好坏。在 GIS 电子地图上准确定出占地线宽度，自动算出占地亩数（1 亩 = 666.67m²），算出占地线范围内的鱼塘、麦地、果树、电线杆、水井和电力管线等分项拆迁工程量，减轻了前期规划人员外业工作强度，提高了工作效率，可以随时到现场进行碎部测量并采集数据，以补充更新原有的 GIS 数据库。现在许多省、市，尝试把 GIS 技术引入初步设计和施工图设计中，并且已经取得了良好的效果。

（二）GPS 技术

卫星定位是依靠空间卫星传送到地面接收机的信号，从电磁波的时间和速度或是波长与相位判断距离。GPS 是全球性的卫星定位和导航系统，它能向全世界任何地方的用户观测站提供连续的、实时的位置（即三维坐标）、速度和时间等信息。GPS 以全天候、高精度、自动化、高效益等显著特点，广泛应用于大地测量、工程测量、航空摄影测量、运载工具导航和管制、地壳运动监测、工程变形监测、资源勘察、地球动力学等多种学科，从而给测绘领域带来一场深刻的技术革命。

GPS 技术在城市道路设计中的应用具体如下。

（1）绘制大比例尺地形图。公路选线多是在大比例尺（1∶1 000 或 1∶2 000）带状地形图上进行。用传统方法测图，先要建立控制点，然后进行碎部测量，绘制成大比例尺地形图。这种方法工作量大，速度慢，花费时间长。用实时 GPS 动态测量可以完全克服这个缺点，只需在沿线每个碎部点上停留一两分钟，即可获得每点的坐标、高程。结合输入的点特征编码及属性信息，构成带状所有碎部点的数据，在室内即可用绘图软件成图。由于只需要采集碎部点的坐标和输入其属性信息，而且采集速度快，大大降低了测图难度。

（2）公路中线放样。设计人员在大比例尺带状地形图上定线后，需将公路中线在地面上标定出来。采用实时 GPS 测量，只需将中桩点坐标输入到 GPS 电子手簿中，系统软件就会自动定出放样点的点位。由于每个点测量都是独立完成的，不会产生累计误差，各点放样精度趋于一致。

（3）公路的横、纵断面放样和土石方数量计算。一纵断面放样时，先把需要放样的数据输入到电子手簿中（各变坡点桩号、直线正负坡度值、竖曲线半径），生成一个施工测设放样点文件，并储存起来，随时可以到现场放样测设。一横断面放样时，先确定出横断面形式（填、挖、半填半挖），然后把横断面设计数据（如边坡坡度、路肩宽度、路幅宽度、超高、加宽、设计高）输入到电子手簿中，生成一个施工测设放样点文件，储存起来，并随时可以到现场放样测设。同时软件可以自动与地面线衔接进行"戴帽"工作，并利用"断面法"进行土石方数量计算。通过绘图软件，可绘出沿线的纵断面和各点的横断面图。因为所用数据都是测绘地形图时采集而来的，不需要到现场进行纵、横断面测量，大大减少了外业工作。必要时可用动态 GPS 到现场检测复合，这与传统方法相比，既经济又实用，前景又广阔。

（4）桥梁结构物放样。对于在江河上修建的大跨径桥梁，采用传统光学仪器和全站仪来定位是比较困难的，因为江面过宽、雾气较大，易造成仪器读数误差；江面情况变化多端、观测浮标位置飘浮不定，影响定位精度。但 GPS 在这方面发挥了一定的优势。因为 GPS 采用的是空间三点后方距离交会法原理来定位，不受江面外界情况干扰，点与点之间不要求必须通视，简捷方便，精度高，大大提高了作业效率。它的平面坐标定位精度在（5±1×10⁻⁶）mm 左右，基线长度由几米到几十千米，符合桥梁控制网的精度要求。同样对隧道控制网、立体交叉控制网也可以采用 GPS 的方法进行精确定位。

（三）RS 技术

RS 技术即遥感技术，是利用航片或卫星照片上含有的丰富地表信息，通过立体观察和相片判读并经过计算机的自动处理、自动识别，获得与路线相关的各种地质、水文、建材等资料的一个计算机软硬件系统。

遥感技术在公路勘测设计中，可以帮助设计人员对路线所经区域的地形、地貌、河流、居民点以及交通网系等进行概要判读，以了解其对路线的影响，有助于对路线方案的优化。同时它提供详细的地质、水文、植被资料，帮助设计人员了解不良工程地质现象对路线的影响程度，以便提早改线，避免不必要的损害和事故发生。通过遥感资料，可以帮助设计人员了解沿线土壤和植被类型，了解农作物及经济作物的分布情况，以便为绿化设计做准备。通过遥感资料，还可以帮助设计人员了解沿线建筑材料的分布、储量、开挖、运输条件，为施工创造便利条件。同时，通过遥感资料，可以对所选路线线形进行三维透视，可以帮助设计人员了解路线线形是否顺畅、行车视距是否良好、与周围景观是否协调一致。

三、城市道路智能设计技术

（一）道路 CAD 技术

道路 CAD 技术在我国的开发应用概况：包括理正勘察 CAD 公路版、天正市政（道路及管线 CAD）、杭州飞时达道路工程设计 RDCAD、杭州城建院市政道路与立交 PLJCAD、中交第二公路勘察设计研究院 BID-Road 路线与互通立交集成系统、东南大学路面设计（含沥青路面、水泥路面）、海德公路工程辅助设计系统 HEAD2006、同济道路 TJRD2000、道路 CAD ROAD、东南大学互通式道路与立交设计系统 EICAD、路基工程师，等等。

其中，EICAD 是集成交互式道路与立交设计系统，是 DICAD 的升级换代产品。该系统主要包括平面设计、纵断面设计和横断面设计三部分，使设计者能方便地设计出任何复杂的、完美的道路与互通式、立交式立体交叉平面线形。

BID-Road 软件是中交第二公路勘察设计研究院研制开发的公路路线与互通立交辅助设计系统，系统支持动态可视化公路路线及互通式立体交叉的平面、纵断面、横断面的自动（或交互）设计，路基土石方的自动和交互调配，路线边沟的交互式排水设计以及交互式的挡墙纵向设计；可自动生成路线及互通式立体交叉设计中主要的设计图表，建立路线和互通式立体交叉的三维立体模型；完成各种等级、各种路基形态的公路路线与互通式立体交叉的初步设计和施工图设计。

纬地道路辅助设计系统（Hint CAD）由中交第一公路勘察设计研究院结合多个工程实践研制开发。系统主要功能包括公路路线设计、互通立交设计、三维数字地面模型应用、公路全三维建模（3DROAD）等。适用于高速，一、二、三、四级公路主线，互通立交，城市道路及平交口的几何设计。纬地系统利用实时拖动技术，使用户直接在计算机上动态交互式地完成公路路线的平纵横设计、绘图、出表；在互通式立交设计方面，系统更以独特的立交曲线设计方法、起终点智能化接线和灵活批量的连接部处理等功能而著称。

进入 21 世纪，我国道路 CAD 系统得到了空前的发展。计算机技术的发展和应用，使道路设计发生革命性的变化。在应用范围方面，除了快速发展的道路 CAD 技术外，道路的三维造型和动画技术、计算机局域网络建设和应用、数据和信息采集新技术及 GPS 和 GIS 的应用、道路工程库和道路信息系统的建立等新成果不断推出。在应用水平方面，道路设计的计算机应用技术向集成化发展的趋势更加明显，GPS 技术、遥感技术和数字摄影测量技术的研究有了创新成果，在三维造型方面采用计算机三维建模技术、面向对象技术、图形可视化技术、红外彩色航片在三维动画中的应用和制作技巧等，都达到了新的水平。

相信在不久的将来，图形编程系统、人工智能技术、空间技术、信息技术在我国城市道路工程中的应用将越来越广泛，计算机辅助技术将步入一个新的高度。

（二）公路智能选线技术

智能选线是指公路在技术标准选择及空间位置规划时，在人的参与指导下，通过综合应用智能计算、知识工程、地理信息系统等技术，使计算机能自动生成、评价、比选公路或铁路路线方案，以提高路线设计工作质量与效率的一种选线方法。澳大利亚矿达路线三维优化辅助决策系统是目前国内外唯一采用优化技术达到实用的公路路线方案辅助决策软件系统，系统的应用表明可显著缩短方案规划时间、降低工程投资。智能选线系统对提高选线工作的速度和质量、节约投资、提升行业竞争力有重要意义。

借助不断发展的计算机及人工智能、地理信息系统相关技术，深入开展铁路线路优化是一个复杂的非线性优化问题，其目标函数通常是不可微的。在优化的过程中，需要考虑项目建设中众多复杂的因素。在给定起终点的情况下，满足约束条件的线路方案有无限多个。智能优化的目标是在连接起终点的无限多个方案中找到一条最优的方案（通常是经济费用最省的）。

路线优化模型的研究大致可以分为三类：平面线形优化、纵断面线形优化和三维空间线形优化。平面线形通常由一系列的直线（切线）、圆曲线、缓和曲线组成。由于在地势较平坦的区域纵断面线形变化不大，因此平面线形优化在平坦的地区尤其重要。平面线形优化主要的方法有遗传算法、网络优化法、动态规划法和变分法。纵断面线形通常由一系列直线和抛物线组成。纵断面线形优化方法主要有动态规划法、线性规划法、枚举法、梯度投影和遗传算法。与纵断面线形优化相比，平面线形优化更加复杂。大多数的研究将线路优化问题分解为平面线形优化和纵断面线形优化两个独立的过程，即首先优化平面线形，然后在平面线形选定的情况下优化纵断面线形；三维空间线形优化包括了平面线形和纵断面线形的同时优化，因而更加复杂。三维空间线形优化采用的方法有两阶段优化法、随机搜索法、遗传算法和动态规划法。①

四、城市道路路线设计安全性评价技术

目前，道路运行过程中的安全性，已经成为人们越来越关注的话题，因此，对城市道路路线设计的安全性进行评价，是一项非常重要的工作。为了给道路运行的安全性和可靠性提供一定的保障，相关工作人员必须要根据评价标准，采取有效的评价方法对道路路线的设计工作进行评价。

（一）城市道路路线设计安全性的评价标准

道路工程在进行设计工作过程中，可以将整体的道路进行适当的简化，比如，可以将整条道路简化为二维的平面条状物体。在设计工作完成之后，相关工作人员就会将设计方案中的具体参数加入道路施工方案中，那么整条道路的宽度以及具体的路线便会确定下来。

同时，如果这条道路中有车辆驶过，那么道路中的部分空间便会被车辆占据，如果没有特殊的意外情况发生，那么车辆在道路中行驶的安全性是可以得到保证的。但是施工人员对道路进行建设时，如果由于各种原因导致道路的宽度或者其他参数有所改变，那么车辆在道路行驶过程中发生安全事故的可能性就会在一定程度上有所增加。为了能够在一定程度上降低车辆在道路中存在安全隐患的可能性，就必须对道路路线设计的安全性进行科学的评价，这时就需要利用安全性的评价标准和方法。对于道路路线设计的设计师来说，进行设计工作的过程中，一定要尽可能使自身的设计方案符合路面的安全性标准。

（二）城市道路路线设计安全性的评价要求

1. 设计方案要符合相关的检验标准和要求

道路路线设计人员进行路线设计工作时，一定要严格按照相关的安全性标准和要求进行方案设计，如果方案中存在一些违反相关规定的设计项目，那么就要在第一时间内对其进行消除或者取缔。对于方案中一些不可或缺的重要建设项目，设计人员必须调整设计符合安全性标准的项目执行方案，确保方案中各个数据都在安全性标准的范围之内。比如说，道的具体长度、路线需要经过的地方等。同时，设计人员必须要充分考虑道路的周围环境情况、土壤的具体情况以及土质等问题。

---

① 周艳. 道路工程施工新技术 [M]. 徐州：中国矿业大学出版社，2013：30-36.

在完成设计工作之后，要根据设计方案的具体内容对设计报告书进行书写。在设计报告书中，设计人员必须要明确地标出在保证安全的情况下各种型号车辆通过道路时的最大速度，如果道路中间包括弯道或者坡道，设计人员应该标出车辆通过这一段道路的标准速度或者安全速度。

总之，确保道路路线设计方案符合安全性标准，不仅可以减少车辆行驶过程中出现拥堵的情况，还可以在很大程度上提高车辆在道路行驶过程中的安全性。

2. 道路运行速度要符合安全性标准

车辆在道路中行驶时，道路所能承受车辆行驶的最大速度就称为道路的运行速度，设计人员对道路的运行速度进行计算时，可以将该道路相邻的其他道路的运行速度作为参考，尽可能降低车辆运行过程中发生安全事故或者意外情况的可能性。

道路路线设计不能只满足于道路的总指标数据的相关标准，还要尽可能优化相邻道路之间的衔接，道路运行速度就是检验两条道路之间连续性是否良好的重要指标。应用道路运行速度进行安全性评价的方式有两种：通过检测设计方案中的理论速度与实际的运行速度是否一致，来判定道路路线设计是否具有一定的安全性，通过检测不同情况下的运行速度来判定道路的安全性。

3. 进行道路路线设计平纵组合安全性的评价

道路的设计方案，除了要与车辆的行驶需求相适应，还需要在一定程度上满足车辆驾驶员在驾驶过程中视觉上和心理上的需求，道路路线平纵组合就是衡量道路这一属性的指标。

设计人员进行道路平纵组合时，首先可以建立一个道路三维立体图形，这样可以实现道路建设设计方案中各个指标和数据的平衡。其次在道路设计方案的平纵组合进行安全性评价时，可以结合道路平面和纵面的实际情况，对安全性评价标准适当进行放宽。

4. 根据车辆驾驶员行驶状况进行道路安全性评价

车辆驾驶员驾驶车辆在道路行驶的过程中，其心理上和生理上的状况与道路路线的具体设计情况有着非常紧密的联系，如果具体的道路路线非常复杂，就会给驾驶员的驾驶带来一定的难度，那么驾驶员可能会因此而变得烦躁。如果驾驶员的注意力有所分散，那么道路上发生驾驶安全事故的可能性就会大大增加。与这种情况截然相反的情况就是整个道路路线非常单一，一整段道路的方向都是直线而且没有任何的坡度起伏，那么驾驶员在进行驾驶的过程中，就不需要进行过多的复杂行车操作，长时间保持这样的情况，驾驶员在生理上和心理上都可能会出现疲劳，那么驾驶员的注意力就会有所下降，发生安全事故的可能性也会大大提升。为了能够有效避免上文所述的两种情况出现，设计工作人员在道路路线设计的过程中，可以按照一定的比例安排路段中的直线、坡道以及弯道的数量，如果某种类型的路段距离很长，那么在这一段距离中设计人员就可以适当加入一些特殊的路段类型，驾驶员在这样的路段中行驶时，既不会发生视觉上的疲劳，也可以使心理状态时刻保持活跃，那么驾驶员驾驶车辆的安全性就能在一定程度上得到提升。

（三）城市道路路线安全性评价的具体方法

1. 城市道路路线初步设计阶段的安全评价

在初步设计阶段过程中，安全评价就是对道路的运行速度、道路所在平面和空间的曲率以及驾驶员在行驶过程中在生理和心理上所承受的压力大小等进行考察，以此来得出安全性评价的结果。评价人员必须要对整个道路路线设计的整体内容进行一个详细的了解，然后，再根据安全性评价中的不同标准，对方案中的不同项目进行评价。特别是道路路线中的大纵坡路段，评价工作人员完成评价工作之后，设计人员要根据评价结果对大纵坡的设计方案进一步调整和完善。

除此之外，安全性评价工作人员还需要对道路路线车辆运行过程中驾驶员的具体视线距离进行准确的测量，确保道路路线设计方案整体上的安全性符合标准和要求。

2. 城市道路路线施工图设计阶段的安全性评价

完成了道路路线初步设计阶段的安全性评价工作之后，就可以得出道路路线整体上的一个安全性评价结果。在评价过程中，安全性评价工作人员会对整个道路目前设计方案中存在的一些特殊情况进行细致的了解。然后，就需要安全性评价工作人员对道路路线的施工图纸进行安全性评价，在这过程工作人员需要具备综合性特征的安全性评价技术。

相关工作人员要对道路路线中某些组成部分的线性组合进行适当的改进和优化，其中，道路路线的走向以及设计方案中的平纵组合是主要优化的部分。如果道路路线工程已经到了施工建设阶段，那么相关施工人员必须要严格按照设计方案以及施工图纸进行施工，尽可能提升施工的质量和效率，这样才能为道路工程施工的安全性提供一定的保障。在施工的过程中，安全性评价工作人员也要针对具体的施工流程建立相关的标准，以此来保证道路工程施工的安全性。

第二节　城市道路路基设计新技术

一、城市道路软土地基加固技术

（一）常见不良地基土

1. 软黏土

软黏土也称软土，是软弱黏性土的简称。它形成于第四纪晚期，属于海相、潟湖相、河谷相、湖沼相、溺谷相、三角洲相等的黏性沉积物或河流冲积物，多分布于沿海、河流中下游或湖泊附近地区。常见的软黏土是淤泥和淤泥质土。

2. 杂填土

杂填土主要出现在一些老的居民区和工矿区内，是人们的生活和生产活动所遗留或堆放的垃圾土。这些垃圾土一般分为三类，即建筑垃圾土、生活垃圾土和工业生产垃圾土。不同类型的垃圾土、不同时间堆放的垃圾土很难用统一的强度指标、压缩指标、渗透性指标加以描述。杂填土的主要特点是无规划堆积、成分复杂、性质各异、厚薄不均、规律性差。因而同一场地表现为压缩性和强度的明显差异，极易造成不均匀沉降，通常都需要进行地基处理。

3. 冲填土

冲填土是人为地用水力冲填方式而沉积的土，近年来多用于沿海滩涂开发及河漫滩造地。西北地区常见的水坠坝（也称冲填坝）即是冲填土堆筑的坝。冲填土形成的地基可视为天然地基的一种，它的工程性质主要取决于冲填土的性质。

4. 饱和松散砂土

粉砂或细砂地基在静荷载作用下常具有较高的强度。但是当振动荷载（地震、机械振动等）作用时，饱和松散砂土地基则有可能产生液化或大量震陷变形，甚至丧失承载力。这是因为土颗粒松散排列并在外部动力作用下使颗粒的位置产生错位，以达到新的平衡，瞬间产生较高的超静孔隙水压力，有效应力迅速降低。对这种地基进行处理的目的就是使它变得较为密实，消除在动荷载作用下产生液化的可能性。常用的处理方法有挤出法、振冲法等。

5. 湿陷性黄土

在上覆土层自重应力作用下，或者在自重应力和附加应力共同作用下，因浸水后土的结构破坏而发生显著附加变形的土称为湿陷性土，属于特殊土。有些杂填土也具有湿陷性。广泛分布于我国东北、西北、华中和华东部分地区的黄土多具湿陷性（这里所说的黄土泛指黄土和黄土状土。湿陷性黄土又分为自重湿陷性黄土和非自重湿陷性黄土，也有一些老黄土不具湿陷性）。在湿陷性黄土地基上进行工程建设时，必须考虑因地基湿陷引起附加沉降对工程可能造成的危害，选择适宜的地基处理方法，避免或消除地基的湿陷或因少量湿陷所造成的危害。

6. 膨胀土

膨胀土的矿物成分主要是蒙脱石，它具有很强的亲水性，吸水时体积膨胀，失水时体积收缩。这种胀缩变形往往很大，极易对建筑物造成损坏。膨胀土在我国的分布范围很广，如广西、云南、河南、湖北、四川、陕西、河北、安徽、江苏等地均有不同范围的分布。膨胀土是特殊土的一种，常用的地基处理方法有换土、土性改良、预浸水以及防止地基土含水量变化等工程措施。

7. 含有机质土和泥炭土

当土中含有不同的有机质时，将形成不同的有机质土，在有机质含量超过一定含量时就形成泥炭土。它具有不同的工程特性，有机质的含量越高，对土质的影响越大，主要表现为强度低、压缩性大，并且对不同工程材料的掺入有不同影响等，直接对工程建设或地基处理构成不利的影响。

8. 山区地基土

山区地基土的地质条件较为复杂，主要表现在地基的不均匀性和场地稳定性两个方面。由于自然环境和地基土的生成条件影响，场地中可能存在大孤石，场地环境也可能存在滑坡、泥石流、边坡崩塌等不良地质现象。它们会给建筑物造成直接的或潜在的威胁。在山区地基建造建筑物时要特别注意场地环境因素及不良地质现象，必要时对地基进行处理。

9. 岩溶（喀斯特）

在岩溶（喀斯特）地区常存在溶洞或土洞、溶沟、溶隙、洼地等。地下水的冲蚀或潜蚀使其形成和发展，它们对结构物的影响很大，易于出现地基不均匀变形、崩塌和陷落。因此在修建结构物之前，必须进行必要的处理。

（二）常见软土地基处理方案

1. 置换法

常见的置换方法具体如图 2-1 所示。

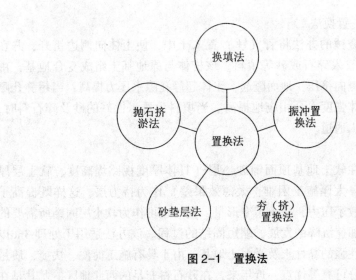

图 2-1　置换法

1）换填法

在软土地基厚度较浅的情况下，将基础下一定范围内的软弱土层利用人工、机械或其他方式清除，再用物理性质较好、强度较高的材料换填，并分层压实。

处理深度：3m 以内。

所用材料和机具：砂、碎石、素土、灰土、粉煤灰或干渣等性能稳定和无侵蚀性的材料。压路机压实。

设计要点：换填土的设计，应根据建筑体形、结构特点、荷载性质和地质条件并结合机械设备与当地材料来源等综合分析。既要满足建筑物地基强度和变形的要求，又要符合经济合理的原则；既要换土层有足够的厚度来置换可能被剪切破坏的软弱土层，还要有足够的宽度以防止换土层向两侧挤出。

处理后承载力参考值 120~150kPa，工后沉降参考值 10~15cm。

工期：只需挖除软弱土、换填材料并分层压实，工期短，数日即可完成。

施工工艺及质量控制：工艺简单，将软弱土层全部挖除，换以回填材料分层回填，分层压实；该方法易于施工，所需机械设备简单，质量容易控制。

2）振冲置换法

利用专门的振冲机具，在高压水射流下边振边冲，在地基中成孔，再在孔中分批填入碎石或卵石等粗粒料形成桩体。该桩体与原地基土组成复合地基，达到提高地基承载力、减小压缩性的目的。碎石桩的承载力和沉降量很大程度上取决于原地基土对其的侧向约束作用，该约束作用越弱，碎石桩的作用效果越差，因而该方法用于强度很低的软黏土地基时必须慎重行事。

3）夯（挤）置换法

利用沉管或夯锤的办法将管（锤）置入土中，使土体向侧边挤开，并在管内（或夯坑）放入碎石或砂等填料。该桩体与原地基土组成复合地基，由于挤、夯使土体侧向挤压，地面隆起，土体超静孔隙水压力提高，当超静孔隙水压力消散后土体强度也会相应地提高。当填料为透水性好的砂及碎石料时，是良好的竖向排水通道。

4）砂垫层法

砂垫层法是在软土地基顶面铺砂垫层（具体厚度视路堤高度、软土层厚度及压缩性而定，太厚施工困难，太薄效果差）作为持力层，这样既提高了地基强度，又分散了压力，减小了变形量，同时也可作为软土层固结所需要的上部排水层，以加速沉降的发展，缩短固结的过程。该方法适用于处理3m以内的软弱、透水性强的黏性土及淤泥土地基。由于具有施工简便、快捷，质量易控制，而且十分可靠等优点，近年来，在砂石料充足的西北地区，尤其是在建筑物基础处理中得到广泛的应用。

5）抛石挤淤法

抛石挤淤为强迫换土的一种形式，采用不小于30cm的片石，从路堤中部向两侧抛投，从而使泥沼或软土挤出，待抛石露出水面后应用小石块填塞垫平，用重型压路机压实。它的加固机理是通过在软黏土中抛入较大的片石、块石强行挤出软黏土并占据其位置，以此来提高土体的稳定性。主要有散式挤淤法和整式挤淤法，现在烟台地区主要采用散式挤淤法。抛石挤淤法一般适用于厚为3~4m的软土层和常年积水且不易抽干的湖、塘、河流等积水洼地，以及表层无硬壳、软土的液性指数大的情况，它具有工艺简单、施工方便、加强效果明显、经济效益显著等特点，同时具有较高的地基承载力和较小变形，特别是在软弱的地面上或是表面存在大量积水无法排出时，这种方法比较可靠，但是要求石料丰富并且运距较短，是工程中进行软土地基加强处理常采用的方法。

2. 预压法

常见的预压方法具体如图2-2所示。

1）堆载预压法

在建造建筑物之前，用临时堆载（砂石料、土料、其他建筑材料、货物等）的方法对地基施加荷载，给予一定的预压期，使地基预先压缩完成大部分沉降并使地基承载力得到提高后，卸除荷载再建造建筑物。

堆载预压法的施工要点：①预压荷载一般宜等于或大于设计荷载；②大面积堆载可采用自卸汽车与推土机联合作业，对超软土地基的第一级堆载用轻型

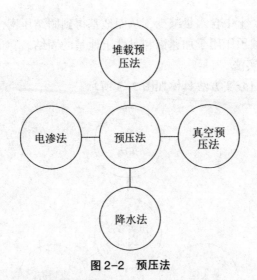

图 2-2　预压法

机械或人工作业；③堆载的顶面宽度应小于建筑物的底面宽度，底面应适当放大；④作用于地基上的荷载不得超过地基的极限荷载。

2）真空预压法

在软黏土地基表面铺设砂垫层，用土工薄膜覆盖且周围密封。用真空泵对砂垫层抽气，使薄膜下的地基形成负压。随着地基中气和水的抽出，地基土得到固结。为了加速固结，也可采用打砂井或插塑料排水板的方法，即在铺设砂垫层和土工薄膜之前打砂井或插排水板，达到缩短排水距离的目的。

真空预压法的施工要点：①先设置竖向排水系统，水平分布的滤管埋设宜采用条形或鱼刺形，砂垫层上的密封膜采用 2~3 层的聚氯乙烯薄膜，按先后顺序同时铺设；②面积大时宜分区预压；③做好真空度、地面沉降量、深层沉降、水平位移等的观测；④预压结束后，应清除砂槽和腐殖土层。应注意对周边环境的影响。

3）降水法

降低地下水位可减小地基的孔隙水压力，增加上覆土自重应力，使有效应力增加，从而使地基得到预压，这实际上是通过降低地下水位，靠地基土自重来实现预压目的。

降水法的施工要点：①一般采用轻型井点、喷射井点或深井井点；②当土层为饱和黏土、粉土、淤泥和淤泥质黏性土时，此时宜辅以电极相结合。

4）电渗法

在地基中插入金属电极并通以直流电，在直流电场作用下，土中水将从阳极流向阴极形成电渗，不让水在阳极补充而从阴极的井点用真空抽水，这样就使地下水位降低，土中含水量减少，从而地基得到固结压密，强度提高。电渗法还可以配合堆载预压用于加速饱和黏性土地基的固结。

3. 压实与夯实法

常见的压实与夯实方法具体如图2-3所示。

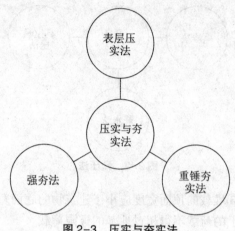

图2-3　压实与夯实法

1）表层压实法

采用人工夯、低能夯实机械、碾压或振动碾压机械对比较疏松的表层土进行压实，也可对分层填筑土进行压实。当表层土含水量较高时或填筑土层含水量较高时可分层铺垫石灰、水泥进行压实，使土体得到加固。

2）重锤夯实法

重锤夯实就是利用重锤自由下落所产生的较大夯击能来夯实浅层地基，使其表面形成一层较为均匀的硬壳层，获得一定厚度的持力层。

重锤夯实法的施工要点：①施工前应试夯，确定有关技术参数，如夯锤的重量、底面直径及落距、最后下沉量及相应的夯击遍数和总下沉量；②夯实前槽、坑底面的标高应高出设计标高；③夯实时地基土的含水量应控制在最优含水量范围内；④大面积夯实应按顺序；⑤基底标高不同时应先深后浅；⑥冬季施工时，当土已冻结时，应将冻土层挖去或通过烧热法将土层融解；⑦结束后，应及时将夯松的表土清除或将浮土在接近1m的落距夯实至设计标高。

3）强夯法

用起重机械及设备将大吨位（一般10~25t）夯锤起吊到8~20m高度后，自由落下，给地基土以强大的冲击能量的夯击，使土中出现冲击波和很大的冲击应力，迫使土体孔隙压缩，排除孔隙中的水，使土粒重新排列，迅速固结，从而提高地基承载力，降低其压缩性的一种地基加固方法。

适用范围和处理深度：适用于低饱和度的粉土、黏性土土质。处理深度5~8m。

所用材料和机具：主要有起重设备、夯锤、脱钩装置等。

设计要点：计算有效加固深度、计算所需单击夯击能、确定夯击遍数、采用等边三角形或正方形布置夯击点。

处理后承载力参考值100~120kPa，工后沉降参考值10~20cm。

工期：工效高，施工速度快。

特点：常备设备简单，施工工艺操作简单，节省加固原材料，适用土质范围广，压实度高，加固效果显著，可取得较高的承载力。强夯法的施工工期短，是一种快而且好的软基处理方式。施工地面振动大，施工场地附近不允许有建筑物，以防止强夯时扰民及对邻近建筑物产生破坏。

4. 挤密法

常见的挤密方法具体如图2-4所示。

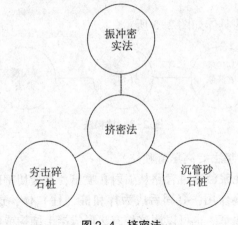

图2-4　挤密法

1）振冲密实法

利用专门的振冲器械产生的重复水平振动和侧向挤压作用，使土体的结构逐步破坏，孔隙水压力迅速增大。由于结构破坏，土粒有可能向低势能位置转移，这样土体由松变密。

振冲密实法的施工工艺：①平整施工场地，布置桩位；②施工车就位，振冲器对准桩位；③启动振冲器，使之徐徐沉入土层，直至加固深度以上30~50cm，记录振冲器经过各深度的电流值和时间，提升振冲器至孔口。再重复以上步骤1~2次，使孔内泥浆变稀；④向孔内倒入一批填料，将振冲器沉入填料中进行振实并扩大桩径。重复这一步骤直至该深度电流达到规定的密实电流为止，并记录填料量；⑤将振冲器提出孔口，继续施工上节桩段，一直完成整个桩体振动施工，再将振冲器及机具移至另一桩位；⑥在制桩过程中，各段桩体均应符合密实电流、填料量和留振时间等三方面的要求，基本参数应通过现场制桩试验确定；⑦施工场地应预先开设排泥水沟系，将制桩过程中产生的泥水集中引入沉淀池，池底部厚泥浆可定期挖出送至预先安排的存放地点，沉淀池上部比较清的水可重复使用；⑧最后应挖去桩顶部 1m 厚的桩体，或用碾压、强夯（遍夯）等方法压实、夯实，铺设并压实垫层。

2）沉管砂石桩（碎石桩、灰土桩、OG 桩、低标号桩等）

利用沉管制桩机械在地基中锤击、振动沉管成孔或静压沉管成孔后，在管内投料，边投料边上提（振动）沉管形成密实桩体，与原地基组成复合地基。

3）夯击碎石桩（块石墩）

利用重锤夯击或者强夯方法将碎石（块石）夯入地基，在夯坑里逐步填入碎石（块石）反复夯击以形成碎石桩或块石墩。

5. 拌和法

常见的拌和方法具体如图 2-5 所示。

图 2-5　拌和法

1）高压喷射注浆法（高压旋喷法）

以高压力使水泥浆液通过管路从喷射孔喷出，直接切割破坏土体的同时与土拌和并起部分置换作用，凝固后成为拌和桩（柱）体，这种桩（柱）体与地基一起形成复合地基。也可以用这种方法形成挡土结构或防渗结构。

2）深层搅拌法

深层搅拌法主要用于加固饱和软黏土。它利用水泥浆体、水泥（或石灰粉体）作为主固化剂，应用特制的深层搅拌机械将固化剂送入地基土中与土强制搅拌，形成水泥（石灰）土的桩（柱）体，与原地基组成复合地基。水泥土桩（柱）的物理力学性质取决于固化剂与土之间所产生的一系列物理—化学反应。固化剂的掺入量及搅拌均匀性和土的性质是影响水泥土桩（柱）性质以至复合地基强度和压缩性的主要因素。深层搅拌法的加固效果好，加固方式灵活，适用面广，施工速度快，加固后可以立即承受荷载，施工不受气候影响，可以充分利用原位软土，无挖弃软土问题，施工过程无振动、无噪声、无地面隆起、不排污、不污染环境，对相邻建筑物不产生有害的影响，尤其适用于 20m 深度范围内无理想持力层的软土地基。深层搅拌法是相对于浅层搅拌法而言，浅层搅拌法主要用于路基、冻涨土和边坡稳定的处理；深层搅拌分水泥系深层搅拌和石灰系深层搅拌。

6. 加筋法

常见的加筋方法具体如图 2-6 所示。

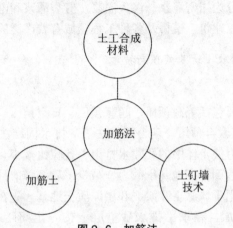

图 2-6　加筋法

1）土工合成材料

土工合成材料是一种新型的岩土工程材料，它以人工合成的聚合物，如塑料、化纤、合成橡胶等为原料，制成各种类型的产品，置于土体内部、表面或各层土体之间，发挥加强或保护土体的作用。土工合成材料可分为土工织物、土工膜、特种土工合成材料和复合型土工合成材料等类型。

2）土钉墙技术

土钉一般是通过钻孔、插筋、注浆来设置，但也有通过直接打入较粗的钢筋、型钢和钢管形成土钉。土钉沿通长与周围土体接触，依靠接触界面上的黏结摩阻力，与其周围土体形成复合土体。土钉在土体发生变形的条件下被动受力，并主要通过其受剪工作对土体进行加固。土钉一般与平面形成一定的角度，故称之为斜向加固体。土钉适用于地下水位以上或经降水后的人工填土、黏性土、弱胶结砂土的基坑支护和边坡加固。

3）加筋土

加筋土是将抗拉能力很强的拉筋埋置于土层中，利用土颗粒位移与拉筋产生的摩擦力使土与加筋材料形成整体，减少整体变形和增强整体稳定。拉筋是一种水平向增强体，一般使用抗拉能力强、摩擦系数大而耐腐蚀的条带状、网状、丝状材料，如镀锌钢片、铝合金、合成材料等。

7. 灌浆法

灌浆法就是利用气压、液压或电化学原理将能够固化的某些浆液注入地基介质中或建筑物与地基的缝隙部位。灌浆的浆液可以是水泥浆、水泥砂浆、黏土水泥浆、黏土浆、石灰浆及各种化学浆材如聚氨酯类、木质素类、硅酸盐类等。根据灌浆的目的可分为防渗灌浆、堵漏灌浆、加固灌浆和结构纠倾灌浆等。按灌浆方法可分为压密灌浆、渗入灌浆、劈裂灌浆和电化学灌浆。

灌浆法在水利、建筑、道桥及各种工程领域有着广泛的应用。

(三) 城市道路软土地基处理新技术

1. 排水固结法

排水固结法主要包括等载预压、超载预压、真空预压、降水预压、电渗排水预压、真空-堆载联合预压、动力固结法等。排水固结法是通过构造人工排水通道，再施加外力使土体中的孔隙水排出，孔隙比减小。密实度加大，土体强度得到提高，以达到提高地基承载力、减少工后沉降的目的。

排水固结法适用于软黏土、淤泥和淤泥质土地基。先在需要处理的地基上铺设水平排水砂垫层，在水平排水砂垫层上按一定间距打设垂直排水系统 (砂井、袋装砂井、塑料排水板等)，再进行堆载预压或真空预压；按排水系统的不同可分为打设砂井、袋装砂井、塑料排水板等几种方式；按预压方式的不同可分为堆载预压、超载预压和真空预压方式。

2. 复合地基法

复合地基法是指在土中构造有一定强度和承载力的构造物，构造物和土体形成复合型地基，共同承受荷载，从而大大提高地基承载力。通常无须预压，工期较短，承载力较高，工后沉降较低，但造价较高。通常适用于结构物过渡段或结构物的基础。

复合地基法包括柔性桩复合地基［砂桩、灰土桩、碎石桩、水泥土搅拌桩（粉喷桩、浆喷桩）］和刚性桩复合地基（CFG 桩、低标号混凝土桩、预应力管桩、现浇混凝土大直径管桩）；还有其他如轻质路堤（EPS、轻质混合土）、加筋路堤等方法。①

---

① 周艳. 道路工程施工新技术. 徐州：中国矿业大学出版社，2013：34-36.

二、城市道路路基边坡防护技术

(一) 路基边坡生态恢复方法

1. 路基边坡调查

（1）植物资源调查。生态恢复技术的主要目的不仅仅是简单地见绿，而是建立与工程地环境相协调的植物群落，使坡面植物群落与工程地环境和谐一致，基本不留开挖痕迹，因此需要进行详细的地区环境观察以确定移坡面目标植物群落。调查工程地周边自然植被的外貌、结构、种类组成、优势草本、灌木石布格局，特别是乡土草本、灌木植物的种类、生长状况。结合植物种子供应情况，确定边坡生态恢复植物种类、比例。

（2）地形、地质及水文调查。在工程地边坡附近，调查有无滑坡、崩塌等。对工程地边坡要观察其边坡形状、坡度、坡高、岩性、走向、倾向、层理节理发育程度、表层岩体风化程度、有无涌水等，以便进行边坡稳定分析，选择最优生态防护形式。

（3）气象资料调查。调查工程地近 5 年的气象资料，包括年平均降水量、最长持续干旱时间、主要降水分布月份、月平均气温分布、风速、风向等。

2. 确定生态恢复工法

（1）确定生态恢复目标。一般地，当周围环境为森林生态系统时，应以建立中低林型植物群落为目标；当周围环境为草地生态系统时，以建立草本型或草灌型植物群落为目标；当工程地接近城区、风景区等人群流动多的地区时，以建立观赏型植物群落为目标。根据调查表中的调查结果可初步确定坡面目标群落类型，再结合景观要求最终确定拟恢复的植物群落类型。

（2）植物选择。根据设计调查表中主要植物种类确定拟选择的优势植物种类和数量，综合考虑种子千粒重、发芽率、发芽速度、苗木生长速度、边坡的岩性和坡率等确定植物种类和播种量。

（3）工法选择。根据生态恢复目标及边坡本身的特性，设计合适的工法，并确定合适的固土形式。

(二) 有机纤维分层喷灌植生工法

有机纤维分层喷灌植生工法多应用于岩质边坡，多层基材能够把边坡岩体封闭和保护起来，起到一定的边坡防护作用，更重要的是能够提供边坡植物赖以生存的根际环境，能够达到防护、环境与景观效应的统一。有机纤维分层喷灌植生工法的优越性具体如下：

（1）植物早期生长环境的保证。在植物生长过程中，尤其是早期需要必需的水分、养分和土壤环境。而岩质边坡不同于土质边坡，缺少植物前期生长所必需的环境，再加上坡面较大、坡度较陡，在雨水充足时期，因降雨量大，在坡面形成较大的地表径流，从而对坡面造成严重冲刷，植物无法扎根固坡，而上覆的基材层能够提供植物早期生长所必需的环境，通过采用有机纤维含量较高的基材，抗冲刷能力得到很大的加强。

（2）植物生长水分的保证。中国大部分地区属温亚热带，气候温和湿润。在雨季时基本能够满足植物的生长需要，但在旱季时因蒸发量增大造成植物缺水，因基材中有机纤维比例较高，基材的含水量得到提高，保水能力增强，有利于植物在旱季时补给水分，从而保证植物正常生长。

（3）植物根系生长的保证。钙质砂岩、页岩主要化学成分中含有植物生长中不可缺少的硅元素，且内部微小裂隙普遍存在，适合植物根系在岩体中的延伸，基材中的有机纤维通过生物降解转化为有机肥，可用于植物的营养补给，利于植物根系快速形成网状结构，达到护坡效果。

（4）分层喷播有机纤维含量不同的基材，可适应不同植物在不同生长时期对生长环境的要求，从而最大程度地节约材料。

如果在铁丝网下再铺设麻椰毯，形成多层结构，可以通过结构间隙锁住基材中的颗粒，使播种和种植变得简单容易，具有很强的控制水土流失的能力；利用纤维的分解成为有机质，为土壤制造养分，进而稳固乔、灌、草根植物土壤的固结度，以及提高植物的存活率，特别是灌木的保有率，减少后期养护成本。

第三节　城市道路路面设计新技术

一、城市道路新型沥青路面结构

（一）SMA 路面

沥青玛蹄脂碎石混合料（SMA）是由沥青、纤维稳定剂、矿粉及少量的细集料和沥青玛蹄脂填充间断级配的粗集料骨架空隙而组成的沥青混合料，这种热拌热铺的间断级配骨架型密实沥青混合料由大比例粗集料构成坚固的骨架结构，并由丰富的沥青玛蹄脂填充骨架进行稳定。

　　SMA 的组成中粗集料多，混合料中粗集料之间的接触面很多，细集料少，玛蹄脂仅填充粗集料之间的空隙，交通荷载主要由粗集料骨架承受。由于粗集料之间良好的嵌挤作用，沥青混合料具有非常好的抵抗荷载变形能力和较强的高温抗车辙能力。低温条件下沥青混合料的抗裂性能主要由结合料的拉伸性能决定，由于 SMA 的集料间填充了沥青玛蹄脂，它包在粗集料的表面，低温条件下，混合料收缩变形使集料被拉开时，由于玛蹄脂有较好的黏结作用，使混合料有较好的低温抗裂性能。SMA 混合料的孔隙率很低，几乎不透水，混合料受水的影响很小，再加上玛蹄脂与集料的黏结力好，使混合料的水稳定性有较大改善。SMA 混合料内部被沥青玛蹄脂充分填充，且沥青膜较厚，混合料的孔隙率很低，沥青与空气的接触少，抗老化性能好，由于内部孔隙率低，其变形率小，因此有良好的耐久性；SMA 基本上是不透水的，使路面能保持较高的强度和稳定性。SMA 采用坚硬、粗糙、耐磨的优质石料，间断级配，粗集料含量高，路面压实后表面形成的孔隙大，构造深度大，抗滑性好。SMA 路面雨天行车不会产生大的水雾和溅水，粗糙的表面在夜间对灯光反射小，能见度好，噪声也大为降低。成功的 SMA 路面不存在剥落现象；SMA 沥青混合料析漏形成的油斑，通过有效的技术和质量控制可避免。尽管 SMA 初期费用较高，但是其使用寿命比密级配沥青混合料路面能延长 20%～40%，因此维护费用低，整体社会效益高。

　　SMA 属于间断级配的沥青混合料，是目前通用的两种结构形式的有机组合，属于骨架密实结构，它既有一定数量的粗集料形成骨架结构，又有足够的细集料填充到粗集料之间的空隙中去。其中，4.75mm 以上的粗颗粒含量在 70%～80% 之间，0.075mm 筛孔的通过率为 10%，粉胶比超过通常 1.2 的限制值，沥青结合料较普通混合料高 1% 以上，因沥青用量高而掺加纤维稳定剂，配合比设计时主要由体积指标控制。由于 SMA 具有粗集料多、矿粉多、沥青结合料多、细集料少、掺加纤维增强剂及材料要求高的特点，使得 SMA 既保持了大孔隙排水性路面表面功能好的优点，又克服了其耐久性差的缺点，兼具嵌挤和密实型混合料的长处，即同时具有较高的黏结力和内摩阻力。

　　SMA 路面是按照内摩擦角最大、空除率最小的原则配制间断级配的粗集料，使其成为相互嵌挤的密实骨架，然后用沥青玛蹄脂填充其骨架间隙的一种路面结构，这是一种新型的路面结构形式，它与普通沥青混凝土的三种路面结构相比较，有着显著的优越性。

（二）LSM 路面

大碎石沥青混合料（LSM）是一种新型的沥青混合料，通常由较大粒径

（25~62mm）的单粒径集料和一定量的细集料组成。由于 LSM 路面的整体稳定性好，能够承受重交通条件下荷载的作用并在高温稳定性等方面表现出良好的特性，因此得到许多发达国家道路工作者的重视。作为柔性基层的沥青大碎石混合料属于散体结构，不传递拉应力和拉应变且柔性基层总处于三向受压的受力状态，这种受力特点使其能充分吸收下层裂缝释放的应变能，从而达到防裂效果。在半刚性基层和沥青面层之间加入柔性基层时，柔性基层的隔离作用大大改善了半刚性基层的温湿度变化，从而减轻半刚性基层的温缩和干缩现象。

沥青大碎石混合料可以分成密级配沥青大碎石混合料和开级配沥青大碎石混合料。通常密级配 LSM 的空隙率控制在 4%~7%，单粒径的粗骨料要比一般连续密级配沥青混合料多，稳定性和耐久性好，还具有减少反射裂缝的特性，特别适用于旧路的改造。普通沥青的开级配 LSM 由于沥青膜较薄，空隙率较大，其抗老化能力略差。提高开级配 LSM 耐久性的有效办法是提高沥青膜的厚度，如采用高温稳定性优良的 MAC 沥青，可以得到较厚的沥青膜厚度并在高温状态下不发生析漏现象。LSM 基层作为一类柔性结构层，具有很好的抗疲劳性能及低温抗裂性、良好的抗车辙能力、较好的抗水损害能力和良好的路用性能，有效解决了基层裂缝以及由此引起相关病害问题。

（三）SAC 路面

多碎石沥青混凝土（SAC）源于老规范中 I 型和 II 型沥青混凝土。I 型沥青混凝土是传统连续级配密实式沥青混凝土，空隙率为 3%~6%；II 型沥青混凝土是空隙率为 4%~10% 的半开式沥青混凝土。

I 型沥青混凝土的透水性小，表面构造深度也小，接近于光面，显然不能满足高速公路表面层抗滑性能的要求。II 型沥青混凝土虽然表面构造深度能满足要求，但是由于其透水性大的特点，容易导致严重的水损害，而且由于其表面构造深度常与结构层内部较大的开口孔隙相连，表面构造深度看起来比实测值小得多，因此，在高速公路上不宜用作表面层。

由于 I 型和 II 型都存在上述缺点，相关研究人员在此基础上，综合 I 型和 II 型的优点于一身同时避免这两种级配各自的缺点提出了断级配的多碎石沥青混凝土。多碎石沥青混凝土的使用性能达到了预定目的，它既能提供要求的表面构造深度，又能如 I 型密级配沥青混凝土那样具有较小的空气率和较小的透水性，同时又具有较好的抗形变能力。多碎石沥青混凝土既具有 I 型沥青混凝土的优点，又具有 II 型沥青混凝土的优点，同时它又避免了两者各自的缺点。

（四）其他新型沥青路面结构

（1）纤维加筋沥青混凝土。聚酯纤维，简称 PET 纤维，属高分子材料，是一种弹性体，在一定强度下具有较高延伸率（30%±6%）。PET 高分子弹性材料作为添加项，可以提高基体（沥青混合料）的韧性，尤其是低温韧性，从而减小基体的温度收缩系数，可以在一定范围内限制基体的变形量。PET 高分子弹性材料也通常用来提高基体的表面抗磨损性。

（2）抗滑、阻燃、降噪沥青混合料（AFNA）。抗滑、阻燃、降噪沥青混合料（AFNA）是在大孔隙沥青混合料基础上开发的，开级配沥青磨耗层（OGFC）是一种采用开级配矿料的级配设计，自身具有大量连通孔隙的沥青路面材料，其空隙率多在18%~25%，能够有效排除路面积水，消除眩光、水雾，提高路面的雨天行车舒适性与安全性。由于大空隙连通孔结构，OGFC 能够吸收噪声，消除轮胎与车辆的泵吸效应，对于路面降噪非常有效，同时发达的表面构造改善了路面的抗滑性能，能降低道路交通事故率。该方案被欧美国家广泛采用，并被证明是降噪及抗滑的最佳路面材料。[①]

二、城市道路新型水泥混凝土路面结构

（一）斜向预应力混凝土路面

普通水泥混凝土路面（PCCP）具有强度高、稳定性好、耐久性好、造价适中、夜间行车可视性好等诸多优点，但是由于 PCCP 设置接缝过多，接缝处极易破坏，造成病害。预应力混凝土路面可采用很少的横向接缝达到表面平整、行车舒适的要求，但是传统预应力混凝土路面预应力筋纵向布置，不会产生横向预应力，在荷载作用下，仍有可能产生纵向裂缝。

斜向预应力混凝土路面（CPCP）充分利用混凝土的抗压强度远大于抗拉强度的特性，预先在其工作截面上施加斜向预应力，使板内产生纵向和横向两个方向的压应力，由此大大提高混凝土路面的承载能力，减少横向接缝，消除纵向裂缝，提高了行车舒适性和路面耐久性。

（二）纤维混凝土路面

普通水泥混凝土在道路建设中具有许多优点，但在某些环境或使用条件下仍难以满足使用要求，为了克服其不足，更好地满足道路建设对混凝土性能的

---

① 周艳. 道路工程施工新技术 [M]. 徐州：中国矿业大学出版社，2013：84.

要求，必须采取相应的措施来改善其性能。另外，水泥混凝土具有很大的脆性，限制了其在土木工程中的使用范围。纤维混凝土应运而生，其在克服混凝土脆性较大方面所具有的良好性能，使其成为改善水泥混凝土性能方面最重要的研究成果之一。

当前常用的增强纤维材料有钢纤维、玻璃纤维、合成纤维和天然纤维等，纤维水泥混凝土也可以称为纤维增强混凝土，它是按一定比例的基准材料和增强材料组成的水泥基复合材料，其中可以作为基准材料的有水泥净浆、砂浆、混凝土等，可以作为增强材料的有非连续的短纤维或连续的长纤维。这些纤维可以分散于混凝土的各个部分，一般1m，纤维混凝土中混合分散着几百根（容积1%~2%）纤维，使纤维混凝土整体具有较大的延性。纤维混凝土材料的内部结构及化学性能的改良主要得益于纤维自身的物理力学性能，对混凝土本身的耐久性能不会产生影响。纤维的加入不仅可以从抗裂性、韧性等方面增强普通混凝土的性能，同时由于纤维材料抗拉强度较高，还可以提高其抗拉能力。因此，纤维水泥混凝土是一种非常适用于道路行业的复合材料。

在实际城市道路工程中，可以作为混凝土增强材料的纤维种类有很多，按其性质可划分为：

（1）金属纤维，如钢纤维（钢纤维混凝土）、不锈钢纤维。

（2）无机纤维，包括天然矿物纤维（温石棉、青石棉、铁石棉等）和人造矿物纤维（玻璃纤维、碳纤维等）。

（3）有机纤维，如合成纤维（聚乙烯、聚丙烯等）、植物纤维等。

纤维混凝土的种类有很多，工程中已投入应用的有钢纤维混凝土、聚丙烯纤维混凝土、玻璃纤维混凝土、碳纤维混凝土、尼龙纤维混凝土等，处于试验研究阶段的还有某些植物纤维混凝土、芳基聚酰亚胺纤维混凝土、矿物纤维混凝土等。目前，最常用的是聚丙烯纤维混凝土和钢纤维混凝土。

（三）新型水泥混凝土路面结构

（1）连续配筋水泥混凝土路面。配筋混凝土路面分为间断配筋混凝土路面（板长10~15m，板宽6~8m，板间横向缩缝使用传力杆）与CRCP（连续配筋混凝土路面）（连续长度300~1200m，板宽8~10m）两种，板厚与普通混凝土路面相同。由于CRCP在整个连续长度内是不设接缝的，其整体性、连续性及行车舒适性优良，受到国内外公路技术界的高度重视和应用。CRCP是各国高速公路上长寿命水泥混凝土路面推崇的一种重要的抗极重荷载的结构形式。使用了30年以上的CRCP，即使行车道表面严重磨损，行车道局部加铺沥青罩面，但CRCP的结构依然完好，可以正常使用。

（2）高效预应力混凝土路面。预应力混凝土路面，采用预加应力抵消部分轮载和温度变形引起的拉应力，增加路面板长度，提高路面结构整体强度，改善行车平稳性，增强路面耐久性，延长路面寿命。预应力混凝土路面对基础不均匀变形具有较好的适应性。预应力混凝土路面一般可分为两大类型：单独型路面和连续型路面。单独型是指配置一定量预应力钢筋，由间隔较长的伸缩缝相隔离的路面板组成的预应力混凝土路面；连续型是指采用自加应力或外加应力，而不配设预应力钢筋，不设伸缩缝的预应力混凝土路面。

第四节　城市道路限速设计技术

要使速度得到有效的控制，首先要设置合理的限速值，其次是设置合理的工程措施以及交通管理手段。限速技术是通过驾驶行为特性分析和交通安全性评价，根据道路线形指标、交通状况、路侧环境和事故成因等，提出切实可行的速度管理措施和交通安全保障措施。

目前常见的限速技术主要分为三种类型：主动干预、信息诱导和交通管理与控制。其中，主动干预方面主要包括减速丘、减速台、减速带、振动减速标线和减速路面路线等措施；信息诱导方面主要包括限速标志、标线和设置仿真警察等措施，刺激驾驶员的感官以达到减速的目的；交通管理与控制方面主要包括监控设施、信号控制设施、宣传教育和法规建设。

一、一般路段的限速技术

（一）限速标志

限速标志主要是设置在该段道路限速区的起点，以告知驾驶员在此限速区内，车辆的行驶速度不能超过限速标志上的数值。限速标志主要分为固定和可变两种标志，其中固定限速标志是目前比较常见的限速标志，两者均属于禁令标志。限速标志的优点是通俗易懂、直观明确，可使驾驶员自动降速，也可作为交通执法的依据。

限速标志可适用于各种需要限速的道路，一般情况下，在道路的边界线上、互通式立交入口、主要平面交叉口后以及技术标准发生变化处应设置限速标志；超过15km未设置限速标志的路段，应根据道路交通条件增设限速标志。尤其在速度隐患路段（长直线接小半径曲线路段、长大下坡路段、过村镇路段、平面交叉口路段、互通式立交出口路段、隧道与速度群路段、视距不良路段和低信息摄入路段等需要严格控速的危险路段）均应设置限速标志。

限速标志的设立的前提是限速方案的确定，确定限速方案需要考虑车道数量、限速道路长度、交通组成、服务水平等因素。目前常用的限速方案：按照限速空间可把公路限速分成分路段限速、分车道限速、施工区限速、建筑区限速等；还有分时段限速、分天气限速、分车型限速等。在上述这些限速方案之下，都应使用相应的限速标志。①

（二）监控系统

1. 雷达和激光测速仪

雷达和激光测速仪是指用无线电波和光波等技术手段来测量道路上实际的车辆运行速度的电子装置。测速仪主要是用来测量车辆行驶速度，以监控驾驶员的超速违章行为，不仅可以约束驾驶员的不良驾驶行为以降低交通事故发生的可能性和严重程度，也可为道路执法提供有力证据。

雷达和激光测速仪一般是和限速标志配合使用，其主要设置于事故多发路段、安全隐患路段（如急弯路段、长下坡路段等）或交通组成较复杂的道路交叉口附近路段。

2. 速度反馈系统

速度反馈系统是指将测速仪测得的速度显示在 LED 显示屏上，以提醒驾驶员保持良好的驾驶行为。当车辆进入系统前端一定范围内时，系统就会自动测得车辆行驶速度，并将其置于显示屏上，对于超速行驶的驾驶员则会及时提醒其注意降低车速，使道路交通安全能够得到一定程度的保障。

速度反馈标志主要适用于学校附近路段、急弯陡坡路段、施工区路段、交通流较大的道路交叉口附近等，特别适用于因超速引起的事故多发路段。

（三）宣传教育

交通安全教育主要包括交通安全基础知识、交通法规与道德等方面的宣传教育。交通安全教育的宣传对象是所有公民，目的是通过宣传，使广大道路使用者充分了解道路交通安全知识，真正意识到交通安全的重要性，并能主动地采用合理的交通行为，对于不合法的交通行为也应有相应的法律法规来及时制止。安全教育从根本上来说是一项治本的措施，交通行为的参与者是人、车、

---

① 刘丰军，朱潇赢，熊满初，等. 城市道路标志速度调整研究 [J]. 公路交通科技（应用技术版），2019，15（09）：335-338.

路以及周围环境，其中人是造成交通事故最主要的因素，因此交通管理者应高度重视宣传工作，使驾驶员和行人都主动规范自己的交通行为，驾驶员应集中注意力、杜绝不良驾驶行为，行人也应遵守交通法规（不随意横穿道路），这样不仅可以保证自身的安全，也同样增加了道路上整体的交通安全。

另外，对于宣传的内容也应有其针对性，对于不同的群体应采用不同的方式来宣传，这样才能达到异曲同工之效；宣传内容也应及时更新，时刻保证宣传效果；宣传形式应多样化，且应由表及里、由浅入深，使所有公民从根本上认识到交通安全的重要性。

（四）法律法规

我国的《道路交通安全法》规定了各等级道路上各类型车辆所对应的限速标准，各级立法机构也根据当地情况制定了相应的地方法规。

制定了法律之后，也应当将其付诸实施。采用法律手段是惩治不良驾驶行为最有效的措施。交警部门应对违法的不良驾驶行为的单位、个人进行处罚，也应能及时发现法律中没有出现且危险系数较高的交通现象，并及时提出相应的管理措施，以保证交通安全。

另外，交警部门在执法时必须做到有法可依，不能随心所欲，否则只会让法律失去公信力。对于我国的罚款政策也应进行合理化，对于不同路段不同时段的交通违法行为应提供不同的处罚标准，处罚标准还应当与驾驶员对社会造成的影响成正比。

二、特殊路段的限速技术

（一）道路平面交叉口的限速技术

1. 减速丘

减速丘是一个垂直于行车道延伸到整个车道宽度的凸起区域，其纵断面类型有圆曲线、正弦曲线或抛物线。在接近路边缘时，应将其设置渐变形式，以利于排水。一般情况下减速丘沿公路纵向宽度为 3~4.3m，横向宽度与路基一致，高度为 6~10cm，相隔 100~150m 可设置。其优点是成本低、可以使驾驶员降低车速；缺点是增加了噪声空气污染、影响行车舒适性、加快了车辆和道路的损坏程度。减速丘主要适用于仅控制车速，但对空气、噪声等要求不高的路段，一般可用于低等级道路或道路平面交叉口。

常用的减速丘形式有减速台和减速带。

（1）减速台。减速台是用砖或者是有纹理的材料做成的，减速台是平顶结构，沿公路纵向其宽度足够停放一辆小客车。有纹理的减速台其外观很容易引起驾驶员的注意，从而使驾驶员主动降低车速，提高行车安全性。其优点是顶面较宽，整体较平缓，可避免车辆经过时剧烈颠簸。缺点是若不用带纹理的材料，则视觉上不够美观；若采用纹理材料，造价太高；可能增加空气和噪声污染。减速台一般用于行驶的大型车较多的路段。

（2）道钉减速带。道钉减速带是指将道钉固定在路面上，形成垂直于行车道的带状道钉突起结构，来达到减速标线的作用，且能使驾驶员在此处主动兼被动减速。目前道钉减速带在各级道路上都得到了广泛应用。道钉减速带的优点是耐磨耐压、不宜磨损、反光亮度强、可视距离远、在夜间也可以起到很好的视觉诱导作用；缺点是车辆行驶在道钉上时，舒适感会下降很多。由于驾驶员经过减速带时会产生强烈的颠簸感，因此减速带设置应醒目，在道路前方应配合设置减速丘警告标志标线，以提示驾驶员提前减速。道钉减速带一般用于交叉口前端的路段以及穿越城镇的路段。

2. 薄层铺装

薄层铺装是铺设在路面上的彩色材料，其颜色可根据需要自行调节。其工作原理是在路面铺装材料中加入耐磨的颗粒材料，使路面形成凸起面层，当车辆经过时则会产生轻微震动，以提醒驾驶员主动减速。薄层铺装主要用来增加路面摩擦以防止车辆打滑，亦可增强车辆在行驶过程中制动的减速效果；另外由于其外形为彩色，与传统的路面颜色形成鲜明对比，既可以提高驾驶员的注意力，警示驾驶员注意安全主动减速，也可以美化环境使人保持心情舒畅。薄层铺装有斑马线型和导向标型两种形式。斑马线型铺装为垂直于行车方向的平行线条，线条宽度一般为 0.1m，0.2m 或 0.3m 等，根据实际情况而定；导向标型铺装为施划在平行于行车方向的导向标识。

薄层铺装由于造价较高，一般设置在事故多发段、交通组成复杂路段、道路交叉口附近以及收费站、停车场入口等。

（二）急弯陡坡路段、隧道出入口等的限速技术

1. 减速振动标线

减速振动标线是将专用涂料喷涂于路面上而形成的突起标线，具有反光效果，一般突起的高度为 5~6mm。当车辆行驶在标线上时，会产生轻微震动，驾驶员和乘客也会感觉不舒服，并且车轮在经过标线上时会有刺耳的声音，经过视觉、听觉的双重刺激，驾驶员会自动减速，以提高舒适度，同时也就保证了安全；由于标线的反光效果，即使在不良天气状况下，减速标线也有很好的视认效果。振动减速标线的缺点是易剥落、易磨平、减速效果不明显。

减速振动标线一般可以设置在事故多发路段或事故隐患路段上，比如出现连续弯道的下坡路段、平纵曲线相组合的隧道进口前的路段、即将进入弯曲隧道前的连接路段、隧道出口进入弯桥前的连接路段、易出现大雾弥漫的路段（全路幅）、连绵冻雨导致凝冻易滑路段（全路幅）、平曲线与凹形竖曲线组合的路段、交叉口的进口道处等。

2. 平面错觉标线

平面错觉标线是通过标线颜色的区别使驾驶员通过此处产生道路状况不良的错觉，主动降低车速。佐尔纳错觉标线为平面错觉标线中比较常见的一种，佐尔纳错觉标线让人感觉道路上的笔直行车道在一组倾斜平行线的刻意干扰下变得让人感觉时宽时窄。在道路上设置佐尔纳错觉标线会给驾驶员前方路况不良的感觉，使驾驶员感觉到前方危险而主动减速，以达到有效控速的目的。

由于佐尔纳错觉标线划线距离长、占地面积大等因素，一般情况下其主要用在事故多发路段、安全隐患区或大型的道路交叉口附近的道路交通标线的设计中。采用此错觉标线，可使驾驶员感到前方行车道变窄，主动减速。但是对于路况较熟悉的驾驶员，则不会受此影响。从整体来说，目前视错觉标线只是一种非强制性的控速设施，它更多地是提醒驾驶员前方的危险信息，而对控速的效果则要相对小很多，因此使用其限速的可靠性较低。

3. 仿真警察

仿真警察是设计一个警察模型，给高速行驶中的驾驶员造成前方有警察执法的错觉，此时超速行驶的车辆则会自动减速到路段的限速范围内。当车辆行驶速度较快或超速、疲劳驾驶时，驾驶员很难对事物做出正确的判断，此时可采用仿真警察，以起到警示驾驶员的作用，提高行车安全性。

仿真警察主要设置在事故多发路段或安全隐患区、交通量大且交通组成复杂的路段、人口密集区等侧向干扰较大的路段。通常仿真警察与雷达测速组合设置才能起到更好的控制车速效果。仿真警察主要用在高速行驶的道路上，一般都是在高速公路上使用，但对于城市快速路和主干路上也可斟酌使用。

(三) 人口密集区、交通流量大等路段的限速技术

1. 立体视错觉标线

立体视错觉是通过轴测图以及颜色的区分使标线显示出立体的效果，给驾驶员造成在很远的地方就会看到道路上的立体小型障碍物的感觉，从而主动减速。立体错视觉标线施划到道路上要注意尺寸大小，在保证其效果的同时应留出足够的车道宽度，以免引发驾驶员紧急刹车造成交通事故。目前常用的立体视错觉标线主要有以下三种。

（1）多边形视错觉标线。目前多边形视错觉标线已经应用在国内的很多道路上，并且应用效果良好。该标线是由黄、白、蓝三种颜色组合以产生立体效果，在垂直于道路行车方向设置整个行车道宽度的三维立体效果图，排列整齐，从远处看，给人的感觉像是道路前方有凸起物体，经过此减速带的车辆一般都会主动减速。由于多边形的多样化，因此多边形立体标线的设置样式也有很多，目前对于这个也没有统一的标准，并且关于多边形的尺寸大小也没有一个统一规定，只能说此项技术还有待研究。多边形视错觉标线的优点是工作量较小，设置成本较低，车辆经过时对人、车、路都没有损坏，在不良天气时其效果更明显。多边形视错觉标线主要适用于急弯路段、人口密集区等事故隐患路段。

（2）立体人行道视错觉标线。立体人行道视错觉标线可采用连续的长方体三维图。在没有交通灯的路段，白色直线形的人行横道线很难引起驾驶员的注意，因此采用立体人行道视错觉标线，使驾驶员在道路很远处就能看到前方的立体物而主动减速，从而保证了行人过街的安全。立体人行道视错觉标线主要适用于人口密集且没有道路交通灯的路段。

（3）可以造成视错觉的图画。可以造成视错觉的图画，使用起来很随意，图画可以随便画，给驾驶员造成路面不平整的感觉，自动降低车速。这种图画越随意效果则会越好。此种方式主要适用于经过村庄的道路，一般情况下，村庄中行人较多，且过路地点不一致，也就是说整段路随时随地都可能有行人通过，这就要求经过此路段的车辆全程低速通过，这种情况下仅靠简单的限速标志是不会有多大效果的，因此就采用视错觉图画，使驾驶员很远就可看到前方路面不平整，则会主动控制车速以保证舒适性。

2. 彩色路面

彩色路面是指在路面材料中加入有色混合物使其产生不同的颜色，或是直接采用反射性能较强的浅色集料用采用光的反射效果达到彩色的目标。彩色路面的优点是不仅美化了环境，而且通过对驾驶员进行视觉冲击以警示驾驶员降低车速，从而保证行车安全；缺点是造价太高。

最早使用彩色路面的是日本东京，目前已经在全世界范围内得到广泛应用，主要用于公交车道、人行横道和路口非机动车道等需要特别标明的专用车道，用其来区分不同行车车道，行车道与自行车道、人行道等。彩色路面主要用于交通量较大的城镇路段，其作为速度控制手段的效果需进一步评估。

3. 驼峰式减速带

目前我国常用驼峰式减速带有水泥台减速带、橡胶减速带。其中水泥台减速带是在路面上垂直于行车道方向用水泥浇筑的圆拱形结构，其宽度一般为行车道宽度，高度一般比地面高出 20~40cm，在减速带两端一般做成渐变线模式，以利于排水。橡胶减速带结构与上述一致，材料是橡胶及其添加物，高度一般比地面高出 8~15cm。水泥台减速带的缺点是刚性较大，安装时极易损坏路面，并且对车辆损坏也较大，鉴于此，大多数的道路一般都会采用橡胶减速带。

减速带一般适用于人口密度较大、车辆干扰较多的路段；通常将其用在穿越学校、城镇、村庄的路段等。

（四）学校、居民区内部道路的限速技术

在学校和居民区内部，经常采用降低线形指标的方法来强制车辆降低速度，即曲折行车道。对路线进行调整将其线形指标降低（即采用曲线形行车道），也可以达到减速的目的。

曲线形行车道措施主要是通过增加中央岛或是有意改造路线，使驾驶员在此路线上行驶时被动减速，以保证行车安全。与直线路线相比，曲折式的路线通过视点的变换往往可以增加景观的多样性，活跃空间氛围。所以曲折式行车道的设计更应注重路侧环境的布置，使行人随路线的起伏领略到丰富的景观以达到引人入胜的效果。[①]

曲折行车道主要适用于需要控制车速、噪声等交通污染的路段，一般常用于居民区中的道路。为减少机动车对安全环境的影响，居民区中的道路可以有意识地采用曲折式行车道，迫使机动车减速的同时，也可以丰富道路景观。

第五节　城市桥梁设计新技术

一、VR 技术

目前，VR（virtual reality，虚拟现实）技术已经广泛地应用于城市规划、室内设计、房地产开发、工业仿真、军事模拟等各个方面。已有的计算机图形软件随着人们要求的提高越来越难以满足当今建筑工程和交通领域的需要，VR 概念的产生以及现在图形引擎的出现将为土木行业带来新的视野。用虚拟现实既

---

① 孙超，陈小鸿，张红军，等. 基于速度管理的城市道路交通安全应用 [J]. 中山大学学报（自然科学版），2018，57（03）：155-163.

能表示真实的世界，也可以表示虚拟的世界。它为工程设计提供了一个全新高效的工作平台，让行业之外的人能够更加直观地对桥梁概念模型进行评估。

在桥梁工程中运用 VR 技术是为了实现桥梁概念设计的信息共享最大化，结合桥梁概念设计本身具有的特点，分析现有的计算机辅助软件的不足，再利用 VR 图形引擎的优势，就能够使桥梁概念设计的信息完整清晰地展现在人们眼前。

（一）城市桥梁概念设计的发展历程

传统的城市桥梁概念设计方式为手绘，工程师们将桥梁的外貌通过手绘的方式展示在概念图上，并辅以适当的文字说明完成其设计意图的表达。这种方式具有难以多角度观察、不便于修改、细节呈现难度大、不适于实际工程应用等缺点。随着计算机技术的出现与初步普及，手绘逐渐被二维平面设计取代。相比于前者，二维设计提高了设计效率，保证了图纸在细节呈现上的精确度，更加适于工程应用。但由于呈现的为平面图，展示度依旧不甚理想，对于设计师设计意图的表达也不够清晰。

20 世纪 80 年代以后，图形处理技术迅猛发展，人们对于概念设计作品的视觉展示要求也越来越高——三维设计技术应运而生。相较于二维设计，为了让各个模块集中于一个平面内而采用的浮动与相对定位手段，三维设计采用的则是绝对定位，图形的兼容性更好，空间层次感更强。目前，以三维设计为主的手段已取代了二维设计成了实际项目中最常用的概念设计方式。

随着当今经济全球化，行业竞争加剧，人们对于设计效率越来越重视，具体要求也大大提升。目前的三维设计已经无法有效快捷地传达设计师与业主的需求，在部分桥型（尤其是异形桥上）的展示度上效果欠佳，无法很好进行设计意图与具体细节的沟通与讨论，导致项目的设计完成效率不理想。所以，越来越多的人开始追求体验更佳、设计更高效的设计方式。在此背景下，部分高校和设计企业开始对 VR 技术在概念设计中应用的研究，希望其在视觉展示上的优势能与设计相结合，从而推动设计方式的转变。

VR 技术在桥梁概念方面应用的优点主要在于沉浸感强、交互方便、真实感较强且视觉体验效果佳。这些优点可以帮助设计师展现自己的设计意图、调整概念设计细节，让客户更加清晰地了解、体验建筑效果，相对于三维设计可以大幅度提升工作效率，提高展示度与感官感受。同时，其便于修改、制作简单的特性也将使整个设计过程简化。[①]

---

① 程雪麒，张妍，朱殷桥. VR 技术在城市桥梁概念设计中的应用 [J]. 四川建筑，2017，37 (04)：56-59.

（二）基于 VR 技术的 DVS3D 图形引擎

现阶段的 VR 图形引擎主要应用于游戏领域，这些引擎更适合 PC 或移动端 VR 游戏，具有画面精美、运行效率高、能够兼容各式 VR 硬件等优势。但是，由于无法很好地与建筑建模软件兼容，且本身也不具备建筑建模功能，这些 VR 图形引擎并不适用于桥梁概念设计。下面重点研究一款适合于桥梁工程的 VR 图形引擎——DVS3D（Design& Virtual Reality & Simulation）。

DVS3D 由曼恒数字有限公司开发，是首个集设计、虚拟和仿真功能于一体的虚拟现实软件平台，具备协同设计、可视管理、交互性好等特点。它的图形编辑功能可以支持多种格式模型的导入和获取，便于数据整合，设计好的桥梁概念模型无须数据转换，不会造成数据丢失，并且能够进入引擎中快速搭建场景和进行设计，为设计者带来极大的便利。同时，它可以支持三维图形及数据在虚拟现实环境中 1：1 沉浸式立体显示与交互操作，使模型完整而直观地显示在人们眼前，便于评估和修改。

与现有 VR 图形引擎相比，DVS3D 是一款可以较好地与目前主流桥梁建模软件兼容的软件。而且该软件能进行一定程度上的建筑建模，同时其素材库和场景库可以满足大多数桥梁的实景再现要求，整体沉浸感强，漫游效果真实，而且可以兼容不同文件格式，总体符合桥梁工程的要求。

在桥梁工程领域的应用上，DVS3D 可以提供较为真实的沉浸式体验，从而可以给设计师和客户有效的反馈。它可以方便设计师与客户从多角度体验、感受，甚至是实时观察模型。操作者可以自行调整观察结构的展示角度，实现从被动感受到主动感受的改变，从而方便设计师与客户交换讨论想法，提高生产效率，提升工程品质；与主流桥梁建模软件良好的兼容性也使数据信息的完整得到保证。

DVS3D 图形引擎的应用可以从不同方面提升设计师的工作效率与客户的体验感，也让桥梁模型在建成前有了一个被直观体验的机会，因此有机会给整个桥梁设计过程带来效果明显的提升。

（三）DVS3D 在城市桥梁概念设计中的创新应用

工作人员可以通过 DVS3D 设计好模型，佩戴体感设备观察桥梁模型，并且在切实的体验之后提出修改方案，进一步完善模型。而非专业人员可以通过 DVS3D 亲身感受模型的整体设计，与设计者进行交流和修改模型，设计者不再需要二维图形的多角度展示。DVS3D 可以减少交流的误差，节约时间，让工作人员高效率地完成工作。

1. DVS3D 在城市异形结构桥设计中的创新应用

VR 技术对于城市异形结构桥的提升效果最为明显——若用传统设计方法，设计师与客户都不能很好地感知桥梁整体造型与细节，但经过 VR 化处理，这类问题便可以迎刃而解。利用 VR 技术沉浸感好、交互性强、真实感强的特质，工作人员可以很清晰直观地模拟计算出相关数据，并比较其不同，这是任何传统设计方式都不能带来的。在 VR 技术的参与下，建筑物的尺寸、高度将不再是一串数字，设计将更人性化，效率也将更高。

2. DVS3D 在城市钢拱桥设计中的创新应用

通过 VR 眼镜观看经过 VR 化处理的场景效果图，工作人员可以清晰地比较出在 VR 视野中观看同在三维设计与二维设计中观看的区别。VR 技术在观察钢拱桥时可以使设计物与环境结合，十分真实具体，而三维则达不到类似效果，至于二维图纸则更是抽象。通过 VR 技术，设计作品可以更清晰地被大家理解和接受，非专业人员也可以从大到宏观小到局部的多层次中体验研究桥梁在不同时空中的形态，能够方便观看者和设计人员之间的沟通，对项目做出调整。

3. DVS3D 在城市景观桥设计中的创新应用

通过 VR 眼镜观看经过 VR 化处理的场景效果图，工作人员可以较为真实地感受到景观桥在不同场景下从不同视角观看的效果。与传统三维建模相比，景观桥在动态环境中模拟出的效果更加逼真，更能够体现桥梁在真实情况下能否融入周围环境。

高新技术的发展也推动着土木行业的发展，从手绘到二维、三维甚至全息影像，工作效率逐步提高，模拟度增加，人们对设计的整体和细节的认知越来越多。从机器代替手工提高效率到现在的 VR 沉浸提升感知，土木行业的需求也在加大。VR 图形引擎在桥梁概念设计上的应用，可以提高沉浸感、真实感与交互性，让设计过程更加贴近实际，便于大家交流模型。同时方便修改、便于制作的特性也将简化整个设计过程，提高效率。VR 技术在桥梁概念设计中具有良好的应用前景，其应用将会从多方面提升桥梁概念设计效果，是有巨大价值的。

二、BIM 技术

我国 BIM（building information modeling，建筑信息模型）技术起步时间较晚，但崛起速度很快，当理论系统形成后快速应用到各个行业中，加快了我国数字化建设的脚步。BIM 技术在桥梁建设中的应用已经渗透到各个方面，如桥梁设计、成本控制、施工优化、耐久性评估等。所以我国很多学者不断研究

BIM 技术理论，希望将该项技术广泛应用。

（一）BIM 技术在城市桥梁设计中的优点

基于 BIM 技术的信息共享功能、可视化功能、各专业可共同工作的功能，可以明显改善和大幅度提高桥梁设计工作的效率和质量，避免了专业之间的信息传输中断、计算误差等问题，减少了设计变更的工作。

在桥梁设计工作中 BIM 技术已经实现的技术应用有：①三维可视化、参数化的设计；②专业协同工作、信息资源共享，避免了专业之间的隔阂；③实现了工程量核算以及图纸的校对；④基于 BIM 平台，性能化分析较为系统。

用传统方法进行桥梁结构受力分析时，只是依靠有限的软件进行模拟和数值分析。而基于 BIM 平台的受力分析有 ANSYS，MIDAS，ABAQUS 等，通过与 BIM 软件共享接口后使建立的模型可以直接在分析软件中应用。

（二）BIM 技术在城市桥梁设计中的不足

新产物的诞生、新技术的运用都会有利有弊，BIM 技术的发展是一个长期的、持久的研究和改善的过程。目前，我国的 BIM 技术在桥梁设计中的研究还处于初级阶段，在各方面还存在一定程度的不足，主要表现在以下方面。

（1）前期成本高。在桥梁设计时不仅需要利用 BIM 技术，还需要利用 BIM 技术的人才，我国现阶段对 BIM 相关技术人才的培养程度还不够，技术利用率较低，购买软件以及后期升级等服务的费用较高。

（2）模式转变困难。传统的桥梁设计方法已经深入人心，对于设计流程和工作程序驾轻就熟。对于设计院而言，BIM 技术如果达不到客户的满意程度不仅影响设计进度和效率，还会影响设计院的经济效益。对于工作人员来说，固有思维限制了 BIM 的理解和运用，桥梁设计工作从二维向三维的过渡、从离散型设计向集成化转化改变了工作的性质，思维模式转变存在局限性。

（3）BIM 工作软件的不成熟。BIM 在桥梁设计中的应用是参与整个项目的全寿命周期，在整个过程中专业之间的配合以及软件之间的端口衔接都还不够完善，需要进一步调整和研发。族库可以大大提高 BIM 建模的效率，但是目前的族库还不能完全满足桥梁设计时构件的需要，尤其是异性结构的构建，族库很难实现物理参数、几何尺寸、受力特性等互相匹配。

（二）BIM 技术在城市桥梁设计中的创新应用

桥梁设计一般包括三个阶段：初步设计、技术设计、施工图设计。桥梁设计更注重的是桥梁的安全性和耐久性，所以桥梁在设计时工作任务重。BIM 工作方式是以数字模型为基础，通过调整模型结构即可完成设计中遇到的问题。

（1）快速建模。BIM 的建模方式是通过族库建立一些小构建，然后将这些小构建按结构顺序拼成整体结构。在模型建立过程中，族的运用是关键，同类或者相似构建可以创建同一个族，并加入属性，如构件的几何尺寸、形状、材质等，运用时可以对相应的物理参数进行修改，即可完成模型的建立。BIM 的建模软件 Revit 与 SU 相比，添加了材料和构件的各种属性，将构建进行了参数化的设计，这样 Revit 在后期修改过程中只需要调整参数即可，大大降低了无效工作。

（2）模型计算。在桥梁受力分析时既要进行整体结构的分析也要对局部构件进行分析，所以在设计时对桥梁模型的计算难度很大，进行整体分析时，主要依靠桥梁博士和迈达斯等进行，对局部进行分析时，主要使用的软件有 ANSYS，ABAQUS 等。目前，BIM 平台主要通过同一个端口将建模软件和分析软件结合应用，但这种技术还不成熟，现阶段的桥梁受力分析还是依靠单独的软件来完成。

（3）工程量统计。工程量统计主要是通过图纸和表格的数量人为地进行一一对应、分类统计。二维图纸对于工程量的统计的最大缺点在于单位易混淆、量表和图纸不对应、构件分类困难。造价员根据分类的图表进行工程量的计算。以上过程数据在传递过程中出现的误差和错误会影响整个工程量统计的过程，一旦进行修改和调整，花费的时间会很长。BIM 建立的模型是通过带有参数的局部结构按桥梁的建设顺序拼装的，每一部分结构都有自己的特定属性，所以系统可精确计算出每部分的工程量。

第三章 城市道路施工技术及应用

第一节 城市道路路基填筑技术

一、城市道路路基施工放样

在路基施工前，应根据路线中桩表、路基横断面图或路基设计表进行放样工作，其目的是在原地面上标定出路线中桩、路基边缘、路堤坡脚及路堑坡顶、边沟以及各种附属设施（如取土坑、护坡道、弃土堆）等的位置，定出路基轮廓，放置边桩，画出作业界限，方便施工。

（一）中线测量方法

中线测量就是根据道路控制桩或在道路两旁布设的导线控制点将道路中线恢复，故又称为恢复中线。从道路的踏勘到开始施工这段时间里，常有一部分桩点变位或丢失，为了保证道路中线位置准确，在道路施工测量中，首要任务就是恢复道路中线，即复核原有中桩，把丢失损坏的中桩复原。恢复中线的测量方法与中线测量相同。根据道路控制桩恢复中线：在控制桩上架设经纬仪，用经纬仪拨角度或定方向，用钢尺量距离。利用路线控制桩恢复中线通常采用的方法有偏角法和支距法两种。现在，全站仪已普遍使用，工程测量的效率更高，效果更好。随着高等级道路建设的发展，对勘测设计和施工测量的精度提出了更高的要求。道路中线都是用交点坐标和曲线元素来标定的。无论是勘测设计还是施工测量都可直接根据这些坐标将中线放样到实地。现在几乎所有的施工单位都有测距仪或全站仪，因此这种方法得到了广泛应用，成为中线测量的主要手段。①

在实际工作中，有时将这两种手段结合起来使用，即先用导线控制点放出道路主要控制桩，再在路线主要控制桩上进行其余中桩的加密，以实现测量仪器和测量手段的合理应用。经校正恢复的中桩，在施工中很难保全。因此，应在施工前根据施工现场的条件，选择不受施工干扰、便于使用、易于保存桩位的地方，测设施工控制桩。其测设方法有平行线法、延长线法和交会法等。

（1）平行线法。平行线法是在路线边 1m 以外，以中线桩为准测设两排平行于中线的施工控制桩。该法适用于地势平坦、直线段较长的路段。控制桩间距一般取 10~20m，桩上应标注被移桩的桩号和移设的距离，用以控制中桩位置和高程。

（2）延长线法。延长线法是在中线延长线上测设方向控制桩。当转角很小时，可在中线的垂直方向测设控制桩。此法适用于地势起伏大、直线段较短的路段。

（3）交会法。交会法是在中线的一侧或两侧选择适当位置设置控制桩或选择永久地物（如电杆、房屋的墙角等）作为控制点。此法适用于地势较开阔、便于距离交会的路段。

上述三种方法无论在城镇区、郊区或山区的道路施工中均可根据实际情况互相配合使用。但无论使用哪种方法测设控制桩，都要绘出示意图、注明有关数据并做好记录，以便查用。

（二）高程测量放样

恢复中线，只是完成了施工测量的第一步，接下来还要进行高程的测量与放样。道路经过勘测设计以后，往往要经过一段时间才能施工，在这段时间内现场可能出现局部变化，为了核实土石方工程量，需要复测并加密纵、横断面。因此，施工前应对纵、横断面进行复测与加密。

高程测量放样的依据是勘测设计单位在沿线布设的水准点，这些水准点在使用前需复核。为便于施工和控制精度，在人工结构物附近、高填深挖地段、工程量集中及地形复杂地段需要增加一些水准点；随着路基的不断填筑和开挖，还需要调整水准点的位置，以便于施工放样。增设或调整水准点必须采用复合或闭合水准（或三角高程）路线测量，才能满足精度要求。

（三）横断面放样测量

1. 边桩放样

（1）边桩放样的常用方法

路基边桩的测设就是在地面上将每一个横断面的路基边坡线与地面的交点

---

① 王天成，张志伟. 道路工程施工技术 [M]. 北京：中国铁道出版社，2015：2-90.

用木桩标定出来，边桩的位置由它至中桩的距离来确定。常用的方法包括以下两种。

第一，图解法。从横断面设计图上量出或从路基设计表中查取坡基点（或坡顶点）与中桩的水平距离，然后用钢尺或皮尺沿横断面方向实地丈量以确定边桩的位置。丈量时尺子要拉平，如横坡较大时，需分段丈量，在量得的点上固定坡脚桩（或坡顶桩），再用石灰标出坡脚（或坡顶）的分界线。施工中如有破坏，应及时补测。在地面较平坦、填挖方量大时，采用此法较多。

第二，解析法。通过计算求得路基边桩至中桩的平距。

平坦地段路基边桩的距离如图 3-1 所示，其值按公式（3-1）计算。

$$D = \frac{B}{2} + mh \tag{3-1}$$

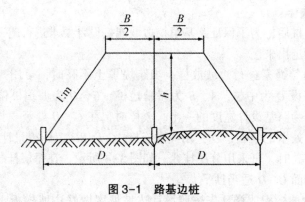

图 3-1　路基边桩

路堑边桩至中桩的距离如图 3-2 所示，其值按公式（3-2）计算。

$$D = \frac{B}{2} + s + mh \tag{3-2}$$

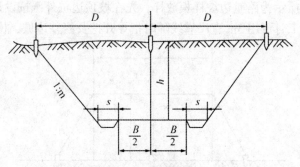

图 3-2　路堑边桩

在公式（3-2）中：B 为路基设计宽度；m 为边坡的设计坡率；h 为路基中心填土高度或挖土深度；s 为路堑边沟顶宽。

（2）边桩放样的注意事项

①在计算测设边桩距离时，要注意路基设计的尺寸和要求，如路基是否有加宽等，对挖方地段，要注意边沟的设计尺寸及是否有护坡平台，以免边桩放样时漏掉，造成返工事故.

②在地形复杂路段，最好用仪器进行边桩放样；在曲线段，更应注意使横断面方向与路中线的切线方向垂直.

③放完一段边桩后，要进行复核，地面平坦或地面横坡一致时，边桩连线应为一直线或圆缓的曲线，如有个别边桩凸出来或凹进去，就说明有问题.

④在施工过程中，应及时加固保护边桩，并做好明显的标记。

2. 边坡放样

测设出边桩后，为了保证路基填挖边坡能按设计要求进行施工，应把设计边坡在实地标定出来。

（1）用竹竿绳索进行边坡放样。当路堤填土不高时，可用一次挂线。如图 3-3 所示，设 O 为中桩，A、B 为路基边桩，C、O 为坡顶桩位，CO 及 DO 的水平距离均为路基设计宽度的一半。放样时，在 C、D 处竖立竹竿，在其上等于填土高度处做记号 C'、D'，用绳索连接 AC' 及 BD'，即得设计边坡放样线。当路堤填土较高时，可采用分层挂线。如图 3-4 所示，在每层挂线前都应当标定中线并对杆面 C'-D' 适当抄平。

（2）用边坡样板放样。先按照设计边坡坡度做好边坡样板，施工时按边坡样板放样。如图 3-5 所示为路堤边坡放样，当边坡样板上的水准尺气泡居中时，边坡尺上斜边指示的方向即为设计边坡，借此可指示路堤的填筑或路堑施工，并可用边坡尺对填筑的路堤或开挖的路堑边坡进行检验。

如图 3-6 所示为路堑边坡样板放样，先在坡顶边桩外侧按设计边坡度设立固定样板，施工时可用 3m 直尺靠线随时指导开挖及修整边坡、检验坡度。

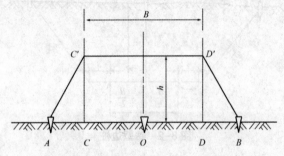

图 3-3 竹竿绳索边坡放样（一次挂线）

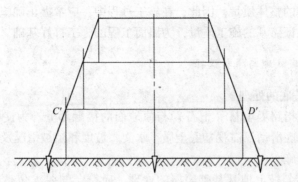

图 3-4　分层挂线边坡放样

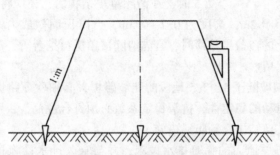

图 3-5　路堤边坡放样

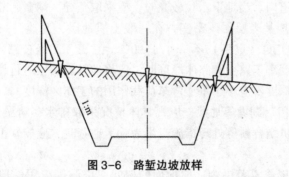

图 3-6　路堑边坡放样

二、城市道路路堤施工

路堤指设计标高高于原地面标高的填方路基路堤在结构上分为上路堤和下路堤，上路堤是指路面底面以下 0.8~1.5m 范围的填方部分，下路堤是指上路堤以下的填方部分。路堤施工是在原地面上进行路基填筑，其质量好坏直接影响着道路工程的整体质量。因此，在施工过程中，应掌握正确施工方案及工艺流程，才能保证路基的施工质量，为路面工程的施工打好基础。

（一）基底处理与填料选择

1. 路堤基底的处理

路堤基底指路堤填料（土石）与原地面的接触部分。为使两者结合紧密避免路堤沿基底滑动，需视基底土质、水文、坡度和植被情况及填土高度采取相应的处理措施。

（1）稳定斜坡上地基基础表层的处理，应符合的要求包括：①地面横坡缓于 1：5 时，清除地表草皮、腐殖土后，可直接在天然地面上填筑路堤；②当地面横坡为 1：5~1：2.5 时，在清除草皮杂物后，还应将坡面挖成台阶，台阶宽度不应小于 2m，高度为 0.2~0.3m，台阶顶面做成内倾 2%~4% 的斜坡，当基岩面上的覆盖层较薄时，宜先清除覆盖层再挖台阶，当覆盖层较厚且稳定时，可予保留。

（2）地面横坡陡于 1：2.5 地段的陡坡路堤，必须验证路堤整体沿基底及基底下软弱层滑动的稳定性，抗滑稳定系数必须符合规范，否则应采取改善基底条件或设置支挡结构物等防滑措施。

（3）应做好原地面的临时排水设施，并与永久排水设施相结合。排走的雨水不得流入农田、耕地，亦不得引起水沟淤积和路基冲刷，市区施工应将雨水排入下水管道内。当地下水位较高时，应采取疏导、堵截、隔离等措施。

（4）应将地基表层碾压密实。在一般土质地段，高速、一级和二级公路路堤基底的压实度（重型）不应小于 90%，三级、四级公路不应小于 85%。当路基填土高度小于路面和路床厚度时，应将地基表层土进行超挖并分层回填压实，其处理深度不应小于重型汽车荷载作用的工作区深度。

（5）在稻田、湖塘等地段，应视具体情况采取排水、清淤、晾晒、换填、加筋、外掺无机结合料等处理措施。当为软土地基时，应按软土施工要求进行处理。

（6）在路堤修筑范围内，原地面的树穴、坑洞等应用原地的土回填，并按规定进行压实。

（7）当路堤基底原状土的强度不符合要求时，应进行换填。换填深度应不小于 30cm，并分层压实到符合规定的压实度。

2. 基底填料的选择

由于沿线土石的性质和状态不同，用其填筑的路基稳定性亦有很大差异，为保证路堤的强度与稳定性，应尽可能选择稳定性良好的土石做填料。在选择填料时，一方面要考虑料源和经济性，另一方面要顾及填料的性质是否合适。为了节约投资和少占耕地良田，一般应利用附近路堑或附属工程的弃方作为填料，或者将取土坑布置在荒地、空地或劣地上。

为保证路堤的强度与稳定性，路堤填筑材料（填料）应采用强度高、水稳定性好、压缩变形小、便于施工压实以及运距经济的土石材料，不得采用设计或规范规定的不适用土料作为路基填料，路基填料强度（CBR）应符合《公路路基设计规范》（JTGD30-2004）规定。

（1）碎石土、卵石土、砾石土、中砂和粗砂等，具有透水性好、摩阻系数大、强度受水的影响小等优点，是填筑路堤的良好材料。

（2）亚砂土、亚黏土、轻黏土等，经压实后能获得足够的强度和稳定性，是比较理想的路堤填料。但需注意，土中的有机质和易溶盐含量不应超出规定的数量。

（3）路堤填料不得使用淤泥、沼泽土、冻土、有机土、含草皮土、生活垃圾、树根和有腐殖质的土。冰冻地区的路床及浸水部分的路堤不应直接用粉质土填筑。当采用盐渍土、黄土、膨胀土填筑路堤时，应遵照有关规定执行。

（4）液限大于50%、塑性指数大于26%的土，以及含水率超过规定的土，不得直接作为路堤填料，若需要应用时，必须进行满足设计要求的技术处理，经检查合格后方可使用。

（5）钢渣、粉煤灰等材料，可用作路堤填料，其他工业废渣在使用前应进行有害物质的含量试验，避免有害物质超标，污染环境。

（6）捣碎后的种植土，可用于路堤边坡表层。

（7）浸水路堤、桥涵台背及挡土墙墙背应选用渗水性好的填料。

（二）土质路堤填筑施工

1. 路基基本填筑方法

1）分层填筑法

路堤填筑应考虑不同的土质，从原地面逐层填起，并分层压实，每层厚度随压实方法而定。分层填筑方法又可分为水平分层填筑和纵向分层填筑两种。

第一，水平分层填筑。填筑时按照横断面全宽分成水平层次，逐层向上填筑。如果原地面不平，应由最低处分层填起，每填一层，经压实合格后再填上一层，依次循环进行直到达到设计高程。此法施工操作方便、安全、压实质量容易保证，如图3-7所示。

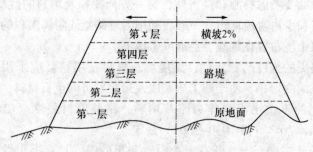

图 3-7　水平分层填筑法示意图

第二，纵向分层填筑。纵向分层填筑适用于推土机或铲运机从路前取土填筑运输距离较短的路堤。依纵坡方向分层、逐层推土填筑。原地面纵坡大于12%的地段常采用此法施工，如图 3-8 所示。

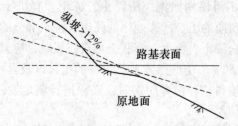

图 3-8　纵向分层填筑法示意图

2）竖向填筑（横向填筑）法

从路基一端或两端同时按横断面的全部高度，逐步推进填筑，仅用于无法自下而上分层填筑的陡坡、断岩或泥沼地区，如图 3-9 所示。此法填土过后不易压实，且还有沉陷不均匀的特点。为此，应采用必要的技术措施，如选用高效能的压实机械（振动或夯实式压路机）碾压；采深陷量较小的砂性土或废石方做填料；暂不修建较高级路面，允许短期自然沉落等。

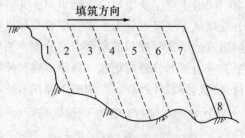

图 3-9　竖向填筑法示意图

3）混合填筑法

当高等级公路路线穿过深谷陡坡，且要求上部的压实度较高时，路基下层采用竖向填筑，上层采用水平分层填筑，此种方法称为混合填筑法，如图 3-10 所示。

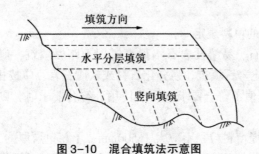

图 3-10　混合填筑法示意图

2. 土质路堤填筑规定

1）路堤填筑的规定

①每种填料的松铺厚度应通过实验确定。

②每一填筑层压实后的宽度不应小于设计宽度。

③在路堤填筑时，应从最低处分层填筑，逐层压实。

④填方分几个作业施工时，接头部位如不能交替填筑，则先填路段，应按 1∶1 坡度分层留台阶，如能交替填筑，则应分层相互交替搭接，搭接长度不小于 2m。

2）不同土质混合填筑的规定

在施工中，沿线的土质经常发生变化，为避免将不同性质的土任意混填，以至造成路基病害，应在施工前进行现场调查，做出正确的规划，拟定合理的调配方案。

①不同的土质填筑路堤时，应水平分层、分段填筑，分层压实，同一水平层路基的全宽应采取同一种填料。分层数量应尽量减少，每种填料的填筑层压实后的连续厚度不宜小于 500mm。不应混杂乱填，以免形成水囊或滑动面。

②透水性较小的土填筑路堤下层时，其顶面应做成 2%~4% 的双向横坡，并采取相应的防水措施，以保证来自上层透水性填土的水分及时排出。

③透水性较小的土填筑在路基上层时，不应覆盖在透水性较大的土所填筑的下层边坡上，以保证水分的蒸发和排除。

④潮湿或敏感性较小的填料应填筑在路基上层，强度较小的土应填在下层。在地下水的路段或临水范围内，宜填筑透水性好的填料。

⑤为防止相邻两段用不同土质填筑的路堤在交接处发生不均匀变形，交接

处应做成斜面，并将透水性差的土填在斜面下部。

（三）石质路堤填筑施工

用粒径大于 37.5mm 且含量超过总质量 70% 的石料填筑的路堤称为石质路堤。

1. 石质路堤的填料规定

（1）膨胀岩石、易溶性岩石不得直接用于路堤填筑，崩解性岩石不得直接用于路堤和盐化岩石填筑。强分化石料或软质石岩，应按相关标准先检验其 CBR 值，如 CBR 值不符合要求则不能使用，符合要求时，则按土质路堤的技术要求施工。

（2）填石路堤填料粒径不应大于 500mm，不超过层厚的 2/3，不均匀系数宜为 15~20。路床底面以下 400mm 范围内应设置碎石过渡层，过渡层碎石粒径应小于 150mm，其中小于 0.05mm 的细粒料含量不应小于 30%，必要时，宜设置土工布隔离层。

（3）路床范围应用符合要求的土填筑，填料粒径应小于 100mm。

2. 石质路堤的填筑规定

（1）填石路堤应采用大功率推土机和自重不小于 18t 的振动压实机械施工。路堤施工应先修实验路段，确定满足规范规定孔隙率标准的松铺厚度、压实机械型号及组合、压实速度及压实遍数、沉降差等参数，以控制施工。

（2）在路床施工前，应修筑试验路段，确定能达到最大干密度的松铺厚度、压实机械型号及组合、压实速度及压实变数、沉降差等参数。

（3）一级及二级以上公路的填石路堤应分层填筑压实。二级以下砂石路面公路在陡峻山坡地段施工特别困难时，可采用倾填的方式将石料填筑于石路堤下部，但在路床底面以下不小于 1.0m 范围内仍应分层填筑压实。

（4）岩性相差较大的填料应分层或分段填筑。严禁将软石料与硬质石料混合填筑。

（5）当石块粒径较大、填层较厚、石块间的孔隙较大时，可于每层表面的空隙里填入石渣、石屑、中砂、粗砂，再以压力水将砂冲入下部，反复数次，使孔隙填满；人工铺填 25cm 以下石料时，可直接分层铺填，分层碾压。

（6）填石路堤边坡坡度较高时，可在边坡中部设 1~3m 宽度的边坡平台。采用中硬、硬质石料填筑的路堤应进行边坡码砌，码砌石料强度应大于 30MPa，最小尺寸不应小于 300mm，石料应规则。码砌的厚度：填高小于或等于 5m 时，不应小于 1m；填高 5~12m 时，不应小于 1.5m；填高大于 12m 时，不应小于 2m。边坡码砌宜与路基填筑基本同步进行。

（7）在填石路堤顶面与细粒填土层之间应按设计要求设过渡段。

（四）压实机具的选择与合理操作

压实机具的选择与合理操作，也是影响路基压实度效果的因素。压实机具的类型较多，大致分为碾压式、夯击式和振动式三大类型碾压式（又称静力式碾压式），包括光面碾（普通的两轮或三轮压路机）、羊足碾和气胎碾等。夯击式除人工使用的石、木夯外，还有机械设备中夯锤、夯板、风动夯及蛙式夯机等。振动式包括振动机器和振动压路机等。此外，运土机械中的汽车、拖拉机及土方机械等，亦可用于路基压实。

不同的压实机具，适用于不同土质及不同土层厚度等条件，这也是选择压实机具的主要依据。在正常条件下，对于砂性的压实效果，振动式较好，夯击式次之，碾压式较差；对于黏性土，则宜选用碾压式或夯击式，振动式较差甚至无效。不用压实机具，在最佳含水率条件下，适用于一定的最佳压实厚度及通常的压实遍数。压实机具对于施加的外力应有所控制，以防压实功能太大造成的压实过度、失效、浪费或损害。一般认为，压实时的单位压力不应超过强度极限。不同土的强度极限与压实机具的重量、相互接触面积、施荷速度及作用时间等因素有关。

实践经验证明，路基压实时，在机具类型、土层厚度及形成遍数已经选定的条件下，压实操作时宜先轻后重、先慢后快、先边缘后中间（超高路段宜先低后高）。压实时，相邻两次的轮迹应重叠轮宽的 1/3，保持压实均匀，不漏压，对于压不倒边的边角，应辅以人力或小型机具夯实。在压实的过程中，经常检查含水率或密实度，以达到规定的压实度。

三、城市道路路堑施工

路堑指设计标高低于原地面的挖方路基。开挖是将路基边坡范围内、设计标高之上的天然土体挖除并运到指定地点的施工过程，是路基施工中工程量最大、最普遍的施工内容。

（一）路堑施工的基本要求

路堑的开挖施工应根据放样桩和分界线、坡度及高程自上而下分层开挖，并将挖掘出来的土石按施工计划尽可能运至填土段或指定的地点堆放，做到边挖边填、边压实。确需弃土时，弃土堆应置于路堤坡脚或路堑两端，弃土堆边坡不应陡于 1∶1.5。不得乱挖、超挖，严禁掏洞取土。当路堑挖至接近设计边坡时，宜采用人工修整；接近路床设计高程时，应根据土质情况预留一定厚度的土层做保护、调平、碾压路床之用，并保持一定的排水坡度，雨期预留厚度宜为 20~50cm，冬期视当地冻土深度确定。

1. 重视施工排水

不论采用何种方法施工，均能保证在开挖过程中和竣工过程中能顺利排水。为此，施工时先挖截水沟，并设法引走一切可能影响边坡稳定的地面水和地下水。在施工中，要在路堑的路线方向保持一致的纵坡，并设置相应的排水通道。

2. 废土方的处理

路堑挖出的土方，除应尽量利用填方外，余土应有计划地弃置，按弃土堆规定办理，以不妨碍路基排水和路堑边坡稳定为原则，并尽可能用于改地造田、美化环境。

3. 注意边坡稳定

及时设置必要的支挡工程，开挖时必须按横断面自上而下，依照设计边坡逐层进行，防止因开挖不当导致塌方；在地质不良拟设置支挡工程的地段，应考虑在分段开挖的同时，分段修建支挡工程，以保证安全。

4. 有效扩大工作面

工程量集中的路堑施工往往成为整个工程的控制工程，影响工期。在施工中注意有效扩大工作面，容纳更多的施工人员和机械，以便能够加快施工进度，保证施工安全。

(二) 路堑开挖的基本方法

根据地形、土质、路堑深度和其他施工条件，路堑开挖主要可分为横挖法、纵挖法和混合开挖法等施工方法，如图 3-11 所示。

图 3-11 路堑开挖的基本方法

1. 横挖法

横挖法按横断面全宽沿道路纵向开挖，此法适用于短而深的路堑。掘进时逐段成型向前推进，运土由相反方向送出，此方法可以获得较高的挖掘深度，但工作面较窄。当路堑过深时，可分成台阶同时掘进，以增加工作面，加快施工进度。每一台阶应有单独的运土出路和排水沟渠，以免相互干扰、影响功效、造成事故。人工开挖台阶高度宜为 1.5~2m，机械开挖台阶高度宜为 3~4m。各层台阶应有独立的运土通道，人工运土通道宽度不宜小于 2m，机械运土单车通道不应小于 4m，双车通道宽度不宜小于 8m。挖土纵坡可取 2%~3%。

2. 纵挖法

沿路堑纵向将高度分成不大的层次依次开挖，称为纵挖法。纵挖法适用于较长的路堑，可分为分层纵挖法、通道纵挖法和分段纵挖法三种。

第一，分层纵挖法。分层纵挖法是在路堑纵断面沿路堑全宽以深度不大的纵向分层挖掘前进。当开挖地段地面横坡较陡、开挖长度较短（不超过 100m）且开挖不大于 3m 时，宜采用推土机作业。当挖掘的路堑长度较长（超过 100m）时，宜采用铲运机或铲运机加推土机助铲作业。

第二，通道纵挖法。通道纵挖法是指沿路堑分层，每层纵向挖掘一条通道作为机械运行和出土的通道，然后将通道向两侧拓展，上层通道拓宽至路堑边坡，再开挖下层通道，如此开挖至设计标高。该法适用于路堑较长、较宽和较深，两端地面坡度较小的情况。

第三，分段纵挖法。分段纵挖法是在翼侧的适当位置沿纵向将路堑分为几段，各段在纵向开挖进行施工。这种挖掘方法可增加施工作业面，减少作业面之间的干扰，可大大提高功效，适用于路堑较长、弃土运距较远的傍山路堑开挖。在施工中需将一侧堑壁横向挖穿作为运土通道，故本法适用于一侧堑壁不厚的情况。

3. 混合开挖法

混合开挖法是横挖法与纵挖法的混合使用。开挖时，先沿路堑纵向开挖通道，然后从通道开始沿横坡向坡面挖掘，以增加开挖坡面，每一开挖坡面能容纳一个施工作业组或一台机械，在挖方量较大地段，还可沿横向再挖通道以安装运土传送设备或布置运土车辆。这种方法适用于路堑纵向长度和深度都很大的地段。混合开挖方案的干扰性更大，一般仅限于人工施工，对于深路堑，如果挖方工程数量大及工期受到限制时可考虑采用。

第二节　城市道路路基排水技术

一、路基地下水的排水技术

路基地下水排水设施有排水沟、暗沟（管）、渗沟、渗井、检查井等。其作用是将路基范围内的地下水位降低或拦截地下水并将其排除至路基范围以外。

（一）排水沟与暗沟

1. 设置

当地下水位较高，潜水层埋藏不深时，可采用排水沟或暗沟截流地下水及降低地下水位，沟底宜埋入不透水层内。沟壁最下一排渗水孔（或裂缝）的底部宜高出沟底不小于 0.2m。排水沟或暗沟设在路基旁侧时，宜沿路线方向布置，设在低洼地带或天然沟谷处时，宜顺山坡的沟谷走向布置。排水沟可兼排地表水，在寒冷地区不宜用于排除地下水。

2. 施工要求

排水沟或暗沟采用混凝土浇筑或浆砌片石砌筑时，应在沟壁与含水量地层接触面的高度处，设置一排或多排向沟中倾斜的渗水孔。沟壁外侧应填以粗粒透水材料或土工合成材料作反滤层。沿沟槽每隔 10~15m 或当沟槽通过软硬岩层分界处时应设置伸缩缝或沉降缝。

（二）渗沟

1. 设置

为降低地下水位或拦截地下水，可在地面以下设置渗沟。渗沟有填石渗沟、管式渗沟和洞式渗沟三种形式，三种渗沟均应设置排水层（或管、洞）、反滤层和封闭层。[①]

2. 施工要求

第一，填石渗沟的施工要求。填石渗沟通常为矩形或梯形，在渗沟的底部和中间用较大碎石或卵石（粒径 3~5cm）填筑，在碎石或卵石的两侧和上部，

_____

① 张俊编. 道路工程施工技术 [M]. 武汉：华中科技大学出版社，2018：47-50.

按一定比例分层（层厚约 15cm），填较细颗粒的粒料（中砂、粗砂、砾石），做成反滤层，逐层的粒径比例，由下至上大致按 4∶1 递减。砂石料颗粒小于 0.15mm 的含量不应大于 5%。用土工合成材料包裹有孔的硬塑管时，管四周填以大于塑管孔径的等粒径碎、砾石，组成渗沟。顶部做封闭层，用双层反铺草皮或其他材料（如土工合成的防渗材料）铺成，并在其上夯填厚度不小于 0.5m 的黏土防水层。

第二，管式渗沟的施工要求。管式渗沟适用于地下水引水较长、流量较大的地区。当管式渗沟长度为 100~300m 时，其末端宜设横向泄水管分段排除地下水。管式渗沟的泄水管可用陶瓷、混凝土、石棉、水泥或塑料等材料制成，管壁应设泄水孔，交错布置，间距不宜大于 20cm。渗沟的高度应使填料的顶面高于原地下水位。沟底垫层材料一般采用干砌片石，如沟底深入到不透水层时宜采用浆砌片石、混凝土或土工合成的防水材料。

第三，洞式渗沟的施工要求。洞式渗沟适用于地下水流量较大的地段，洞壁宜采用浆砌片石砌筑，洞顶应用盖板覆盖，盖板之间应留有空隙，使地下水流入洞内，洞式渗沟的高度要求同管式渗沟。

（三）渗井

1. 设置

当路基附近的地面水或浅层地下水无法排除，影响路基稳定时，可设置渗井，将地面水或地下水经渗井通过下透水层中的钻孔流入下层透水层中排除。

2. 施工要求

渗井直径 50~60cm，井内填置材料按层次在下层透水范围内填碎石或卵石，上层不透水层范围内填砂或砾石，填充料应采用筛洗过的不同粒径的材料，层次分明，不得粗细材料混杂填塞，井壁和填充料之间应设反滤层。渗井离路堤坡脚不应小于 10m，渗水井顶部四周（进口部除外）用黏土筑堤围护，井顶应加筑混凝土盖，严防渗井淤塞。

（四）检查井

1. 设置

为检查维修渗沟，每隔 30~50m 或在平面转折和坡度由陡变缓处宜设置检查井。

2. 施工要求

检查井一般采用圆形，内径不小于 1.0m，在井壁处的渗沟底应高出井底 0.3~0.4m，井底铺一层厚 0.1~0.2m 的混凝土。井基如遇不良土质，应采取换填、夯实等措施。兼起渗井作用的检查井的井壁,应在含水层范围设置渗水孔和反滤层。深度大于 20m 的检查井,除设置检查梯外,还应设置安全设备。井口顶部应高出附近地面 0.3~0.5m,并设井盖。

二、路基地面水的排水技术

(一) 边沟

1. 设置

挖方地段和填土高度小于边沟深度的填方地段均应设置边沟。路堤靠山一侧的坡脚应设置不渗水的边沟。为了防止土沟漫溢或冲刷,在平原区和重丘山岭区,边沟应分段设置出水口,多雨地区梯形边沟每段长度不宜超过 300m,三角形边沟不宜超过 200m。

2. 施工要求

在平曲线处边沟施工时,沟底纵坡应与曲线前后沟底纵坡平顺衔接,不允许曲线内侧有积水或外溢现象发生。曲线外侧边沟应适当加深,其增加值等于超高值。边沟的加固:在土质地段,当沟底纵坡大于 3% 时应采取加固措施;采用干砌片石对边沟进行铺砌时,应选用有平整面的片石,各砌缝要用小石子嵌紧;采用浆砌片石铺砌时,砌缝砂浆应饱满,沟身不漏水;若沟底采用抹面时,抹面应平整压光。

(二) 截水沟

1. 设置

在无弃土堆的情况下,截水沟的边缘离开挖方路基坡顶的距离视土质而定,以不影响边坡稳定为原则。如系一般土质至少应离开 5m,对黄土地区不应小于 10m 并应进行防渗加固。截水沟挖出的土,可在路堑与截水沟之间修成土台并夯实,台顶应筑成 2% 倾向截水沟的横坡。路基上方有弃土堆时,截水沟应离开弃土堆脚 1~5m,弃土堆坡脚离开路基挖方坡顶不应小于 10m,弃土堆顶部应设 2% 倾向截水沟的横坡。山坡上路堤的截水沟离开路堤坡脚至少 2.0m,并用挖截水沟的土填在路堤与截水沟之间,修筑向沟倾斜坡度为 2% 的护坡道或土台,使路堤内侧地面水流入截水沟排出。

2. 施工要求

截水沟长度超过 500m 时应选择适当的地点设出水口,将水引至山坡侧的自然沟中或桥涵进水口,截水沟必须有牢靠的出水口,必要时须设置排水沟、跌水或急流槽。截水沟的出水口必须与其他排水设施平顺衔接。

为防止水流下渗和冲刷，截水沟应进行严密的防渗和加固，地质不良地段和土质松软、透水性较大或裂隙较多的岩石路段，对沟底纵坡较大的土质截水沟及截水沟的出水口，均应采用加固措施防止渗漏和冲刷沟壁。

（三）排水沟

排水沟的施工应符合下列规定。

（1）排水沟的线形要求平顺，尽可能采用直线形，转弯处宜做成弧线，其半径不宜小于 10m，排水沟长度根据实际需要而定，通常不宜超过 500m。

（2）排水沟沿路线布设时，应离路基尽可能远一些，距路基坡脚不宜小于 4m。当排水速度大于沟底、沟壁土的容许冲刷流速时，应采取边沟表面加固措施。

（四）跌水与急流槽

（1）跌水与急流槽必须用浆砌与工结构，跌水的台阶高度可根据地形、地质等条件决定，多级台阶的各级高度可以不同，其高度与长度之比应与原地面坡度相适应。

（2）急流槽的纵坡坡度不宜超过 1∶1.5，同时应与天然地面坡度相配合。当急流槽较长时，槽底可用几个纵坡，一般是上段较陡，向下逐渐放缓。

（3）当急流槽很长时，应分段砌筑，每段不宜超过 10m，接头用防水材料填塞，密实无空隙。

（4）急流槽的砌筑应使自然水流与涵洞进、出口之间形成一个过渡段，基础应嵌入地面以下，基底要求砌筑抗滑平台并设置端护墙。

（5）路堤边坡急流槽的修筑，应能为水流入排水沟提供一个顺畅通道，路缘石开口及流水进入路堤边坡急流槽的过渡段应连接圆顺。

（五）拦水缘石

（1）为避免高路堤边坡被路面水冲毁可在路肩上设拦水缘石，将水流拦截至挖方边沟或在适当地点设急流槽引离路基。与高路堤急流槽连接处应设喇叭口。

（2）拦水缘石必须按设计安置就位。

（3）设拦水缘石路段的路肩宜适当加固。

（六）蒸发池

（1）用取土坑作蒸发池时与路基坡脚间的距离不应小于 10m。面积较大的蒸发池至路堤坡脚的距离不得小于 20m，坑内水面应低于路基边缘至少 0.6m。

（2）坑底部应做成两侧边缘向中部倾斜 0.5% 的横坡。取土坑出入口应与所连接的排水沟或排水通道平顺连接。当出口为天然沟谷时，应妥善导入沟谷内，不得形成漫流，必要时予以加固。

（3）蒸发池的容量不宜超过 200m²，蓄水深度不应大于 1.5m。池周围可用土坡围护，防止其他水流入池中。

（4）蒸发池的设置不应使附近地区泥沼化及影响当地环境卫生。

第三节　城市道路路面施工技术

一、城市道路路面基层施工技术

（一）级配碎（砾）石基层施工

级配碎（砾）石基层是由各种粗细集料（碎石和石屑或砾石和砂）按最佳级配原理修筑而成。级配碎（砾）石是用大小不同的材料按一定比例配合，逐级填充空隙，并借黏土黏结、经过压实后能形成密实的结构。级配碎（砾）石基层的强度由摩阻力和黏结力构成，具有一定的水稳性和力学强度。级配碎（砾）石可采用路拌法和中心站集中厂拌法进行施工。

1. 路拌法

1）准备下承层

①基层的下承层是底基层及其以下部分，底基层的下承层可能是土基也可能还包括垫层，下承层表面应平整、坚实，具有规定的路拱，没有任何松散的材料和软弱地点；②下承层的平整度和压实度应符合相关规定；③土基不论是路堤还是路堑，必须用 12~15t 三轮压路机或等效的碾压机械进行 3~4 遍碾压检验；④对于底基层，应进行压实度检查，对于柔性底基层，还应进行弯沉值检验，凡不符合设计要求的路段，必须根据具体情况，分别采用补充碾压、加厚底基层、换填好的材料、挖开晾晒等措施，以达到规范规定的标准；⑤底基层或老路面上的低洼和坑洞，应仔细填补及压实、搓板和辙槽应刮除、松散处应耙松、洒水并重新碾压，达到平整密实；⑥新完成的底基层或土基，必须按规范规定进行验收，凡验收不合格的路段，必须采取措施。

2）施工放样

在下承层上恢复中线，直线段每 15~20m 设一桩，平曲线段每 10~15m 设一桩，并在两侧路肩边缘外 0.3~0.5m 设指示桩。在两侧指示桩上用明显标记标出基层或底基层的边缘的设计高程。[①]

3）备料

计算材料用量，根据各路段基层或底基层的宽度、厚度和规定的压实干密度，以及按确定的配合比分别计算各段需要的未筛分碎石和石屑的数量或不同粒级碎石和石屑的数量，并计算每车料的堆放距离。未筛分碎石的含水量宜大最佳含水量宜大 1% 左右。未筛分碎石和石屑可按预定比例在料场混合，同时洒水加湿，使混合料的含水量超过最佳含水量约 1%，以减轻施工现场的拌和工作量以及运输过程中的离析现象（级配碎石的最佳含水量为 5%）。

4）运输和摊铺集料

第一，运输。①当集料装车时，应控制每车料的数量基本相等。②在同一料场供料的路段内，宜由远到近卸置集料。卸料距离应严格掌握，避免料不够或过多，料堆每隔一定距离应留一缺口，以便施工。当采用两种集料时，应先将主要集料运到路上，待主要集料摊铺后，再将另一种集料运到路上。未筛分碎石和石屑分别运送时，应先运送碎石。③集料在下承层上的堆置时间不应过长，运送集料较摊铺集料工序只宜提前 1~2d。第二，摊铺。①摊铺前，应事先通过试验确定集料的松铺系数并确定松铺厚度。当人工摊铺混合料时，其松铺系数为 1.40~1.50；当平地机摊铺混合料时，其松铺系数为 1.25~1.35。②用平地机或其他合适的机具将料均匀地摊铺，表面力求平整，并具有规定的路拱，应同时摊铺路肩用料。③检查松铺材料层的厚度，看其是否符合预计要求，必要时，应进行减料或补料工作。④级配碎（砾）石基层设计厚度一般为 8~16cm。当厚度大于 16cm 时，应分层铺筑，下层厚度为总厚度的 0.6 倍，上层厚度为总厚度的 0.4 倍。

5）拌和及整形

应采用专用稳定土拌和机拌和级配碎石。在无稳定土拌和机的情况下，可采用平地机进行拌和。①用稳定土拌和机拌和时，应拌和两遍以上。拌和深度应直到级配碎石层底。在进行最后一遍拌和之前，先用多用犁紧贴底面翻拌一遍。②用平地机进行拌和时，宜翻拌 5~6 遍，使石屑均匀分布于碎石料中。平地机拌和的作业长度，每段宜为 300~500m。③用缺口圆盘耙与多用犁相配合拌和。用多用犁在前面翻拌，圆盘耙紧跟在后面拌和，即采用边翻边耙的方

① 方诗圣，李海涛. 道路桥梁工程施工技术 [M]. 武汉：武汉大学出版社，2013：77-150.

法，共翻耙 4~6 遍。圆盘耙的速度应尽量快，且应随时检查并调整翻耙的深度。用多用犁翻拌时，第一遍由路中心开始，将混合料向中间翻，同时机械应慢速前进。第二遍从两边开始，将混合料向外翻。翻拌遍数应以双数为宜。

6）碾压

整形后，当混合料的含水量等于或略大于最佳含水量时，立即用 8t 以上的三轮压路机（每层压实厚度不应超过 15~18cm）或轮胎压路机（每层压实厚度可达 20cm）进行碾压。直线和不设超高的平曲线段，由两侧路肩开始向路中心碾压；在设超高的平曲线段，由内侧路肩向外侧路肩进行碾压。碾压时，后轮应重叠 1/2 轮宽，后轮必须超过两段的接缝处。后轮压完路面全宽时，即为一遍。碾压一直进行到要求的密实度为止。一般需碾压 6~8 遍，应使表面无明显轮迹。为保证压实质量，压路机的碾压速度必须恒定。

7）横缝的处理

两作业段的衔接处，应搭接拌和。第一段拌和后，留 5~8m 不进行碾压，第二段施工时，前段留下未压部分与第二段一起拌和整平后进行碾压。

8）纵缝的处理

应避免纵向接缝。在必须分两幅铺筑时，纵缝应搭接拌和。前一幅全宽碾压密实，在后一幅拌和时，应将相邻的前幅边部约 30cm 搭接拌和，整平后一起碾压密实。

2. 中心站集中厂拌法

级配碎石混合料除上述介绍的路拌法外，还可以在拌和中心站用稳定土长拌设备进行集中拌和。

1）材料

宜采用不同粒径的单一尺寸碎石和石屑按预定配合比在拌和机内拌制级配碎石混合料。

2）拌制

在正式拌制级配碎石混合料之前，必须先调试所用的厂拌设备，使混合料的颗粒组成和含水量都能达到规定的要求。

3）摊铺

对于用于高速公路和一级公路的级配碎石施工，应用沥青混凝土摊铺机或其他碎石摊铺机摊铺碎石混合料。用于二级和二级以下公路时，若没有摊铺机，也可用自动平地机（或摊铺箱）摊铺混合料。根据摊铺层的厚度和要求达到的压实干密度，计算每车混合料的摊铺面积。将混合料均匀地卸在路幅中央，路幅宽时，也可将混合料卸成两行，并用平地机将混合料按松铺厚度摊铺均匀。用平地机进行摊铺时，应设一个三人小组跟在平地机后面，及时消除粗细集料离析现象。

4）碾压

用振动压路机、三轮压路机进行碾压，碾压方法和要求与路拌法相同。

5）接缝处理

第一，横向接缝。用摊铺机摊铺混合料时，对于摊铺机当天未压实的混合料，可与第二天摊铺的混合料一起碾压，但应注意此部分混合料的含水量。必要时，应人工补充洒水，使其含水量达到规定的要求。用平地机摊铺混合料时，每天工作缝的处理与路拌法相同。第二，纵向接缝。应避免纵向接缝。当摊铺机的摊铺宽度不够，必须分两幅摊铺时，宜采用两台摊铺机一前一后，相隔约5~8m同步向前摊铺混合料。在仅有一台摊铺机的情况下，可先在一条摊铺带上摊铺一定长度后，再开到另一条摊铺带上摊铺，然后一起进行碾压。在不能避免纵向接缝的情况下，纵缝必须垂直相接，不应斜接，处理方法包括：①在摊铺前一幅时，在靠后一幅的一侧应用方木或钢模板做支撑，方木或钢模板的高度与级配碎石层的压实厚度相同；②在摊铺后一幅之前，将方木或钢模板除去；③若在摊铺前一幅时未用方木或钢模板支撑，靠边缘的30cm左右难以压实，而且形成一个斜坡，在摊铺后一幅时，应先将未完全压实部分和不符合路拱要求部分挖松并补充洒水，待后一幅混合料摊铺后一起进行整平和碾压。

（二）石灰稳定土基层施工

在粉碎或原来松散的土（包括各种粗、中、细粒土）中，掺入足量的石灰和水，经拌和、压实及养生后得到的混合料，当其抗压强度符合规定的要求时，称为石灰稳定土。

用石灰稳定细粒土（颗粒最大粒径小于10mm，且其中小于2mm的颗粒含量不小于90%）得到的强度符合要求的混合料，称为石灰土。用石灰稳定中粒土（颗粒最大粒径小于30mm，且其中小于20mm的颗粒含量不小于85%）和粗粒土（颗粒最大粒径小于50mm，且其中小于20mm的颗粒含量不小于85%）得到的强度符合要求的混合料，视所用原材料而定，原材料为天然沙砾土或级配砂砾时，称为石灰砂砾土；原材料为碎石土或级配碎石时，称为石灰碎石土。

用石灰稳定土铺筑的路面基层和底基层，分别称为石灰稳定土基层和石灰稳定土底基层，或分别简称石灰稳定基层和石灰稳定底基层，也可在基层或底基层前标以具体简名，如石灰土碎石基层、石灰土底基层等。

石灰稳定土具有良好的力学性能，并有较好的水稳性和一定的抗冻性，它的初期强度和水稳性较低，后期强度较高；但由于干缩、冷缩易产生裂缝。石灰稳定土适用于各类路面的基层和底基层，但不宜用作高级路面的基层，而只能用作底基层。在冰冻地区的潮湿路段以及其他地区的过分潮湿路段，不宜采用石灰土做基层。当只能采用石灰土时，应采取措施防止水分浸入石灰土层。

在石灰稳定土基层施工中，为避免该层受弯拉而断裂，并使在施工碾压时能压稳而不起皮，其层厚不宜小于 100mm。为便于拌和均匀和碾压密实，用 12~15t 压路机碾压时，压实厚度不宜大于 150mm；用 15~20t 压路机碾压时，压实厚度不应大于 200mm，且采用先轻后重进行碾压（分层铺筑时，下层宜稍厚）。石灰稳定土基层施工在最低气温 0℃ 之前完成，并尽量避免在雨季施工。

1. 路拌法

1）准备工作（图 3-13）

图 3-13　准备工作流程图

第一，准备下承层。按规范规定对拟施工的路段进行验收，凡验收不合格的路段，必须采取措施，使其达到标准后，方能在上铺筑石灰稳定土层。

第二，测量。在底基层或土基上恢复中校，直线段每 15~20m 设一桩，平曲线段每 10~15m 设一桩，并在对应断面的路肩外侧设指示桩。在两侧指示桩上用红漆标出石灰稳定土层边缘的设计高程。

第三，备料。①集料。采备集料前，应先将树木、草皮和杂土清除干净，并在预定采料深度范围内自上而下采集集料，不宜分层采集，不应将不合格材料采集在一起，若分层采集集料，则应将集料分层堆放在一场地上，然后从前到后（上下层一起装入汽车）将料运到施工现场，料中的超尺寸颗粒应予筛除。②石灰。石灰堆放在拌和场时，宜搭设防雨棚，石灰应在使用前 7~10d 充分消解，每吨石灰消解需用水量一般为 500~800kg。消解后的石灰应保持一定的湿度，以免过于飞扬，但也不能过湿成团，应尽快使用。③材料用量。根据各段石灰稳定土层的宽度、厚度及预定的压实度（换算为压实密度），计算各路段需要的干集料量，根据料场集料的含水量和运料车辆的吨位，计算每车料的堆放距离，根据石灰稳定土层的厚度和预定的干容重及石灰剂量，计算每平方米石灰稳定土需用的石灰数量，并计算每车石灰的摊铺面积，若使用袋装生石灰粉，则计算每袋石灰的摊铺面积。

2）运输与摊铺（图 3-14）

第一，运料。预定堆料的下层在堆料前应先洒水，使其湿润，但不应过分潮湿而造成泥泞。在集料装车时，应控制每车料的数量基本相等。在同一料场供料的路段，由远到近将料按计算的距离（间距）卸置于下承层中间或上侧。运送集料较摊铺集料工序宜提前 1~2d。

第二，摊铺集料。通过试验确定集料的松铺系数。在摊铺集料前，应先在下承层上洒水使其湿润，但不应过分潮湿而造成泥泞。摊铺集料应在摊铺石灰的前一天进行。摊料长度应与施工日进度相同，以够次日摊铺石灰、拌和、碾压成型为准。用平地机将集料均匀摊铺在预定的宽度上，表面应保证平整，并有规定的路拱。在摊铺过程中，应注意将土块、超尺寸颗粒及其他杂物去除。

第三，摊铺石灰。在摊铺石灰时，如黏性土过干，应事先洒水闷料，使土的含水量略小于最佳值。细粒土宜闷料一夜；中粒土和粗粒土，视细土含量的多少，可闷 1~2h。在人工摊铺的集料层上，用 6~8t 两轮压路机碾压 1~2 遍，使其表面平整，并有一定密实度。然后，按计算的每车石灰的纵横间距，将卸置的石灰均匀摊开。石灰摊铺完后，表面应没有空白位置。测量石灰的松铺厚度，根据石灰的含水量和松密度，校核石灰用量是否合适。

图 3-14　运输与摊铺流程图

3）拌和与洒水

集料应采用稳定土拌和机拌和，拌和深度应达到稳定层底。应设专人跟随拌和机，随时检查拌和深度并配合拌和机操作员调整拌和深度。在拌和过程中，及时检查含水量。用喷管式洒水车补充洒水，使混合料的含水量等于或大于最佳值 1%左右，洒水段应长些。拌和机械应紧跟在洒水车后面进行拌和，尤其在纵坡大的路段上更应配合紧密以减少水分流失。拌和完成的标志是混合料色泽一致，水分合适、均匀。拌和石灰加黏土的稳定碎石或砂砾时，应先将石灰土拌和均匀，然后均匀地摊铺在碎石或沙砾层上，再一起进行拌和。用石灰稳定塑性指数大的黏土时，由于黏土难以粉碎，宜采用两次拌和法。

4）整形与碾压

整形。混合料拌和均匀后，先用平地机初步整平和整形。在直线段，平地机由两侧路肩向路中心进行刮平；在平曲线段，平地机由内侧向外侧进行刮平。需要时，再返回刮一遍。用平地或轮胎压路机快速碾压 1~2 遍，然后根据测量结果整平，最后用平地机进行精平。每次整形都要按照规定的坡度和路拱进行，特别要注意接缝处的整平，接缝必须顺直、平整。

碾压。整形后，当混合料含水量处于最佳含水量1%左右范围时（若表面水分不足，应适当洒水），立即用12t以上压路机、重型轮胎压路机或振动压路机在路基全宽内进行碾压。直线段由两侧路肩向路中心碾压；平曲线段，由内侧路肩向外侧路肩进行碾压。碾压一直进行到要求的密实度为止。在碾压过程中，石灰稳定土的表面应始终保持湿润。若表面水蒸发得快，应及时补洒少量的水。若有松散、起皮等现象，应及时翻开重新拌和或用其他方法处理，使其达到质量要求。

5）养生

石灰稳定土在养生期间应保持一定的湿度，不应过湿。养生期一般不少于7d。在养生期间石灰土表层不应忽干忽湿，每次洒水后，应用两轮压路机将表面压实。若石灰稳定土分层施工，下层石灰稳定土碾压完后，可以立即在其上铺筑另一层石灰稳定土，不需专门的养生期。养生期结束后，应立即喷撒透层沥青，并在5~10d内铺筑沥青面层。

2. 中心站集中厂拌法

石灰稳定土集中拌和有利于保证配料的准确性和拌和的均匀性，流程如图3-15所示。

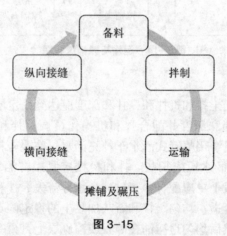

图3-15

（1）备料：集料的最大粒径和级配都应符合要求，必要时，应先筛除集料中不符合要求的颗粒。配料应准确，在潮湿多雨地区施工时，还应采取措施保护集料，特别是保护细集料（含土）和石灰免遭雨淋。

（2）拌制：在正式拌制稳定土混合料之前，必须先调试所用的厂拌设备，使混合料的颗粒组成和含水量都达到规定的要求。当集料的颗粒组成发生变化时，应重新调试设备。应根据集料和混合料的含水量，及时调整向拌和室中添加的水量，拌和要均匀。

（3）运输：已拌和的混合料应尽快运送到铺筑现场。若运距远、气温高，则车上的混合料应加以覆盖，以防水分过多蒸发。

（4）摊铺及碾压：下承层为石灰稳定土时，应先将下承层顶面拉毛，再摊铺混合料。摊铺应采用稳定土摊铺机、水泥混凝土摊铺机摊铺混合料。在没有以上摊铺机的情况下，可以用地机摊铺混合料。用摊铺机摊铺时，拌和机与摊铺机的生产能力要相互协调。摊铺后应用压路机及时进行碾压。

（5）横向接缝处理过程包括：①用摊铺机摊铺混合料时，每天的工作缝应做成横向接缝，摊铺机应驶离混合料末端；②人工将末端混合料处理整齐，紧靠混合料放两根方木，方木的高度与混合料的压实厚度相同，整平紧靠方木的混合料；③方木的另一侧用砂砾或碎石回填约 3m 长，其高度应高出方木几厘米；④将混合料碾压密实；⑤在重新开始摊铺混合料之前，将砂砾（碎石）和方木除去，并将下承层顶面清扫干净和拉毛；⑥摊铺机返回到已压实层的末端，重新开始摊铺混合料；⑦若压实层末端未用方木做支撑处理，在碾压后末端成一斜坡，则在第二天开始摊铺新混合料之前，应将末端斜坡挖除，并挖成一横向垂直向下（与路中心线垂直）的断面，挖出的混合料洒水到最佳含水量拌匀后仍可使用。

（6）纵向接缝。应避免纵向接缝，如果摊铺机的摊铺宽度不够，必须分两幅摊铺时，宜采用两台摊铺机一前一后，相隔 8~10m 同步向前摊铺混合料，一起进行碾压。在仅有一台摊铺机的情况下，可先在一条摊铺带上摊铺一定长度后，再开到另一条摊铺带上摊铺，然后一起进行碾压，在不能避免纵向接缝的情况下，纵缝必须垂直相接，严禁斜接。

（三）水泥稳定土基层施工

在粉碎或原来松散的土（包括各种粗、中、细粒土）中掺入足量水泥和水，经拌和得到的混合料，在压实及养生后，其抗压强度符合规定的要求时，称为水泥稳定土。用水泥稳定土铺筑的路面基层和底基层，分别称为水泥稳定（土）基层和水泥稳定（土）底基层。也可以在基层或底基层前标以具体名称，如水泥碎石基层、水泥土底基层等。

水泥稳定土具有良好的力学性能和板体性，它的水稳性和抗冻性都较石灰稳定土好。稳定土的初期强度高并且强度随龄期增长而增加，它的力学强度还可视需要进行调整。它适用于各种交通类别道路的基层和底基层。在水泥稳定土施工时，必须采用流水作业法，使各工序紧密衔接。特别是要尽量缩短从拌和到完成碾压之间的延迟时间。所以，在施工时应做延迟时间对强度影响的试验以确定合适的延迟时间。

水泥稳定土基层的施工方法主要有路拌法和中心站集中拌和（厂拌）法两种，厂拌法较为普遍使用。水泥稳定土基层施工与石灰稳定土基层的施工相似，在此不再赘述。但应该注意的是：在摊铺过程中，若中断时间已超过 2~3h，又未按横向接缝方法处理，则应将摊铺机附近及其下面未经压实的混合料铲除，并将已碾压密实且高程和平整度符合要求的末端，挖成一横向垂直向下（与路线垂直）的断面，然后再摊铺新的混合料。

水泥稳定土基层每一段碾压完成并经压实度检查合格后，应立即开始养生，不应延误。但若水泥稳定土分层施工，下层水泥稳定土碾压完后，过一天就可以铺筑上层水泥稳定土，则不需经过 7d 养生期。但在铺筑上层稳定土之前，应始终保持下层表面湿润。为增加上、下层之间的黏结性，在铺筑上层稳定土时，宜在下层表面撒少量水泥或水泥浆。此外，若水泥稳定土用作水泥混凝土路面的基层，且面层是用小型机械施工的，则基层完成后不需养生就可铺筑混凝土面层。水泥稳定土基层的养生方法有以下三种。

（1）用不透水薄膜或湿砂进行养生。用砂覆盖时，砂层厚 70~100mm，砂铺匀后应立即洒水，并保持在整个养生期间砂的潮湿状态。也可以用潮湿的帆布、粗麻布、草帘或其他合适的材料覆盖，但不得用湿黏土覆盖。养生结束后，必须将覆盖物清除干净。

（2）采用沥青乳液进行养生。乳液应采用沥青含量约 35% 的慢裂沥青乳液，使其能透入基层几毫米深度。沥青乳液的用量为 1.2~1.4kg/m，宜分两次喷洒。乳液分裂后，宜撒粒径为 3~8mm 或 5~10mm 的小碎（砾）石，小碎石约撒 60% 的面积（不完全覆盖，露黑）。养生结束后，沥青乳液相当于透层沥青。也可以在完成基层上立即做下封层，利用下封层进行养生。

（3）无上述条件时，可用洒水车经常洒水进行养生，每天洒水的次数应视气候而定。整个养生期间应始终保持稳定土层表面潮湿，不应时干时湿。洒水后，应注意表层情况，必要时，用两轮压路机压实。

除采用沥青养生外，养生期不宜少于 7d，若养生期少于 7d 就已做上承层，则应注意勿使重型车辆通行。若养生期间未采用覆盖等措施，除洒水车外，应封闭交通。养生期结束后，应立即喷撒透层沥青或做下封层，并在 5~10d 内铺筑沥青面层。在喷撒透层沥青后，应撒粒径为 3~8mm 或 5~10mm 的碎（砾）石。若喷洒的透层沥青能透入基层，且运料车辆和面层混合料摊铺机在其上行驶时不会破坏沥青膜，可以不撒粒径小的碎（砾）石。若面层为水泥混凝土，也不宜让基层长期曝晒开裂。

（四）基层施工质量控制

确保基层的施工质量符合设计文件和技术规范要求是基层施工的首要任务，施工过程中应采取有效措施控制施工质量，如建立健全工地现场试验、质量检查与工序间的交接验收制度。各工序完成后应进行相应指标的检查验收，上一道工序完成且质量符合要求方可进入下一道工序施工。施工质量控制的内容包括原材料与混合料质量技术指标试验、铺筑试验路段、质量控制与外形管理三大部分，如图 3-16 所示。

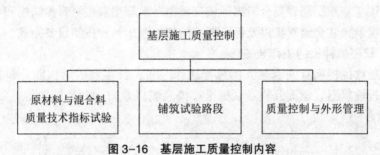

图 3-16 基层施工质量控制内容

（1）原材料与混合料质量技术指标试验。基层施工前及施工过程中原材料出现变化时，应对所采用的原材料进行规定项目的质量技术指标试验，以试验结果作为判定材料是否适用于基层的主要依据。

（2）铺筑试验路段。为了有一个标准的施工方法作指导，在正式施工前应铺筑一定长度的试验路段，以便考察混合料的配合比是否适宜，确定混合料的松铺系数、标准施工方法及作业段的长度等，并根据铺筑试验路段的实际过程优化基层的施工组织设计及施工机械的组合。

（3）质量控制与外形管理。基层施工质量控制是施工过程中对混合料的含水量、集料级配、结合料剂量、混合料抗压强度、拌和均匀性、压实度、表面回弹弯沉值等项目进行检查。外形管理包括基层的宽度、厚度、路拱横坡、平整度等，施工时应按规定的频度和质量标准进行检查。

二、城市道路路面施工的新技术

（一）沥青路面双层摊铺施工技术

双层摊铺技术就是上下两层沥青混合料一次性摊铺施工的技术，它在改善道路的质量和使用寿命上以及混合料在铺装中节约资源和保护环境方面都起到实质性的作用。例如，表面结构得到优化的薄面层以及可有效降低路面噪声的多孔隙面层和连接层，这些道路结构要想达到所要求的铺装质量又要具有较好的性价比，只有通过上下两层同时铺装来完成。另外，在气候条件不利的情况下铺装高质量的温拌沥青混合料也可采用这种施工方式。

1. 双层摊铺施工原理

双层摊铺工艺的基本设备由两套前后安装在一起的摊铺机组成。该设备与一个高效率的联合给料机一起作业，该给料机可交替把不同沥青混合料从运输车运送到两个混合料斗中。摊铺为一个连续均匀的过程，摊铺机一次完成两层的最终压实。双层沥青混合料摊铺施工是由一台新型双层沥青摊铺机和一个高效率的履带式联合给料机以及传统工艺的热拌、运料、压实设备完成。

2. 双层摊铺机的工作装置

双层摊铺机拥有两套独立的摊铺工作装置，其主要的结构部分包括接料斗、刮板输料器、螺旋分料器、熨平振捣装置以及自动找平装置等，如图 3-17 所示。

图 3-17　双层摊铺机的工作装置

（1）接料斗。双层摊铺机拥有两个前后布置、高度不同且相互独立的接料斗，分别贮存两种不同配合比的沥青混合料。根据相互位置以及摊铺作用，将接受下面层物料的接料斗称为下面层料斗，而另一个位置靠前且较高，接受上面层物料的接料斗称为上面层料斗。

（2）刮板输料器。下面层物料的刮板输料器依然采用传统摊铺机的输料方式：将下面沥青混合料由料斗底部通过刮板输料器运送到摊铺槽内（刮料板、熨平板及熨平板两端的端面挡板等所包容的空间称为摊铺槽），同样有两组刮板输料器控制左右两边的供料量。同时设置左右闸门控制数量，以适应摊铺时对沥青混合料量的不同需求。

（3）螺旋分料器。两套螺旋分料器分别位于摊铺机后部的前、后两个摊铺槽内。位于行走方向较前方的螺旋分料器将刮板输料器从下面层料斗输送来的混合料经螺旋分料器横向地分送到摊铺槽的全幅宽度上。螺旋分料器为左、右两组螺旋轴，其螺旋叶片旋转方向相反，以使混合料由摊铺槽中部向两端输送。位于较后方的上面层摊铺螺旋分料器的功能和作用与前者完全相同。

（4）熨平振捣装置。熨平振捣装置位于螺旋分料器的后部，其功能是将双层摊铺机各自摊铺槽内不同配合比的两种沥青混合料分别在全幅宽度上摊平、捣实和熨平。它主要由牵引臂、刮料板、振捣梁、熨平板、厚度调节机构和拱度调节机构等组成，端面挡板可以使摊铺层获得平整的边缘。在结构上，两套熨平振捣装置相对独立，各自完成摊铺、振捣、振动熨平及预压实等任务。

（5）自动找平装置。双层摊铺机的自动找平装置是通过传感器寻找、跟踪基准，经控制器处理偏差信号，再将输出的 PWM 脉冲信号传递给电磁换向阀，并控制找平液压缸的动作，最终实现自动找平。

3. 双层摊铺的接缝处理

由于双层摊铺的厚度大，接缝的高度也就越大，应尽量避免接缝和连接。摊铺宽度应覆盖路面全宽。如果需要设置纵向接缝，可以调节上层熨平板的伸缩边，使上、下层摊铺宽度错茬 10cm 左右，实现前后摊铺接缝处的错缝搭接。在纵向，双层摊铺机的上、下熨平板相隔一定距离（大于 30cm），在摊铺机启动时不可避免地产生一个纵向宽度大约 30cm、厚度不一致的横接缝，处理比较困难。

因此，要尽量避免摊铺机频繁停止和启动而产生横向接缝。在构造物较多的路段，桥面铺装厚度尽量与路面结构层设计一致，避免桥头处理的麻烦。摊铺碾压施工完成后，要求道路路面冷却至少 36h 以后再开放交通，以避免路面变形。

（二）水泥混凝土滑模施工的新材料与新技术

1. 耐碱玻璃纤维与钢纤维

在水泥混凝土中掺拌耐碱玻璃纤维能较明显地提高混凝土的抗弯拉强度，和相同水泥用量的普通混凝土相比，其抗弯拉强度能提高 5%～8%。钢纤维能显著提高混凝土的抗弯拉强度、劈裂强度、抗冻性、耐磨性以及抗疲劳性。和相同水泥用量的普通混凝土相比，其抗弯拉强度及劈裂强度提高 10%～15%。

耐碱玻璃纤维混凝土因水泥与水接触后立即发生水化反应，在其初始反应期内，混合物的 pH 值可迅速增至 13，所以对纤维的耐碱性有特殊的要求，必须足以抵抗其碱度；采用的耐碱玻璃纤维长度为 12mm。

钢纤维混凝土的性能除与基本混凝土有关外，还受钢纤维品种、性能及掺率的影响，同时，钢纤维混凝土对粗集料的粒径也有一定的要求。粗集料的最大粒径直接影响钢纤维的握裹力，一般情况下，粗集料的最大粒径不宜超过钢纤维长度的 1/2，极值不宜超过纤维长度的 2/3。

在配合比方面，混凝土中掺入一定量的粉煤灰，可以代替部分水泥和细骨料，降低工程造价；有利于提高面板的抗弯拉强度，并对混凝土的长龄期强度有一定的提高；改善混凝土的和易性，有利于提高滑模摊铺的平整度和外观；降低了混凝土初始反应期的碱性，减小了对纤维，特别是对玻璃纤维的腐蚀。为保证纤维混凝土的均质性，应严格控制拌和的最短搅拌时间。纤维混凝土相对普通混凝土纯搅拌时间应延长 1/3。拌合物应均匀，性能良好，无离析现象。

纤维混凝土在摊铺施工时，振捣棒的位置符合施工规范要求，混凝土的摊铺速度和振捣频率应根据摊铺机前混凝土拌合物的坍落度及时进行调整。抗滑构造的制作可采用拉、挂软尾排刷拉毛，但排刷要经常换洗。

2. DII 技术

（1）DBI 装置施工工艺过程

①开始摊铺后，人工将一端套好塑料套的传力杆按一定顺序排放在布料小车的料槽内。

②手动启动小车卷扬机，小车从 DBI 一侧沿着滑动轨道滑动到另一侧，传力杆在滑动过程中自动落入卡槽内，启动另一侧卷扬机收回小车，进行下一循环的布料。

③此时，卡槽上下位置是相互错位的，当摊铺机走到预定位置时，卡槽上半部分在液压油缸的作用下水平移动一段距离与下半部分对齐，传力杆便自动落入混凝土面板的打入部位。同时，传力杆插入叉组件在升降液压油缸的作用下自动向下推移，在接近面板时自动启动插入叉振动器，将这排传力杆振动插入混凝土内。

④DBI 插入组件在前后伸缩液压油缸的作用下向后缓慢推移，而摊铺机继续向前作业，这样传力杆插入组件相当于脱离摊铺机，插入装置与路面相对保持静止，保证插入过程尽可能不损坏挤压成型的面板表面，当传力杆插入深度达到预定位置时，位置传感器给定信号，系统自动收回加压油缸。

⑤同时，传力杆卡槽上半部分的推动油缸收回，继续保持卡槽上下错位，插入叉提升到位后，系统在左右两个水平油缸作用下自动将传力杆插入组件快速向摊铺机前进方向收回到前面的初始位置，等待下一循环。

（2）DBI 技术的主要问题

应用 DBI 技术时，应注意以下两个问题：

第一，传力杆的加工精度一定要满足的规定包括：传力杆两端必须是圆截面，不得挤压切断形成扁头，尺寸误差为 1～3mm；传力杆必须垂直，只有这样才能保证行车分布时不卡传力杆。

第二，新拌混凝土不得特别干硬，必须满足规定的要求。

第四节　城市路面降噪技术及应用

噪声被定义为使人们感到不安并影响人们正常工作和健康的声音。噪声污染已被列为世界第三大环境公害。在各种噪声污染中，交通噪声是主要噪声，约占环境总噪声的 70%，而在交通噪声中，道路噪声约占 80%。考虑到环境影响，降低道路噪声是公路设计的一个重要目标。通过采用多种策略可以减少道路噪声的产生，这些策略倾向于减少噪声的强度、持续时间、响度、锐度，且其有效性与人类对令人不快的声音的感知有关。

此外，声音特性的相互作用有助于将噪声感知为污染物，如声音的持续时间会影响人类对声音的容忍度。因此，降噪政策和策略可能侧重于各种要素，如路面结构、表面纹理、交通规划、隔音或交通管制。与道路交通相关的噪声有多种来源，应根据噪声源设置不同的降噪措施。

路面材料对轮胎/路面噪声有很大的影响，因此选择合适的路面材料对降低道路噪声具有重要作用。废旧轮胎橡胶颗粒已经用于道路建设近半个世纪。将废旧轮胎橡胶颗粒添加到路面会消耗大量旧轮胎，并减少对环境的破坏。在热拌橡胶沥青混凝土中存在的橡胶可以改善热拌沥青的性能。路面管理的关键因素包括结构性能、耐久性和环境影响。橡胶改性沥青具有更好的抗裂性且更经济。特别是在道路生命周期中，高昂的维护成本要求道路设计师考虑使用耐用的路面材料和结构。橡胶改性沥青路面的使用寿命比传统路面更长，维护工作量更少。除了能够减少环境污染物，降低噪声是橡胶改性沥青路面的另一个优点。

一、橡胶路面降噪技术的功能与原理

（一）橡胶材料的吸声功能

橡胶材料是分子量大于 10000 的高分子聚合物，当声波在橡胶中传播时具有高黏弹性和阻尼性能，声波引起大分子链的热运动，这反过来可以衰减入射声波。在橡胶传播中声波的能量损失有三种方式：①分子弛豫吸收，当声波在

介质中传播时，声波的传播周期和介质分子的振动不同步，并且相应产生的几个周期差是由声能的损失引起的；②热传导吸收，由于介质密度不同，介质温度之间存在温度梯度，导致相邻颗粒之间的热交换，随着机械能的消耗，声波不断地转换成热量，这一过程主要发生在介质的界面；③黏滞吸收，声波在介质中传播，已经发现纯橡胶材料的吸声系数在 100~5500Hz 内小于 0.2，且已知纯橡胶材料的吸声性能不好，需要改进橡胶材料的组成或结构以增强其吸声性能。

由于合成橡胶弹性模量的温度系数大于天然橡胶，且内部摩擦大并容易产生热量，导致合成橡胶的吸声性能优于天然橡胶。

(二) 橡胶材料的降噪原理

振动在汽车运行过程中是无法避免的，而噪声伴随着振动产生。因此降噪与减振有着直接联系。材料的阻尼对减振降噪产生直接的影响。[①]

阻尼是指材料耗散振动能量的能力，将因振动产生的噪声能量转化为热能或者其他可以消耗的能量，就可以有效降低振动和噪声的产生。阻尼的特征值可以由材料耗损因子 β 来衡量，β 值越大，材料的阻尼性能越好。

对于橡胶沥青路面而言，其路面材料中的橡胶颗粒、沥青属于优良的阻尼材料，因而路面的减振降噪性能良好。通过阻尼措施降低噪声的关键是降低结构的振动强度。当汽车轮胎振动时，振动能量传递到路面结构中的阻尼材料，引起阻尼材料内部的相互位移和摩擦。由于阻尼材料的内部摩擦和内部损失，汽车轮胎的大部分振动能量被转换成热能耗散。车体和轮胎的振动减弱，振动时间减少，实现了减振和降噪的目标。具有橡胶颗粒的路面在轮胎负载的作用下将经历更多变形。在变形过程中部分振动能量会被存储在橡胶分子链中，另一部分则因沥青分子的内摩擦而损耗掉。当车轮负荷消失时，路面会反弹，从而释放并消耗存储的能量。

根据振动理论，轮胎和路面均有一定阻尼。当轮胎在道路上行驶时，在轮胎/道路系统的阻尼和刚度的共同作用下，将在竖直方向上产生一维阻尼振动。橡胶沥青混合料可视为阻尼结构，其振动阻尼性能可通过测量计算定量分析。结构振动发出的固体噪声的大小和固体振动速度成比例。

橡胶沥青路面可以将道路车辆的振动降低到 1/10，从而可以降低 20dB 的噪声声压。轮胎/橡胶颗粒路面系统的振动和降噪性能与路面中的橡胶颗粒有

---

① 肖飞鹏、王涛，等. 橡胶沥青路面降噪技术原理与研究进展 [J]. 中国公路学报，2019, 32 (04)：73-91.

显著的关系。通过增加橡胶颗粒的数量，从而增加路面的阻尼和减振指数，导致动态模量减小，相位角增大，从而提高路面的减振和降噪能力。同时，橡胶沥青的弹性模量大于一般沥青混合料的弹性模量，提高了橡胶沥青路面的阻尼效果，达到了降低交通噪声的目的。

(三) 橡胶沥青路面的吸声降噪机理

根据声学原理，吸声结构主要有共振吸声模型和瑞利模型两种。这两种结构都依赖于间隙中气体分子之间的黏性阻力来消耗声波的振动，从而达到吸声的目的。共振吸声结构具有窄的吸声带，通常集中在腔体共振频率附近，瑞利吸声结构具有较宽的声音频率。橡胶沥青路面具有良好的吸声和降噪性能，这是由于路面结构加入橡胶颗粒使得其具备良好的弹性变形能力。

同时，沥青混合物的空隙率也随之增加，路面结构具有更多的内部连通空隙，并且路面的表面纹理相对发达。当声波到达材料表面时，大部分声波通过混合物中的微小间隙传递到内部。受到空气和空隙壁之间的摩擦、空气分子间的黏滞力以及空隙内空气媒介的涨缩，由于摩擦与黏滞阻尼的作用，使得部分声波被转换成热能耗散。此外，橡胶沥青混合料表面丰富的纹理结构也使得气流在内部向四周扩散。它可以消散声能，还可以减少路面和轮胎之间的泵送效应，从而达到抑制噪声的效果。

橡胶沥青混合料路面中不同尺寸的空隙可以形成一系列不同的亥姆霍兹共振器，其可以吸收不同频率的交通噪声。当进入孔的声波频率与谐振器的共同频率相同时，进出孔的气流速度和摩擦损失最大化，吸收的声能效率实现最佳。橡胶沥青路面可以显著提高 250~1000Hz 的中频声范围内（交通噪声的主要频率范围）的吸声系数，当橡胶颗粒掺量在 5% 范围内，该频段的吸声系数随着橡胶颗粒掺量的增加而增加。并且橡胶沥青连续级配路面的吸声降噪效果要好于间断级配路面。

二、橡胶路面降噪技术的应用

关于橡胶沥青路面降噪技术的工程应用主要集中在：骨架密实型橡胶沥青混合料路面和多孔橡胶沥青混合料路面的使用。其中骨架密实结构和多孔结构的应用较为成熟，通过现场试验段来研究空隙率、橡胶颗粒粒径和掺量、结构厚度等因素对降噪特性的影响规律。近年来，一些弹性性能优于橡胶颗粒，对环境无害的添加剂被使用，旨在通过代替部分橡胶颗粒获得整体降噪能力的提升。

（一）骨架密实型橡胶沥青混合料路面的应用

1. 橡胶颗粒粒径和掺量的影响

将 2.36~4.75mm 的废轮胎橡胶粒作为骨料应用于沥青混合料，通过蠕变试验曲线发现橡胶粒掺量存在一个最佳范围，超过这个范围反而会降低路面的减振效果。在 1.5%橡胶掺量下，路面减振效果随车速的增加而增加，且小汽车的降噪效果要明显优于 15t 自卸汽车。

利用车载法和定点法采集了外掺 15%+80 目橡胶粉试验路的噪声数据，橡胶沥青路面在中低频（1000Hz）以下的降噪效果比较明显，而在高频范围内其降噪效果不明显。由于交通噪声峰值主要集中在中低频范围内，因此橡胶沥青路面能有效地降低交通噪声。

采用驻波法测量不同橡胶粉掺量的骨架密实型低噪声路面的吸声系数，发现橡胶粉掺量对路面吸声性能影响较小，此外，通过研究橡胶粉掺量对密实型低噪声路面动态模量的影响发现，当橡胶粉掺量为 3%时，密实型路面的动态模量最小，其减振降噪效果最好。

提高橡胶颗粒的粒径和掺量，路面的减振降噪性能会有所提高。橡胶颗粒掺量在 5%范围以内时，掺量每增加 1%，路面的最大平均吸声系数约增加 2.4%，吸声系数的峰值也随之向高频缓慢移动，不过橡胶颗粒粒径对路面吸声降噪影响较小。

总得来说，在保证路用性能的前提下，适当增加橡胶颗粒的掺量和粒径，可以提高路面减振降噪和吸声降噪的能力。

2. 集料最大粒径的影响

随着集料最大粒径的逐渐减小，采用加速度法测试的声强值和声压值均随之降低。其中集料最大粒径为 16cm 的噪声值比最大粒径为 5cm 路面的噪声值低 4.2dB。因为较小的公称粒径有较好的表面纹理和构造深度，表面纹理波长越短、振幅越大，构造深度也越大。但是对连续级配橡胶沥青路面降噪特性的研究中则出现相反的规律，增大集料的最大粒径，会增大路面阻尼，提高路面的减振降噪特性。

3. 空隙率的影响

在骨架密实型橡胶沥青混合料配合比设计中，为了综合保证路用性能，空隙率一般控制在 3.0%~5.0%。同时，空隙率越大，路面降噪能力越强。但是由于空隙率相差不多，所以吸声降噪的差别也相差甚微。

（二）多孔橡胶沥青混合料路面的应用

传统的多孔沥青路面主要是通过空隙吸收噪声。而多孔橡胶沥青路面一方面通过空隙吸声，另一方面通过提高混合料的弹性来增强路面的阻尼减振功能。通过室内试验可知，空隙率、结构厚度和级配等因素均会影响大空隙橡胶沥青路面的降噪特性。但在工程应用中，受限于结构设计要求，已有工程案例重点关注了结构厚度和空隙率对路面降噪特性的影响。

1. 结构厚度的影响

在不含橡胶颗粒的多孔沥青路面中，路面厚度对降噪能力有一定的影响，但是在吸声特性上的表现大概相近，吸声系数均是随着频率的增加先增大后减小。不同的是，吸声系数峰值所对应的频率逐步向低频移动，说明低频区的吸声系数随着路面厚度的增加而提升。

上述规律同样适用于大空隙橡胶沥青路面。日本公共建设工程研究协会发明了多孔弹性路面，将橡胶颗粒作为集料掺加到混合料中，使用聚氨脂树脂代替沥青作黏结剂，面层厚度设计为 2~5cm。对于小汽车，可降噪 13dB；对于卡车，可降噪 8dB。

2. 空隙率的影响

15.8% 空隙率的橡胶路面材料在工程应用中的降噪表现：当音频为 1000Hz 时，吸声系数可以达到 0.52；与普通沥青路面相比，降噪量可以达到 4.9dB。

路面空隙率从 9% 增加到 17% 的过程中，噪声降低值曲线接近平行，都在 1.7dB 左右，表明路面空隙率增加到一定程度时，其对路面噪声的吸收能力保持恒定。例如，同济大学与杭州市公路管理处合作在杭-金公路萧山段铺筑了 1km 全幅低噪声排水性沥青路面，空隙率近 22%，并进行了噪声测试，其平均降噪量为 5.3~8.7dB。

第五节　城市路面排水技术及应用

在路面施工中，对排水问题的施工一直是一个重点；在道路工程中，排水问题被划为重点考虑的施工环节。造成路面排水不畅的因素有很多，这些因素是排水施工中重点考虑、重点加以解决的问题。在施工中采用科学的排水技术、采取科学的排水方法，能够有效排除积水，保证路面的清洁，保证道路正常的使用性能与寿命，保证道路行车安全。在进行排水施工中必须要对影响路面不畅的因素与路面排水机理等问题有深入了解，这样才能争取做到万无一失。

一、城市路面排水不畅的原因

在对道路排水系统进行设计时出现了问题，受到这些问题的影响，不可避免地发生安全隐患问题，尤其是在每年雨季问题较突出，积水难以直接排出，加上车流量的影响，车辆在超载的情况下道路长期汇聚了大量积水，路面在受到碾压之后开始剥离，对于道路使用年限来说大为缩短。夏季是多雨的时节，降水量较多，雨季持续时间长，更容易造成积水的堆积，造成排水不畅。

纵向集中式的排水是我国采用最多的一种方式，与路肩距离较近的道路易受影响，易出现坑槽问题。雨季到来之时，道路拦水带拦住了雨水，在硬路肩、拦水带这两个地带之间形成水坑，水滞留在水坑里，这增加了积水排放难度，当水坑里的水超过硬路肩的高度时水会流向路面，在车辆碾压下出现裂缝问题，这种情况长期存在，得不到解决，路面将会日渐瘫痪。因此在对路面排水功能进行施工时，应对排水功能重点考虑，使道路使用寿命能够延长。

二、城市路面排水过程与机理

在降雨中路面层受到雨水的作用，主要分成三种渗流途径：第一种渗流途径是直接在道路路面上渗流，对路面基层来说只能通过渗流排放的方式排放积水；第二种途径是水在路面斜坡上流向道路两旁的排水沟，对这种排水方式的设置，需要对双向横坡进行设置，也可通过单向横坡使水能够在一侧集中排放；第三种途径是在中央分离带排水，可进行内侧横坡的设置，水在中央分离带集中排放出去。

多数道路路面层不具有透水的特性，这是出于保证行车效果的考虑，路面层除了具有抗车辙性能，还要具有足够的强度，具有良好的稳定性，这样在车辆荷载作用下，尤其受到超重车辆轮压的影响下，使用性能的长期性与安全性都得以保障。对不具有透水性能的路面来说，可以采取上述前两种方式实现排水，这在排水性沥青混合料路面层有实际应用。这种路面层排水机理为路面底部是不透水的，雨水在路面层直接渗漏后，排水沥青在结构上具有大孔隙的特点，渗入的雨水以横向与纵向的方向排出，在雨水渗入内部之后将空隙结构快速充满，表层孔隙水逐渐处于非饱和的渗流状态，受到重力的影响，顺着路面顶层斜坡排出，雨水顺着锋面排除出去。

如果排水沥青路面层在输送效率上高于排水强度，水流完全以第一种方式排除，雨量超过渗流饱和强度条件下，第一种排放方式强度不变，超出的部分以第二种与第三种方式排放。第二种与第三种方式都是在横坡上排水，在雨水重力作用下汇集在一起，并集中排放，这个机理简单，在平缓路段上通行质量得到保证，因此对横坡的设置不应过大。

三、城市路面排水质量的策略

（一）严格设计图纸

严格设计图纸能够确保施工质量，更重要的是确保路面排水质量，在设计过程中要深入当地进行调查走访，通过实际考察与询问当地群众，了解道路路面实际排水情况，如果是人烟稀少的道路，可进行长期的观察。结合当地气候与地理人文环境，考虑到诸多因素，运用科学的图纸设计工具进行设计，运用科学的设计方法保证设计的严格科学性，从而确保后期的排水工程施工质量。[①]

（二）严格审核施工图纸

在路面排水工程施工时，要对施工图纸严格执行，如果发现图纸出现问题，这会对施工质量产生影响。为避免出现这个问题，在正式施工前要结合实际施工情况，对图纸进行审核，查看图纸中的施工内容、流程与顺序，考察是否符合要求。如果审核中出现问题，及时与设计人员取得联系，尽快得到解决，从而发挥好工程指导作用。

（三）健全质量管理体系

对质量管理人员来说需要具备工程管理知识与经验，做好施工中各环节的质量监督，按时上岗，定期进行巡检工作，必要时可利用所学的知识给予指导，做好轮流交接班工作，做好记录。

另外，在质量检查中，与施工人员沟通时，注意态度的随和，诚恳待人，发现问题要心平气和地交流，让施工人员对其产生信任感，这样才能认真用心地施工。一线施工人员是施工的主体，有着丰富的施工技术经验，对施工难度大的环节由具有多年经验的人员来完成，对基础性的施工内容可由经验相对少的人员负责，增加学习、积累经验的机会。选取经验丰富又具有领导管理能力

---

① 白晓辉. 道路工程路面排水技术分析 [J]. 科学技术创新, 2018 (03)：132–133.

的人员作为管理人员，配合质量管理部门人员共同做好施工质量管理工作，当发现问题时不是很重要、能够快速解决的问题当即解决，对相对重要、不能在短时间内解决的棘手问题，通知上级单位领导管理层，通过层层交流，想出解决办法，极大地确保施工质量。

四、城市路面排水施工与应用

（一）路面层排水

路面结构有一定的孔隙，孔隙率对排水具有决定作用。从材料体系上来看，道路受到车轮荷载的影响，如果孔隙率较大，强度与稳定性等性能很难达到要求。在路面渗水性能不理想的情况下，如果路面具备排水性能，需要对路基层防水问题进行处理，防止路面的水流向路基，防止影响土体特性，避免对道路整体安全造成影响。运用微小缝隙对排水问题进行解决，可参考以下原则。

第一，路面同路基的连接层在横向上要具有一定的坡度，路面渗水能够保持顺畅排除，孔隙水流经过两侧盲沟、排水渠道排放出去，在路面与路基连接处可通过乳化沥青做下封处理，经过缝隙渗透的水顺着封层表面流向两侧的道路边缘。

第二，对排水层合理设置，在雨流集中的地方，在路面内部设置排水层，在路面渗入的水流由排水层排出。在对排水层施工时不应对道路基本功能造成妨碍，需要在排水层下部做防水问题的处理，以免渗水流入路基中。设置的排水层也要保证在横向上具有一定的坡度，为水流排出创造方便的条件，对粒料的选择注重透水性，这样能够使路面水排出去，对地下毛细水的蒸发具有防止作用，路面更加干燥，行车性能能够增强。

（二）车行道排水

车行道宽度较大，具有两个车道，对排水方式来说通常采取单向与横向的横坡排水。在雨水面积较大的情况下，横向坡度排水是一种有效方式，应得到广泛采用。可在道路两侧与路面具有一定距离的区域内设置雨水口，对路面水流进行收集，在排水系统中进行集中的排放。

对高桥桥梁来说路面排水需要注意的是在横坡与纵坡处汇集雨水，水流便经由桥墩流进排水系统中。对单坡排水的设置措施应在单向车道内进行使用，双向车道实行双坡排水，雨水将会在道路两边排出。

（三）人行道排水

人行道水流较为集中，在排水工程施工时可同车行道进行反横坡方向的设置操作，在车行道路面上雨水集散，雨水集中到排放孔，为使雨水汇集更集中可设置排水孔、排水井，为排水提供便利。

在挖方路基时采用路基挡土墙横坡，进行挡土墙的施工设置，并设置排水沟，这样对雨水具有拦截作用，雨水不会渗入人行道、车行道中，雨水能够及时排出，保证了排水效率，人行道更清洁。

（四）绿化带排水

在中央分离带、人行道两侧会设置绿化带，对绿化带的排水问题也不能忽视。为使道路更加美观，会不定期地对绿化带浇水施肥，这样使路面结构渗入水，因此也需要对排水问题加以解决。

绿化带水分会在纵坡排放，汇集到排水管与排水井中，使这个地带的雨水渗入路面的问题得以降低，可在与路面连接处设置土工布，保证雨水的及时排出。

第四章　城市桥梁施工技术及应用

第一节　城市桥梁的构造及其受力特点

一、桥梁下部结构构造与受力特点

（一）桥梁下部结构分类

公路桥梁下部结构可分为重力式桥墩、桥台、轻型桥墩、桥台。

1. 重力式桥墩、桥台

重力式桥墩与重力式桥台的主要特点是靠自身质量来平衡外力而保持其稳定，因此，墩、台身比较厚实，可以不用钢筋，而用天然石材或片石混凝土砌筑。它适用于地基良好的大、中型桥梁，或流冰、漂浮物较多的河流中。在砂石料方便的地区，小桥也往往采用。主要缺点是圬工体积较大，所以其自重和阻水面积也较大。拱桥重力式桥墩分为普通墩与制动墩，制动墩要能承受单向较大的水平推力，防止出现一侧的拱桥坍塌，所以尺寸较大；与梁桥重力式桥墩相比较，具有拱座等构造设施。梁桥和拱桥上常用的重力式桥台为 U 形桥台，它适用于填土高度在 8~10m 以下或跨度稍大的桥梁。缺点是桥台体积和自重较大，增加了对地基的要求。此外，桥台的两个侧墙之间填土容易积水，结冰后冻胀，使侧墙产生裂缝。所以，宜用渗水性较好的土夯填，并做好台后排水措施。

2. 轻型桥墩、桥台

（1）梁桥轻型桥墩

钢筋混凝土薄壁桥墩：施工简便，外形美观，过水性良好，适用于低级土软弱的地区。缺点是需耗费用于立模的木料和一定数量的钢筋。

柱式桥墩：外形美观，施工体积小，而且质量较轻。

钻孔桩柱式桥墩：适合于多种场合和各种地质条件。通过增大桩径、桩长或用多排桩加建承台等措施，也能适用于更复杂的软弱地质条件以及较大的跨径和较高的桥墩。

柔性排架桩墩：优点是用料省、修建简便、施工速度快。主要缺点是用钢量大，使用高度和承载能力受到一定限制。因此它只适合于在低浅宽滩河流、通航要求低和流速不大的水网地区河流上修建小跨径桥梁时采用。

（2）梁桥轻型桥台

设有支撑梁的轻型桥台：适用于单跨桥梁，桥孔跨径 6～10m，台高不超过 6m。

埋置式桥台：桥台所受的土压力小，桥台的体积相应减少。但是由于台前护坡是用片石做表面防护的一种永久性设施，存在有被洪水冲毁而使台身裸露的可能，故设计时必须慎重地进行强度和稳定的验算。分为后倾式、肋形埋置式、双柱式、框架式等类型。其中桩柱式桥台对于各种土壤地基都适宜。其适用范围是：桥孔跨径 8～20m，填土高度 3～5m。当填土高度大于 5m 时，宜采用框架式埋置式桥台。

钢筋混凝土薄壁桥台：适用于软弱地基的条件。但其构造和施工比较复杂，并且钢筋用量也较多。

加筋土桥台：在台后路基填土不被冲刷的中、小跨径桥梁，台高 3～5m 时，可采用加筋土桥台。

（3）拱桥轻型桥墩

带三角杆件的单向推力墩：只在桥不太高的旱地上采用。

悬臂式单向推力墩：适用于两铰双曲拱桥。

（4）拱桥轻型桥台

拱桥轻型桥台适用于 13m 以内的小跨径拱桥和桥台水平位移量很小的情况。其工作原理是，当桥台受到拱的推力后，便发生绕基底形心轴而向路堤方向的转动，此时台后的土便产生抗力来平衡拱的推力，从而使桥台的尺寸较小。

八字形桥台：适合于桥下需要通车或过水的情况。

U 形桥台：适合于较小跨径的桥梁。

背撑式桥台：适用于较大跨径的高桥和宽桥。

靠背式框架桥台：适合于在非岩石地基上修建拱桥桥台。

（5）拱桥的其他形式桥台

组合式桥台：适用于各种地质条件。

空腹式桥台：一般在软土地基、河床无冲刷或冲刷轻微、水位变化小的河道上采用。

齿槛式桥台：适用于软土地基和路堤较低的中小跨径拱桥。

（二）桥梁下部结构的构造特点

（1）重力式桥墩

梁桥重力式桥墩由墩帽、墩身、基础等组成，墩帽要满足支座布置和局部承压的需要；与梁桥重力式桥墩相比较，拱桥重力式桥墩具有拱座等构造设施，且制动墩要比普通墩尺寸更大，能承受单向较大的水平推力，防止倾塌。

（2）重力式桥台（U形桥台）

由台帽、背墙、台身（前墙、侧墙）、基础、锥坡等几部分组成。背墙、前墙与侧墙结合成一体，兼有挡土墙和支撑墙的作用。

（3）梁桥轻型桥墩

钢筋混凝土薄壁桥墩：圬工体积小、结构轻巧，比重力式桥墩可减少圬工量70%左右。

柱式桥墩：由分离的两根或多根立柱（或桩柱）组成，是公路桥梁中采用较多的桥墩形式之一。

柔性排架桩墩：由单排或双排的钢筋混凝土桩与钢筋混凝土盖梁连接而成。其主要特点是，可以通过一些构造措施，将上部结构传来的水平力（制动力、温度影响力等）传递到全桥的各个柔性墩台或相邻的刚性墩台上，以减少单个柔性墩所受到的水平力，从而达到减小桩墩截面的目的。

（4）梁桥轻型桥台

设有支撑梁的轻型桥台：台身为直立的薄壁墙，台身两侧有翼墙，在两桥台下部设置支撑梁，上部结构与桥台锚栓连接，构成四铰框架。

埋置式桥台：将台身埋在锥形护坡中，只露出台帽在外以安置支座及上部结构。

钢筋混凝土薄壁桥台：由扶壁式挡土墙和两侧的薄壁侧墙构成。

加筋土桥台：一般由台帽和由竖向面板、拉杆、锚锭板及其间填料共同组合的台身组成。

（5）拱桥轻型桥墩

带三角杆件的单向推力墩：在普通墩的墩柱上，从两侧对称地增设钢筋混凝土斜撑和水平拉杆，用来提高抵抗水平推力的能力。为了提高构件的抗裂性，可以采用预应力混凝土结构。

悬臂式单向推力墩：墩柱顶部向两桥跨处伸出悬臂段，当该墩的一侧桥孔遭到破坏以后，可以通过另一侧拱座上的竖向分力与悬臂长所构成的稳定力矩来平衡由拱的水平推力所导致的倾覆力矩。

（6）拱桥轻型桥台

八字形桥台：台身由前墙和两侧的八字翼墙构成。

U 形桥台：由前墙和平行于车行方向的侧墙组成，与 U 形重力式桥台比较，桥台侧墙是拱上侧墙的延伸。

背撑式桥台：在八字形桥台或 U 形桥台的前墙背后加一道或几道背撑，稳定性好。

靠背式框架桥台：用三角形框架把台帽、前壁、耳墙和设置在不同标高且具有不同斜度的分离式基础连接而成。水平和仰斜的基底能满足施工期间的稳定性，且能合理承受主拱作用力。

（三）桥梁下部结构的受力特点

桥梁墩台承担着桥梁上部结构所产生的荷载，并将荷载有效地传递给地基基础，起着承上启下的作用。桥墩为多跨桥梁中的中间支承结构物，除承受上部结构产生竖向力、水平力和弯矩外，还承受风力、流水压力及可能发生的地震作用、冰压力、船只和漂流物的撞击力。桥台设置在桥梁两端，除了支承桥跨结构外，又是衔接两岸接线路堤的构筑物；它既要能挡土护岸，又能承受台背填土及填土上车辆荷载所产生的附加土侧压力。桥梁墩台不仅自身应有足够的强度、刚度和稳定性，而且对地基的承载能力、沉降量、地基与基础之间的摩阻力等也都提出一定的要求，避免在上述荷载作用下产生危害桥梁整体结构的水平、竖向位移和转角位移。桥梁墩台受力计算时的荷载及其组合应根据可能出现的各种荷载情况进行最不利的荷载组合。

二、桥梁上部结构构造与受力特点

1. 斜交板桥

第一，荷载有向两支承边之间最短距离方向传递的趋势。

第二，各角点受力情况可用比拟连续梁的工作来描述，钝角处产生较大的负弯矩，反力也较大，锐角点有向上翘起的趋势。

第三，在均布荷载作用下，当桥轴向的跨长相同时，斜板桥的最大跨内弯矩比正桥要小。

第四，在均布荷载作用下，当桥轴向的跨长相同时，斜板桥的跨中横向弯矩比正桥要小。

2. 装配式钢筋混凝土简支 T 梁

梁肋与翼板（桥面板）结合在一起作为承重结构，肋与肋之间处于受拉区域的混凝土得到较大挖空，减轻结构自重。既充分利用扩展的桥面板的抗压能力，又有效地发挥了梁肋下部受力钢筋的抗拉作用。

3. 预应力混凝土简支 T 梁

预应力混凝土简支梁存在核心距的概念，其越大则抗力效应增加，为提高核心距，在构造上可采用大翼缘、薄肋板、宽矮马蹄的结构形式。配合梁内正弯矩的分布，防止出现拉应力，纵向预应力筋须在梁端弯起或中间截断张拉，但弯起筋可增强支点附近的抗剪能力。

4. 连续体系桥梁

第一，由于支点存在负弯矩，使跨中正弯矩显著减少，可以减少跨内主梁的高度，提高跨径，当加大支点截面附近梁高形成变截面时，还可进一步降低跨中弯矩。

第二，由于是超静定结构，产生附加内力的因素包括预应力、混凝土的收缩徐变、墩台不均匀沉降、截面温度梯度变化等。

第三，配筋要考虑正负两种弯矩的要求，顶推法施工要考虑截面正负弯矩的交替变化。

5. 斜拉桥

第一，斜拉索相当于增大了偏心距的体外索，充分发挥抵抗负弯矩的能力，节约钢材。

第二，斜拉索的水平分力相当于混凝土的预压力。

第三，主梁多点弹性支承，高跨比小，自重轻，提高跨径。[①]

6. 悬索桥

第一，主缆为主要承重结构，其巨大的拉力需要牢固的地锚承受，对于连续吊桥，中间地锚的两侧拉索水平推力基本平衡，主要利用承重承受向上的竖向力。

第二，主缆的变形非线性，一般采用挠度理论或变形理论。挠度理论是考虑原有荷载（如恒载）已产生的主缆轴力对新的荷载（如活载）产生的竖向变形（挠度）将产生一种新的抗力，在变形之后再考虑内力的平衡。变形理论将悬索桥看作由各单根构件所组合的结构体系，在力学分析中先计算每个构件的刚度，放入结构体系的矩阵内，进行总体平衡的求积。

---

① 郑霜杰. 桥梁工程施工技术 ［M］. 武汉：华中科技大学出版社，2018：1-15.

7. 拱桥

拱桥的拱圈是桥跨结构的主要承载部分，在竖直荷载作用下，拱端支撑处不仅有竖向反力，还有水平推力，这样拱的弯矩比相同跨径的梁的弯矩小得多，而使整个拱主要承受压力。

第二节　城市桥梁的施工机械与设备

一、沉拔桩机械

（一）振动沉拔桩锤

振动沉拔桩锤广泛应用于各类钢桩和混凝土预制桩的沉拔作业。振动沉拔桩锤主要由原动机、振捣器、夹桩器和减振器等几个部分组成。与相应的桩架配套后，也可用于混凝土灌注桩、石灰桩、砂桩等各种类型的地基处理作业。

1. 振动沉拔桩锤的特点

贯入力强，沉桩质量好；不仅可用于沉桩，还可用于拔桩；使用方便，施工速度快，成本低；结构简单，维修保养方便；与柴油打桩机相比，噪声小，无大气污染。

2. 振动沉拔桩锤的分类

按动力可分为电动振动沉拔桩锤和液压振动沉拔桩锤，前者动力是耐振电动机，后者是柴油发动机驱动液压泵—马达系统；按其产生的振动频率可分为低频（300~700r/min）、中频（700~1500r/min）、高频（2300~2500r/min）、超高频（约6000r/min），以适应不同地基的土质情况；按振动偏心块结构可分为固定式偏心块和可调式偏心块。

3. 振动沉拔桩锤的操作顺序

（1）在电源导通前，先按一下停止按钮，液压夹桩器的操纵杆应放在中立位置。

（2）合上电源总开关，然后检查操纵盘上的电压表的电压值是否在额定电压范围内。

（3）合上操纵盘上的总开关，导通操纵盘上液压泵的电源，电动机启动，准备投入运行。

（4）当桩插入夹桩器内后，将操纵杆扳到夹紧位置，夹桩器将桩慢慢夹紧，直至听到油压卸载声为止。

（5）检查液压系统压力是否达到额定值。在整个沉拔桩过程中，操纵盘上的操纵杆应始终放在夹紧位置，液压系统压力不能下降。

4. 安全作业操作规程

（1）悬挂振动沉拔桩锤的起重机，其吊钩必须有保险装置。

（2）拔钢板桩时，应按通常打入顺序的相反方向起拔。夹桩器在夹持桩时，应尽量先拔靠近的。

（3）钢板桩或其他型钢的桩，当其头部被钻过孔时，应将钻孔处填平或割掉，或在钻孔处焊上加强板，以防桩身拔断。

（4）拔桩前，当夹桩器将桩夹持后，需待压力表的压力达到额定值后，方可指挥起重机起拔。

（5）当桩拔离地面 1.0~1.5m 时，可停止振动，将吊桩用钢丝绳拴好，然后继续启动振动沉拔桩锤进行拔桩。

（6）拔桩时，当桩尖距地面还有 1~2m 时，应关闭振动沉拔桩锤，由起重机直接将桩拔出。

（7）桩被完全拔出后，在吊桩钢丝绳未吊紧前，不得将夹桩器松掉。

（8）沉桩时，吊桩的钢丝绳必须紧跟桩下沉的速度而放松。一般在入土3m 之前，可利用桩机的回转或导杆前后移动，校正桩的垂直度。超过此深度进行修正时，打桩机的导杆易损坏或变形。

（9）沉桩时，操作者必须有效地控制沉桩速度，防止电流表指数急剧上升，引起耐振电动机损坏。

（10）如按电流指数控制沉桩速度，桩沉入慢，可在振动沉拔桩锤上适当加一定量的配重。

（11）作业时，应经常保持减振装置各摩擦部位的润滑。

（12）严禁在大风、大雨天气通电启动振动沉拔桩锤。

（二）柴油桩锤

柴油打桩机由柴油桩锤和桩架两部分组成。柴油桩锤按其动作特点可分为导杆式和筒式两种。导杆式柴油桩锤冲击体为气缸，它构造简单，但打桩能量小，只适用于打小桩，已逐渐被淘汰；筒式柴油桩锤冲击体为活塞，打击能量大，施工效率高。

柴油桩锤主要由锤体、燃油供给系统、润滑系统、冷却系统及起落架等部分组成。柴油打桩机作业中的注意事项如下。

（1）作业时，必须由专人指挥，协调工作，严禁多人指挥。多班作业要坚持交接班制度，并按规定填写交接班记录。

（2）作业时，无关人员要远离作业区，严禁将身体、手臂伸入桩架龙口内。

（3）作业时，必须将桩锤对正桩位后再起锤打桩。

（4）作业时，卷扬机钢丝绳在卷筒上应排列整齐，不得扭绕、挤压，禁止用手引导钢丝绳。落锤时，卷筒上的钢丝绳要随之放松，卷筒上的钢丝绳至少保留5圈，不得放尽。

（5）随时检查钢丝绳的磨损、断丝情况。超过规定时，必须处理更换。

（6）必须在正确位置吊装桩锤和桩，不允许偏斜吊装。

（7）当筒式柴油打桩机吊桩时，应开动伸缩平台机构，将主机移至最后方，稳定桩架，并应避免桩对主机的碰撞。

（8）随时检查卷扬机的制动性能和保险装置，防止油污进入制动带。起锤和吊装时，必须用卷扬机的棘轮作保险。

（9）桩锤底部冲击活塞和桩帽之间，必须有缓冲垫木，若有损坏及时更换。

（10）严禁在桩锤处于悬挂状态时，开动和运行打桩机。

（11）桩吊起后，安装在龙口的专用夹具上，核对桩位中心，在桩位上安装桩锤落帽，然后落锤压桩，卷扬机钢丝绳预放2~3m，方能解脱桩锤钩和桩的吊索。

（12）作业中，严禁进行任何检查和修理。有故障时，应停机待桩落地或使用保险装置锁住后，方能进行检查和修理。

（13）在桩锤极限状态连击10次，桩的贯入深度值小于5~10mm时，应停机查明原因，并进行处理后，方能继续作业。

（14）筒式柴油打桩机打斜桩时，应在打桩柱处于垂直位置时进行吊桩，待桩安装在龙口夹具中，再调整主柱的倾斜度进行作业。主柱后倾度为18.50时，禁止将桩锤提升到万向铰接处以上。当桩重为4t或超过规定值时，在平台后部与主柱之间应加设临时支撑。

（15）筒式柴油打桩机打桩锤活塞起跳位置超出第二组活塞导向环或全部露出时，应立即停机，待处理后方能继续作业。

（16）用桩架上的卷扬机拖拉桩架、桩等物品时，定滑轮必须装在桩架底座上，严禁用桩架顶部的滑轮组进行拖拉作业。

（17）经常检查燃油箱的油面，不足时应补足符合规定的燃油。

（18）当开动电动机倒转卷筒时，启动电动机之前，必须将卷扬机上的摇手柄取下。

二、起重机械

(一) 卷扬机

卷扬机是最常用、最简单的起重设备之一，广泛应用在建筑施工中。它既可单独使用，也可作为其他起重机械上的主要工作机构，如起重机的起升机械和变幅机构、门式和井式起降机的动力装置等，用来起吊和运移各种物料。卷扬机的种类有很多，按动力装置分为电动式、内燃式和手动式三种，电动式占多数；按工作速度分为快速、慢速和调速三种；按卷筒的数量分为单卷筒、双卷筒和多卷筒。

(二) 起重葫芦

常用的起重葫芦有手动和电动两种。电动起重葫芦是一种具有起升和行走两个机构的轻小型起重机械，通常安装在直线或曲线工字钢轨上，用以起升和运移重物，重物只能在已安装好的线路上运行。电动起重葫芦具有体积小、质量轻、结构紧凑、操作和维修方便等特点。

三、排水设备

水泵广泛应用于各项给水和排水工程，在建桥时它可用于桥基础施工时的抽水和排除施工地段的积水。

(一) 水泵的类别划分

1. 按作用原理分类

水泵的种类有很多，按作用原理可分为叶片泵和容积泵两大类。

(1) 容积泵。容积泵是利用工作室容积周期性的变化来输送液体，如活塞泵、隔膜泵等。

(2) 叶片泵。叶片泵是利用叶轮的叶片和水相互作用来输送液体，如离心泵、混流泵、轴流泵、漩涡泵等，以离心泵和轴流泵两种应用较多。

离心泵与容积泵相比，具有体积小、质量轻、噪声小、效率高及使用方便等优点，因此被广泛使用在路桥工程中。离心泵的种类有很多，根据叶轮的数目分有单级、双级和多级三种。单级离心泵只有一个叶轮进行工作，它大多为低压泵。双级与多级离心泵是在同一根轴上同时并列安装两个或两个以上的叶轮。工作时第一个叶轮压出的水流入下一个毗邻的进水口，依此顺序，直至最后一个叶轮才将水从水管压送出去。因此多级离心泵都为高压泵，其扬程在60m 以上。①

2. 按吸水口数目分类

水泵根据吸水口数目分，有单吸式、双吸式和多吸式三种。单吸式水泵只有一面吸水；双吸式水泵有两个面吸水；多吸式都是多级式水泵，水从几个叶轮口同时吸进，因此出水量大，适用于大量给水的自来水厂等处。

3. 按水泵叶轮有无盖板分类

根据水泵叶轮有无盖板来分，有开式、半开式和闭式三种。开式叶轮泵是叶轮两侧都无盖板，它适用于抽吸含杂质的污水，所以常称为污水泵。半开式叶轮泵是叶轮一侧有盖板，它适用于抽吸有杂质沉淀的水。闭式叶轮泵是叶轮两侧都有盖板，适用于抽清水，效率高。

4. 按安装位置分类

根据安装位置来分，有动力和泵在一起，且安装在水面以上的普通泵；动力和泵分开的深井泵；动力与泵在一起且安装于水下的潜水泵。普通泵应用最多，对一般的排水工程都适用。深井泵的泵体是用很长的轴吊在水下，动力是通过长轴传递的。

5. 按有无导轮分类

水泵根据有无导轮分为有导轮泵和无导轮泵两种。导轮的作用是引导水的流向，减小涡流损失，提高水的压力。

（二）离心泵的使用

1. 水泵的选用

选用水泵，一般只要根据需要水的流量和扬程即可查阅水泵技术性能表来选定。水泵的流量可根据每天所需的供水量（或排水量）和水泵每天的工作时间（小时）计算出来。水泵的扬程可通过测量进水水面到需要安装水泵的出水口的垂直高度，即实际扬程，然后再加上损失扬程，便可得出水泵所需要的总扬程。损失扬程可按实际扬程的 10%~25% 估算。对于管路细长、弯头附件多的，要估算大些；而对管路粗短、弯头附件少的可估算小些。

2. 水泵的安装

水泵的安装位置根据吸水扬程确定，不得超过进水水面 8m。

3. 水泵的扬程

在一台水泵的扬程不能满足要求时，常将两台水泵（型号相同或流量相

---

① 郑霜杰. 桥梁工程施工技术［M］. 武汉：华中科技大学出版社，2018：15~23.

近）串联运转，两台水泵串联时的总扬程等于两泵在相同流量时的扬程之和。

4. 水泵的流量

当一台水泵运行其流量不能满足需用量时，可将两台或两台以上的水泵并联运行供水。这种方式的优点是节省管路、减少投资，缺点是降低泵的工作效率（总流量小于单泵流量之总和）。

第三节　城市桥梁下部结构预制拼装技术

当前阶段我国市政桥梁项目采用的梁体类型主要有 T 梁、钢箱梁、现浇大箱梁、预制小箱梁等，施工的形式主要是在现场施工大量支架，以支架为主体进行混凝土现浇。现阶段我国在桥梁建设方面对于这种技术的应用已比较成熟，在项目开展的前期投入的资金较少，会对既有线道路面积进行占用，易导致交通拥堵。在建设过程中工序较多、施工缓慢、周期较长、噪声大，对周围民众的生活以及工作造成较大的影响。针对这些问题对施工方式进行了改善，即预制拼装桥梁工程。

预制拼装桥梁是根据桥梁的结构在预制厂中对桥梁的部件或者构件进行预先制造，制造后将其运输到桥梁项目施工现场，再按照设计图纸将各个部件、构件拼接安装。相比现浇桥梁方式，预制拼装桥梁施工方式是把桥梁施工所需的部件或构件在施工现场外进行制作，在保证施工质量的同时对现场进行控制，不需要在现场开展绑扎钢筋与现浇混凝土，不会对既有线的交通造成影响，因此，不需要开展交通管制工作。预制拼装桥梁的施工能够实现交通全天开放，体现"环境友好"建造理念，在施工的过程中，由于部件或构件在施工现场外制作，不会在施工现场产生大量的噪声、泥浆以及对现场环境造成渣土污染，可缩短桥梁建设工期。对预制部件进行质量管理可提升桥梁项目整体的质量，预制厂在对桥梁的构件或节段进行制造时，可以按照桥梁的跨度或者上部结构断面形式，将主梁按纵向分成阶段逐一预制，按照桥面的横向将其划分为主梁和桥跨。桥梁的下部结构可以按照不同的构件部位，如墩帽、承台、桥墩、桩基础，在预制厂中进行节段预制或者整体预制。

为能够有效减少桥梁建设施工对交通、周围环境以及居民造成影响，需要桥梁建筑单位积极应用预制拼装桥梁技术开展项目。在桥梁工程中，其下部结构为主要的承重结构，因此，对于下部结构的拼装需要按照相关的技术标准进行，下面主要针对预制拼装桥梁下部结构拼装技术进行分析。

　　现阶段，我国在桥梁建设方面的发展已较为成熟，在桥梁下部结构的预制拼装方面发展较为缓慢，20 世纪 90 年代开始对桥梁下部结构的预制拼装开展相关研究，其主要表现在墩身钢筋的搭接和焊接方面。随着我国在桥梁预制拼接技术的不断发展，对桥梁下部结构的预制拼接已有了全新的发展，出现金属波纹管灌浆连接、灌浆套管连接等技术，对我国桥梁建设下部结构拼接技术发挥重要作用。

一、桥墩墩柱预制拼接技术

　　现阶段，桥墩墩柱、盖梁、承台连接方式如图 4-1 所示。

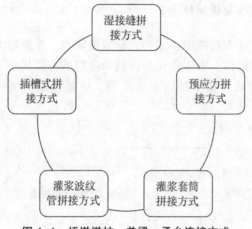

图 4-1　桥墩墩柱、盖梁、承台连接方式

　　第一，湿接缝拼接方式。在对节段进行预制时预留一定的钢筋数量，利用焊接或者机械拼接方式将预留的钢筋相互连接，再利用现浇混凝土湿接方式进行节段连接。采用这种方式对桥墩进行连接，其力学性能方面和传统的桥墩现浇筑类似，由于需要对钢筋进行焊接、现浇混凝土，会延长施工时长。

　　第二，预应力拼接方式。在应用预应力拼接方式时，需要用环氧胶或者砂浆垫片进行连接，实现桥墩构件的连接。相较于传统的桥梁施工建筑造价成本较高，在施工现场需要对预应力钢筋加以灌浆、张拉等操作，会导致施工工艺更烦琐、时长增加等。

　　第三，灌浆套筒拼接方式。在对节段进行制造的过程中，将钢套筒预埋在构件中，再应用灌浆技术对各个构件进行拼接。这种拼接方式不需要进行现浇与预应力钢筋的张拉工序，施工效率得到有效提升，套筒与钢筋两者之间具备较高的咬合力，整体性较强，对钢筋和套筒的定位具有较高要求，增加了施工难度，桥墩的主筋连接套筒直径相对较大，非连接段桥梁混凝土的保护层较厚。

第四，灌浆波纹管拼接方式。其与灌浆套管拼接方式具有较大的相似性，将波纹管预埋至预制构件中，再应用灌浆技术实现不同构件的拼接。相较于灌浆套管拼接方式，波纹管与钢筋之间的咬合力较差，需要增加锚固长度，确保桥梁的整体性。

第五，插槽式拼接方式。主要是对墩身和盖梁、承台和桩的连接，相较于灌浆套筒方式和灌浆波纹管方式，其对施工公差的要求范围较大，但需要现浇一定量的混凝土。

二、桥墩盖梁预制拼接技术

在桥梁的建设施工过程中会用到大量宽度较宽、重量较大的盖梁，需要对其进行分段预制与运输。由于盖梁的分段和接缝的方式属于关键内容，在实际的预制拼接桥梁建设中需要加以重点控制。桥墩盖梁预制拼接技术如图 4-2 所示。

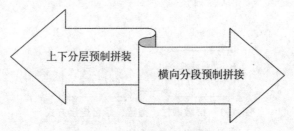

上下分层预制拼装

横向分段预制拼接

图 4-2　桥墩盖梁预制拼接技术

第一，上下分层预制拼装。由于在桥梁的建设过程中，盖梁的高度、宽度、重量都比较大，在进行预制制造时需要选取上下分层预制拼接方式。上下分层预制拼装在倒 T 盖梁的预制拼装应用较多，下部的牛腿翼源部位可在预制厂进行预制，但上部的肋板需要在完成吊装后在现场实施现浇混凝土，需要在施工现场进行大量的工作，工期比较长，所以在对盖梁的预制拼装时，应用此种方式的施工较少。

第二，横向分段预制拼接。在横向分段预制拼接中，选取的接缝方式主要包括湿接缝与胶接缝，盖梁预制拼接施工中较为常用的方式是湿接缝。湿接缝的应用是把盖梁的横向分成预制阶段和后浇带两个部分，这种预制拼接技术应用相对简单，能够降低盖梁吊装难度，可确保桥梁的施工质量。在实际的施工过程中需要对预制的构件进行临时性固定，导致施工工序增加，临时性固定会对周围的交通环境造成较大影响。①

在预制拼接桥梁建设中采用胶接缝不需要在施工现场进行现浇混凝土工程，需要应用预应力和剪力键将盖梁和桥墩扣接。应用胶接缝方式能够有效提升施工的效率，不需设置临时支承结构，对周围交通和环境造成的影响较小。由于有关构件在吊装时应保证较高拼接精度，误差应控制在 5mm 内，因此，对施工的要求较高。

在预制拼接桥梁的建设中，预制节段的拼接桥墩一般情况选择竖向拼接，拼接难度较高，对桥梁项目施工进度造成比较大的影响。在进行预制节段桥墩拼接的施工时，需要对阶段的划分和连接问题加以妥善处理。在预制拼接技术应用初期，相关施工单位只在大型的桥梁建设施工项目中采用预制桥墩拼接技术，例如，东海大桥、上海 S7 公路新建项目等。其中 S7 公路新建项目属于应用预制桥墩拼接技术的成功案例，通过应用预制拼接技术完成盖梁施工，盖梁节段选用的是牛腿式拼接方式，有效降低了施工风险。

第四节　城市桥梁多滑道顶推技术

下面以后围寨立交尚航路主桥为例探讨城市桥梁多滑道顶推技术的应用。后围寨立交尚航路主桥位于陕西省西咸新区沣东新城，主桥起于 32 号墩、止于 34 号墩，上跨陇海铁路、三桥动车走行线及西安车辆厂存车厂等既有铁路共计 9 股道。主桥为（34＋35）m 两跨预应力混凝土连续箱梁，长 69m，宽 29m，高 2.8m，重 5500t；采用单箱四室结构，位于直线上，线路纵坡为 20.47%。采用在铁路外侧支架法整体现浇、整体顶推就位，5 条滑道，多点连续上坡顶推，顶推距离 64m；本次顶推设置 L1～L9 共 9 个临时墩、60 个滑道梁，设置 33 号、L3 和 L4 共 3 个牵引墩、12 台 200t 连续千斤顶，设置长 16m 前置导梁。

一、桥梁顶推法技术施工阶段

桥梁顶推法技术施工阶段如图 4-3 所示。

---

① 闫敏伦，杨淇源. 预制拼装桥梁下部结构关键技术研究［J］. 智能城市，2021，7（02）：141-142.

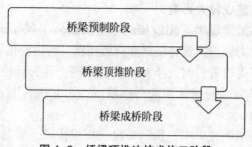

图 4-3 桥梁顶推法技术施工阶段

（一）桥梁预制阶段

平台、滑道及墩间支架共同构成顶推和预制的平台，支撑主桥的预制和顶推施工。

1. 顶推平台

顶推平台作为箱梁预制的支撑和箱梁顶推走行的滑道，要求其必须具有很高的平整度，顶推平台平整度的高低将直接影响箱梁顶推走行时是否平稳，是顶推能否顺利进行的关键，是预制阶段控制的重点。

控制要点包括：①控制预埋件的定位和安装，特别是墩顶滑道梁和千斤顶反力座须精确定位；②调支墩与满堂支架的刚度，减小两者间的差异沉降，提高整个过程中顶推平台的平整度。

2. 滑道

滑道由滑道梁、面板和滑块组成，于箱梁腹板处布置，每个墩顶 5 个，共60 个滑道梁。滑道梁由钢板拼焊成型，两端加工成楔形，便于滑块进出；面板为 2mm 厚镜面不锈钢板，周边与滑道梁焊接，不锈钢板表面粗糙度≤12.5μm；滑块采用聚四氟乙烯板，安装在面板表面，滑块滑动面朝向面板表面，其抗压强度≥30MPa，厚 3cm，每节长 40cm，滑块与面板间涂覆 5201 硅脂油，降低摩擦力。

控制要点包括：①控制滑道梁安装精度，对滑道梁加工、安装及分批安装时的顶面标高拟合需重点控制，确保滑道处梁底平整；②增加滑道梁的刚度，滑道梁与支座间的间隙用细石混凝土填充密实，以免在顶推过程中滑道变形，影响箱梁走行的平稳性。

3. 钢导梁

为减小箱梁前端悬挑长度，降低箱梁受到的应力，梁体前端设置钢导梁。导梁采用实腹式钢板梁，长 18.8m，由 3 节组成，第 1 节长 7.3m（含预埋段

2m)，第 2 节长 6m，第 3 节长 5.5m，节间通过高强螺栓连接，横向由 5 片工字形主梁通过横联连接成整体；每片工字形主梁的顶板、底板及腹板的焊缝全部采用熔透焊接，焊缝全部检测，钢导梁出厂前试拼合格，采用大吨位汽车式起重机安装就位。导梁尾部钢板深入箱梁内 2m，每片主梁与箱梁用 32 根直径 40mm、抗拉强度为 1080MPa 的精轧钢增强连接。前端设置鹰嘴，支顶千斤顶，方便导梁通过前方桥墩。

导梁安装完成后，取安全系数为 1.5~2.0 进行反顶试验，检查导梁与箱梁的连接质量，是否会造成箱梁开裂，一旦发生开裂，需采取箱梁补强措施。

控制要点包括：①导梁在加工厂内必须经过出厂前的组装验收，确认各部件合格；在现场安装时，导梁全长范围内搭设满堂支架，与箱梁同步搭设、同步预压，全部组装完成验收后再浇筑箱梁。②优化导梁与箱梁连接精轧钢预埋端间隔错开布置，避免固定端应力过于集中；同时模拟最大受力工况，检验钢混结合部的连接质量，降低箱梁开裂风险。

4. 横向纠偏装置

在顶推过程中为限制梁体横向偏移，在箱梁两侧设置纠偏装置底座，纠偏底座焊接于墩顶滑道梁上；在底座上放置横向千斤顶，千斤顶与箱梁间放置 2 层滑块，滑块间涂抹硅脂油，随着箱梁移动，滑块间发生位移，后方连续喂入滑块。

控制要点包括：控制好底座的焊接质量，确保底座刚度；滑块喂入要及时。

(二) 桥梁顶推阶段

1. 牵引系统

牵引系统由牵引墩、连续千斤顶、后锚装置和拉索组成，在后锚和顶推千斤顶间穿入拉索，作为顶推的动力。本次顶推采用 3 个牵引墩（33 号、L3 和 L4），12 台 200t 连续千斤顶，每个牵引墩顶 4 台，每个千斤顶对应 1 个反力座，顶推时 12 台千斤顶同时启动、多点联动。

后锚装置由钢板拼焊成型，梁体预制时安装后锚装置的定位钢板和预留孔（定位钢板和预留孔焊接成一个整体，严格控制预留孔的相对位置），顶推前通过预留孔固定后锚装置。

每根拉索采用 8 根 φ15.2mm 低松地钢绞线，一端穿过连续千斤顶，另一端固定在后锚装置上。拉索钢绞线下料时，考虑安装时的松弛加长、千斤顶工作长度、固定端工作长度及张拉端预留长度等。各千斤顶的牵引索左、右捻向各半，间隔排布，防止采用单一捻向的钢绞线，在反复夹持、松开的过程中，带动活塞转动，影响顶推的顺利进行。拉索安装后，对其进行预紧，预紧应采取对称进行的方式，并应重复数次，以保证各根钢绞线受力均匀。

控制要点包括：①精确定位后锚装置，特别是预留孔间的相对位置，避免固定后锚装置各螺栓受力差异过大，而造成个别螺栓断裂；②拉索预紧对称、重复数次预紧，确保每根钢绞线的预紧力基本一致。

2. 顶推系统调试

顶推系统安装完成后，启动泵站；手动状态逐级加压，每级稳定分钟，至箱梁缓慢移动；然后采取点动 1s，2s，3s 操作，采集点动移动距离，供顶推初步到位后，进行精确定位提供操作依据。采集点动数据以后，转为自动状态顶推，试顶距离 2m，进行速度数据采集和箱梁实际重心确认，确定偏位的方向；同时，记录试顶时间和速度，根据实测结果与计算结果比对进行参数调整，做好油压、顶推力、千斤顶油缸最大行程等重要数据的测试工作。

控制要点包括：在试顶过程中，应检查桥体结构是否平衡稳定，有无故障，关键受力部位是否产生裂纹或检查各个顶推设备是否完好，如有异常情况，则立即停止试顶，查明原因并采取相应措施整改后方可继续试顶。

3. 顶推就位

正式顶推首先选择手动模式，采用集中控制、分级调压启动千斤顶；待箱梁移动后，转换至自动运行模式，进行主梁的自动连续顶推。

在自动顶推过程中，根据系统采集的位移和顶推力数值，后台计算机自动修改限值，通过电磁阀控制千斤顶操作，实现位移同步与顶推力同步双控、综合联动的方法进行系统的同步性控制。

顶推分两个阶段实施，顶推距离 64m。第 1 阶段为车辆厂内顶推，顶推至铁路范围外 5m，顶推距离 11.3m；第 2 阶段为铁路范围内要点封闭顶推，顶推距离 50.7m。

控制要点包括：①各系统间紧密配合顶推时，滑道、横向纠偏及牵引等系统的操作人员服从指挥，协调行动；外围配合人员、监测人员及安全检查人员等，分工明确，定人定岗，确保顶推顺利进行。②在箱梁顶推过程中首先尽量保证匀速前进，避免频繁启停，维持系统操作的同步性；其次，保证箱梁与滑道之间保持接触，减少滑道脱空数量，保持箱梁顶推走行平稳；同时，保持中线偏向平稳，避免出现"蛇形"前进，以减小顶推过程中的附加应力，保证箱梁结构不受损伤。

（三）桥梁成桥阶段

1. 落梁系统

落梁系统由落梁千斤顶和保险支墩组成。采用 20 个 500t 千斤顶，32 号和

34 号墩顶分别布置 5 个，33 号墩顶布置 10 个；保险支墩为数层 20mm 厚钢板，控制每个循环下落高度。

控制要点包括：千斤顶安装位置要准确，特别是横向位置对支反力影响很大；另外，千斤顶的转动灵敏性要高。

2. 落梁成桥

采用集中控制、分级调压、差值限定操作千斤顶，采用两阶段落梁。①第 1 阶段在箱梁顶升 5mm、拆除滑道、把支座固定于梁底后，按照位移同步控制箱梁下落，每 10mm 一个循环，相邻墩顶下落高差 ≤ 5mm，控制千斤顶分次循环落梁，下落到位后进行细部支座标高调整；②第 2 阶段对各个支点反力进行调整，确保成桥后支座反力满足设计要求。

宽体箱梁横向各支点反力差异较大，落梁前需建立模型进行受力分析，确定各个千斤顶的计算支反力；根据箱梁起顶后的实测总重力，修正计算支反力。

控制要点包括：①修正各千斤顶支反力，按照修正后的仿真计算结果，控制各个千斤顶的支反力，确保成桥后支座反力 ≤ 1.1 倍设计值。②各墩落梁操作要平缓、一致，顶起或下落要匀速、缓慢；同一个墩顶的千斤顶由 1 台油泵控制，且每个千斤顶至油泵的油管长度、接头数量、千斤顶及油管规格完全一致，保证同一时刻每个千斤顶内油压大小基本一致；在下落较快的一侧设置辅助千斤顶，减缓其下落速度，调整与另一侧下落速度相同；统一信号，相邻墩上的千斤顶同时下落，每 5mm 暂停一次，强制同步相邻墩下落高度。

监测技术借助 MIDAS 等软件建立顶推仿真模型，对模型数据、理论分析数据和监测数据建立统一的数据库，它具有信息完备性、信息关联性、信息一致性、模拟性、优化性等特点；监测数据直观反映箱梁内部的应力状态，可以真实反映箱梁的状态。本次顶推顺桥向埋设 9 个断面，每个断面 11 个应力监测元件，对箱梁的结构应力状态进行实时跟踪分析，在顶推和落梁过程中及时预警（预警值设置为受拉 1MPa）全过程箱梁内部应力状态。同时，监测箱梁中线、永久墩应力和水平位移、每循环下落位移及各支点反力等指标，确保箱梁成桥状态符合设计要求。

控制要点包括：数据要及时、准确，及时修正模型参数，为现场操作提供参考。

二、桥梁顶推法技术施工应用效果

尚航路主桥上跨陇海铁路顶推施工于 2015 年 10 月 15 日顶推就位，平均顶推速度达 10.7m/h；于 11 月 14 日落梁成桥，成桥中线偏差 <3mm，优于验

收规范（<10mm）的要求；目前，该桥已通车 1 年多，箱梁状态正常，达到了设计要求。本次顶推应用 5 条滑道，有效降低了尚航路主桥的梁高，从而降低了引桥、道路等结构的造价，减少了构筑物拆迁和征地，为建设单位节约投资 1050 万元；同时，创新了顶推技术控制，优化了顶推系统设备，提高了顶推效率，减少了场地租用费、铁路施工配合费及人工机械费等，降低项目成本约 150 万元。综合经济效益约 1200 万元，效果显著。[①]

本次顶推的顺利进行，证明多滑道顶推技术在大宽高比的城市桥梁中得到成功应用，有效降低了工程造价，拓宽了顶推技术的应用范围。

---

① 高雷雷. 多滑道顶推技术在大宽高比桥梁施工中的应用 [J]. 施工技术，2018，47（04）：85-88.

第五章　城市道路桥梁检测技术及应用

第一节　材料检测新技术及应用

一、土工试验检测方法

土可以用作建筑材料，如作为土坝、路基、路面的构筑物；土也可作为建筑物周围的介质或环境，如隧道、涵洞及地下建筑等；土还可以作为建筑物地基，用以承受建筑物传来的荷载，如在土层上修建房屋、桥梁、道路等。然而，由于土是土粒、空气和水所组成的三相松散体，三相成分的比例不同，所运用的环境不同，使其物理和力学特性变得十分复杂。所以，对土进行试验和检测是土木工程设计、施工和科研必不可少的工作。

（一）工程用土的认知

1. 土的三相组成

土是由地壳表面的岩石经过物理风化、化学风化和生物风化作用之后的产物。在工程建设中，土往往是作为不同功能的研究对象。如在土层上修建桥梁、道路、堤坝时，土是用来支撑建筑物传来的荷载，这时土被用作地基；对路堤、土坝等土工构筑物，土则被用作为建筑材料；对于隧道、涵洞及地下建筑物，这时土成为建筑物周围的介质或环境。对于土的不同用途，在测试的内容上亦有所不同。

土是由固体颗粒（固相）、水（液相）及气体（气相）三种物质组成的集合体。

（1）固相。土的固相物质分为无机矿物颗粒和有机质，是土体的骨架。

矿物颗粒由原生矿物和次生矿物组成。

（2）液相。土的液相是指土孔隙中存在的水。水在土中以三种状态存在，分别是固态、液态和气态。

（3）气相。土的气相主要指土孔隙中充填的空气。土的含气量与含水量有密切关系。土孔隙中占优势的是气体还是水，土的性质就会有很大的不同。路基的压实就是土颗粒重新排列，土中气体被挤出的过程。

2. 土的物理性质指标

土是固体颗粒、水和气体三相组成的集合体，这三种物质在体积上和质量上的比例关系不同，则会反映出土的物理状态上的变化。土中孔隙体积大，土就松；土中水分多，则土就软。所以研究土的状态，先要分析土的三相比例关系，并利用土的三相在体积上和重量（质量）上的相对比值，作为衡量土的基本物理性质的指标。

3. 土工试验项目

在公路工程中，为适应公路不同工程的需要，要测定土的基本工程性质，可将土工试验项目分为以下方面：

物理性质试验：含水量、密度、比重、颗粒分析和相对密实度。

水理性质试验：界限含水量、稠度、膨胀、收缩和毛细上升高度。

力学性质试验：渗透性、击实性、压缩性、黄土湿陷性、直接剪切、三轴剪切、无侧限抗剪、土基承载比及回弹模量。

（二）土的物理性质试验

1. 含水量试验

（1）烘干法。烘干法是测定含水量的标准方法，适用于黏质土、粉质土、砂类土和有机质土类。

（2）微波加热法。微波加热法测定含水量时，应与标准烘干法进行比对，确定两者之间的关系，便于修正。

（3）含石膏土和有机质土的含水量测试法。含石膏土和有机质土的烘干温度在110℃时，含石膏土会失去结晶水，含有机质土的有机成分会燃烧，测试结果将与含水量定义不符。这种试样的干燥宜用真空干燥箱在近乎1个大气压力作用下将土干燥，或将烘箱温度控制在60~70℃，干燥8h以上为好。

（4）无机结合料稳定土的含水量测试法。无机结合料在国外常称为水硬性结合料。它主要指水泥、石灰、粉煤灰和石灰或水泥粉煤灰，所用术语水泥稳定土、石灰稳定土、石灰粉煤灰稳定土等的总称为无机结合料稳定土。

如水泥与水拌和就要发生水化作用，在较高温度下水化作用发生较快。因此，如将水泥混合料放在原为室温的烘箱内，再启动烘箱升温，则在升温过程中水泥与水的水化作用发生放热反应，往往使得出的含水量偏小，所以应提前将烘箱升温到110℃，使放入的水泥混合料一开始就能在105~110℃的环境下烘干。另外，烘干后冷却时应用硅胶作干燥剂。

2. 液塑限试验

液塑限试验是测试土的界限含水量的方法，含水量对黏性土的工程性质（如强度、压缩性等）有极大的影响。当土从很湿逐渐变干时，会表现出几个不同的物理状态，土也就有不同的工程性质。

当黏性土含水量极高时，土成泥浆，呈黏滞流动的液体。当施加剪力时，泥浆将连续地变形，土的抗剪强度极低。当含水量逐渐降低到某一值，土会显示出一定的抗剪强度，并且在外力作用下，可以塑成任何形状，且不发生裂缝，解除外力后，土仍保持已有的变形而不恢复原状。这些特征与液体完全不同，它表现为塑性体的特征。土从液体状态向塑性体状态过渡的界限含水量称为液限。

当含水量继续降低时，土能承受较大的剪切应力，在外力作用下不再具有塑性体特征，而呈现具有脆性的固体特征。土由塑性体状态向脆性固体状态过渡的界限含水量称为塑限。

液限和塑限，在国际上称为阿太堡界限，它们是黏性土的重要物理性质指标。

黏性土的塑性大小，可用土处于塑性状态的含水量变化范围来衡量。此范围即液限与塑限之差值，称为塑性指数。

塑性指数一般在习惯上用不带百分数符号的数值表示。塑性指数越大，表示土越具有高塑性。

（三）土的击实试验

击实是指采用人工或机械对土施加夯压能量（如打夯、碾压、振动碾压等方式），使土颗粒重新排列紧密，对于粗粒土因颗粒的紧密排列，增强了颗粒表面摩擦力和颗粒之间嵌挤形成的咬合力。对细粒土则因为颗粒间的靠紧而增强颗粒间的分子引力，从而使土在短时间内得到新的结构强度。

1. 土的击实特性

（1）击实曲线有个峰点，这说明在一定击实功作用下，只有当土的含水量为某一定值（称为最佳含水量）时，土才能被击实至最大干密度。若土含水量小于或大于最佳含水量时，则所得的干密度都小于最大值。

（2）当土含水量偏干时，含水量的变动对干密度的影响要比含水量偏湿时的影响更为明显。

事实上，当土的含水量接近和大于最佳值时，土内孔隙中的空气越来越多地处于与大气隔离的封闭状态，击实作用已不能将这些气体排出，亦即击实土不可能达到完全饱和的状态。因此，击实曲线必然位于饱和曲线左下侧。当土的含水量偏干时，即土处于疏松状态，此时土中的孔隙大都以与大气连通的气体充满，土中的含水较少。压实时，锤击或碾压的功能需要克服颗粒间气体的排除及内摩阻力和黏结力，才能使颗粒产生相互的位移和靠近。含水量偏干时，气体易于被挤出，故土体的密度容易被击实增大，当含水量增多并接近最佳含水量时，土中所含的水量有利于在击实功作用下，克服摩阻力和黏结力而发生相互位移使土密实。故只有在最佳含水量时，土才能被击实至最大干密度。

2. 压实的影响因素

（1）含水量对整个压实过程的影响。严格地控制最佳含水量是关键。但是，不同的土类其最佳含水量和最大干密度也是不同的。一般粉粒和黏粒含量多，土的塑性指数愈大，土的最佳含水量也愈大，同时其最大干密度愈小。因此，一般砂性土的最佳含水量小于黏性土，而砂性土的最大干密度也大于黏性土。

（2）击实功对最佳含水量和最大干密度的影响。对同一种土用不同的击实功进行击实试验后表明：击实功愈大，土的最大干密度也愈大，而土的最佳含水量则愈小。但是这种增大击实功是有一定限度的，超过这一限度，即使增加击实功，土的干密度的增加也不明显。

（3）不同压实机械对压实的影响。如光面压路机、羊足碾和振动压路机等，它们的压实效果各不相同，对作用于不同土类时，其效果也不同。

（4）土粒级配的影响。在路基、路面基层材料等的施工中表明，粒料的级配对所能达到的密实度有明显的影响。均匀颗粒的砂，单一尺寸的砾石和碎石，都很难碾压密实。只有在良好级配的条件下才能达到要求的密实度，也才能满足强度和稳定度的要求。

（5）压实遍数的影响。在含水量合适的情况下，压实遍数增多，压实效果提高。

（四）土的化学性质试验

土的化学性质试验，是运用分析化学的原理和测试技术，测定土中存在的各种盐类、有机质含量、土的矿物组成成分、石灰的钙镁含量和石灰、水泥稳定土或粒料中的剂量等。土的化学性质试验方法的基本原理是容量分析法，又叫滴定法，是将一种已知准确浓度的试剂，滴加到含有被测物质的溶液中，直到试剂的用量与被测物质的含量相当时，即二者的毫克当量数相等时，由试剂的准确浓度及用量计算出被测物质的含量。这种已知准确浓度的试剂称为标准溶液。标准溶液是从滴定管滴加到含有被测物质的溶液中，这种滴加的过程叫滴定，所以容量分析法又叫作滴定法。分为酸碱滴定法、氧化还原法、容量沉淀法、络合滴定法四种。

二、集料试验技术

（一）集料基本认知

1. 集料分类

集料是粒径不同的碎石、砾石等粒状材料的总称，在混合料中起骨架和填充作用。依据不同方式可将集料划分成以下不同的类型。

（1）根据集料形成的过程可分为经自然风化、地质作用形成的卵石和人工机械加工而成的碎石。

（2）根据粒径大小可分为粗集料和细集料。

（3）根据化学成分分为酸性集料和碱性集料。

2. 集料粒径

根据粒径的大小将集料分成粗、细两种类型，不同用途粗、细集料粒径的划分采用不同的划分尺寸。用于水泥混凝土的粗、细集料分界尺寸是 4.75mm，而用于沥青混合料时，该界限为 2.36mm。粒径大于该分界尺寸（包括该尺寸）的颗粒是粗集料，其余则是细集料。容易引起混淆的两个概念：即集料最大粒径和集料公称最大粒径。

（1）集料最大粒径指集料 100% 都要求通过的最小标准筛筛孔尺寸。

（2）集料公称最大粒径指集料可能全部通过或允许有少量筛余（筛余量不超过 10%）的最小标准筛筛孔尺寸。

这两个定义涉及的粒径有着明显区别，通常集料公称最大粒径比最大粒径要小一个粒级。工程中所指的最大粒径往往是指公称最大粒径，这一点在今后的应用中要加以区分。

3. 标准筛

对集料颗粒大小的划分和相应筛分试验都要依靠标准筛来进行，标准筛由一组多个不同大小孔径的套筛组成。根据现行规范的规定，砂石材料所用标准筛的筛孔形状全部为方形孔，相应的筛孔尺寸由大到小依次为 75mm、63mm、53mm、37.5mm、31.5mm、26.5mm、19mm、16mm、13.2mm、9.5mm、4.75mm、2.36mm、1.18mm、0.6mm、0.3mm、0.15mm 和 0.075mm。

需要说明的是，长期以来我国一直将所用标准筛分成沥青混合料用标准筛和水泥混凝土用标准筛两套系统，这种做法与国际上的做法有较大的区别。随着与国际通行方法的接轨，将两套标准筛逐步统一为沥青混合料用标准筛，如近年交通部颁布的规范、规程就先后取消了原有的混凝土用标准筛，取而代之为上述所列标准筛。但由于规范修订时间上的差异，目前可能在一些现行规范中看到仍在使用已淘汰的标准筛，实际操作时应加以注意。

4. 集料的取样量和试验用量

对颗粒状的集料，无论是在现场取样或进行某项试验时的取样，其数量的多少对最终结果的准确性都有很大的影响。所以对集料现场取样量以及具体某项试验所需的集料用量都要严格按照规范的要求进行操作。

集料取样量的多少不仅取决于集料将要进行的试验项目，还取决于集料公称粒径的大小。当试验项目内容越多，集料公称粒径越大时，要求的取样量就越大；试验用量的多少取决于具体试验要求和公称粒径的大小，不同试验项目需要不同的试验数量，同时随公称粒径的增加，相应的试验项目所需的集料用量随之加大。

（二）粗集料的技术性质

1. 物理性质

（1）物理常数。粗集料的物理常数包括不同密度以及与密度有关的空隙率等内容。

①表观密度（又称视密度）。粗集料在规定条件下单位表观体积里（指矿质实体体积和闭口孔隙体积之和）的质量。

②毛体积密度。在规定条件下，单位毛体积（包括集料自身实体体积、闭口孔隙体积和开口孔隙体积之和）粗集料的质量。

③表干密度。在规定条件下，单位毛体积里粗集料的表干质量。这里的表干质量是指粗集料表面干燥，而开口孔隙中吸饱水时的质量。

④堆积密度。粗集料按照一定方式装填于容器中，包括集料自身实体体积、孔隙（闭口和开口之和）以及颗粒之间的空隙体积在内的单位体积下的质量。

⑤空隙率。粗集料按照一定方式堆积时空隙体积占试样总体积的百分率。

（2）级配。集料中组成颗粒的分级和搭配状况称为级配，通过采用标准筛的筛析试验来确定粗集料的级配状况。由筛分试验结果求得集料级配相关参数，包括分计筛余百分率、累计筛余百分率和通过百分率等。各参数的定义和计算方法同细集料的筛分试验和计算过程。

（3）坚固性。粗集料的坚固性也是用来表征材料耐候性的一项指标，即集料抵抗多次由硫酸钠结晶膨胀循环后造成的破坏作用的性能。由于硫酸钠从溶解的离子状态转化为结晶体，会产生一定的晶胀作用，类似于水在负温时结冰产生的冻胀作用，但这种晶胀作用程度要比冻胀作用更为显著。因此通过一定的试验方法，检验集料经历数次硫酸钠结晶产生的晶胀作用后，以其性能的变化程度（如质量损失、强度降低等）来评定集料耐候性的好坏。

2. 粗集料的力学性质

路用粗集料的力学性质主要指抗压碎能力和磨耗性两大指标，当粗集料用于表层路面时，还涉及磨光值、磨耗值和冲击值等指标。

（1）压碎值。作为衡量石料强度的一项指标，粗集料的压碎值是指在连续施加荷载的试验条件下，集料抵抗压碎的能力，以此来评价路用粗集料的相对承载能力。试验结果采用被压碎到小于一定粒径质量占整个试验用材料质量的百分率来表示。

（2）磨耗性。磨耗性是评价集料抵抗撞击、摩擦作用的能力，现行规范采用的检测评定方法是洛杉矶磨耗试验法。即通过专用洛杉矶磨耗仪，在一定条件下待测集料经受撞击、摩擦考验，检测出集料受综合作用后形成的小于一定粒径的质量占原试样质量的百分率，以此作为磨耗性评价结果。

（3）冲击值。在车辆高速行驶过程中急制动或车辆产生颠簸时，都可能对路面产生冲击作用，集料抵抗连续重复冲击荷载作用的性能称为冲击韧性。集料的冲击韧性采用集料冲击值。冲击值越小，表示集料的抗冲击性能越好。

（4）磨耗值。采用磨耗值指标评定表层路面中的集料抵抗车轮磨耗的能力，试验方法采用道路磨耗试验机测定集料的磨耗值。磨耗值越小，表示集料抗磨耗性能越好。

（5）磨光值。路用集料在使用过程中不仅要表现出较高的承载能力，而且还要有较高的耐磨光性，以满足长期使用时高速行驶车辆对路面抗滑性的要求。这种抗滑性用集料的磨光值越高，抗滑性越好。

现行的公路施工技术规范分别就路面及桥涵所用粗集料、细集料的技术指标做了明确规定，在施工过程中，各种集料的技术指标必须满足规范要求。

（三）矿质混合料的级配类型和级配曲线

1. 级配类型

矿质混合料就是粒径粗细不同的集料按照一定的方法进行级配设计，组成符合某种级配要求的混合料。为达到较高的密实度，根据搭配组成的结果，可得到以下不同级配形式。

（1）连续级配。连续级配是某一矿料在标准套筛中进行筛分后，矿料的颗粒由大到小连续分布，每一级都占有适当的比例。这种由大到小逐级粒径都有，并按比例互相搭配组成的矿质混合料，称为连续级配混合料。

（2）间断级配。在矿料颗粒分布的整个区间里，从中间剔除一个或连续几个粒级，形成一种不连续的级配，称为间断级配。

（3）连续开级配。整个矿料颗粒分布范围较窄，从最大粒径到最小粒径仅在数个粒级上以连续的形式出现，形成所谓的连续开级配。

（2）级配曲线

为了直观形象地表示矿料各粒径的颗粒分布状况，常常采用级配曲线的方式来描述矿料级配。做法是以通过量的百分率为纵坐标，筛孔尺寸（同时也表示矿料的粒径）为横坐标，将各筛上的通过量绘制在坐标图中，然后用曲线将各点连接起来，成为所谓的级配曲线。

由于在公路规范标准中，筛孔分布是按 1/2 递减的方式设置，在描绘横坐标的筛孔位置时，造成前疏后密的问题，以至到小孔径时无法清楚地将其位置确定，所以在绘制级配曲线的横坐标时采用对数坐标（而相应纵坐标上的通过量仍采用常数坐标），以方便级配曲线图的绘制。

三、水泥试验检测技术及应用

水泥为水硬性胶凝材料，可以和砂石材料一同配制成水泥混凝土和砂浆，用于道桥工程构筑物和砌筑材料。

（一）水泥试样准备方法

（1）散装水泥。对同一水泥厂生产的同期出厂的同品种、同等级的水泥，以一次运进的同一出厂编号的水泥为一批，但一批的总量不超过 500t。随机地从不少于 3 个车罐中各取等量水泥，经拌和均匀后，再从中称取不少于 12kg 水泥作为检验试样。

（2）袋装水泥。对同一水泥厂生产的同期出厂的同品种、同等级的水泥，以一次运进的同一出厂编号的水泥为一批，但一批的总量不超过 200t。随机地从不少于 20 袋中各取等量水泥，经拌和均匀后，再从中称取不少于 12kg 水泥作为检验试样。

（3）对来源固定、质量稳定，且又掌握其性能的水泥，视运进水泥的情况，可不定期地采集试样进行强度检验。如有异常情况应做相应项目的检验。

（4）对已运进的每批水泥，视存放情况应重新采集试样复验其强度和安定性。存放期超过 3 个月的水泥，使用前必须复验，并按照结果使用。

（5）取得的水泥试样应先充分拌匀，然后通过 0.9mm 方孔筛，记录筛余物情况，但要防止过筛时混进其他水泥。①

（二）水泥细度试验

1. 试验目的

（1）采用 80μm 筛检验水泥细度，以评价水泥的物理性能。

（2）适用于硅酸盐水泥、普通水泥、矿渣水泥、火山灰水泥、粉煤灰水泥。

2. 仪器设备

（1）负压筛析仪

负压筛析仪由筛座、负压筛、负压源及收尘器组成，其中筛座由转速为 30r/min±2r/min 的喷气嘴、负压表、控制板、微电机及壳体等部分构成。

①筛析仪负压可调范围为 4000~6000Pa。

②喷气嘴上口平面与筛网之间距离为 2~8mm。

③负压源和收尘器，由功率 600W 的工业吸尘器和小型旋风收尘筒或由其他具有相当功能的设备组成。

（2）天平

最大称量为 100g，分度值不大于 0.05g。

3. 试验步骤

（1）按取样要求进行样品处理。

（2）筛析试验前，应把负压筛放在筛座上，盖上筛盖，接通电源，检查控制系统，调节负压至 4000~6000Pa 范围内。

（3）称取试样 25g，置于洁净的负压筛中，盖上筛盖，放在筛座上，开动筛析仪连续筛析 2min，在此期间如有试样附着在筛盖上，可轻轻地敲击，使试样落下。筛毕，用天平称量筛余物。

（4）当工作负压小于 4000Pa 时，应清理吸尘器内水泥，使负压恢复正常。

（三）水泥标准稠度用水量试验

现行标准规定，水泥标准稠度用水量是采用标准法维卡仪测定的，以在规定时间试杆沉入净浆距底板 6mm±1mm 的水泥净浆稠度为标准稠度净浆。此时的拌和用水量为标准稠度用水量。

---

① 吴书君. 道路与桥梁工程试验检测技术 [M]. 徐州：中国矿业大学出版社，2012：18.

1. 试验目的

测定水泥标准稠度用水量，是为测定水泥凝结时间和安定性时，水泥采用标准稠度条件下的净浆进行试验，以使不同水泥具有可比性。

2. 试验仪具

（1）标准法维卡仪，即水泥标准稠度和凝结时间测定仪。该仪器是由铁座和可以自由滑动的金属圆棒构成。标准稠度测定用试杆。测定凝结时间时取下试杆，用试针代替。

（2）试模为深 40mm ± 0.2mm、顶内径 65mm ± 0.5mm、底内径 75mm ± 0.5mm 的截顶圆锥体。每只试模应配备一个大于试模、厚度>2.5mm 平板玻璃底板。

（3）水泥净浆搅拌机。

（4）量水器最小刻度为 0.1mL，精度 1%。

（5）天平最大称量不小于 1000g，分度值不大于 1g。

3. 试验方法

（1）试验准备工作。维卡仪的金属棒能自由滑动；调整至试杆接触玻璃板时指针对准零点；搅拌机运转正常。

（2）水泥净浆的拌制。用水泥净浆搅拌机拌制，搅拌锅和搅拌叶片先用湿布擦过，将拌和水倒入搅拌锅内，然后在 5~10s 内小心地将称好的 500g 水泥加入水中，防止水和水泥溅出；拌和时，先将锅放在搅拌机的锅座上，升至搅拌位置；启动搅拌机，低速搅拌 120s，停拌 15s，同时将叶片和锅壁上的水泥浆刮入锅中间，接着高速搅拌 120s 停机。

（3）标准稠度用水量的测定。拌和结束后，立即将拌制好的水泥净浆装入已置于玻璃底板上的试模中，用小刀插捣，轻轻振动数次，刮去多余的净浆；抹平后迅速将试模和底板移到维卡仪上，并将其中心定在试杆下，降低试杆直至与水泥净浆表面接触，拧紧螺丝 1~2s 后，突然放松，使试杆垂直自由地沉入水泥净浆中。在试杆停止沉入或释放试杆 30s 时记录试杆距底板之间的距离，升起试杆后，立即擦净；整个操作应在搅拌后 1.5min 内完成。以试杆沉入净浆并距底板 6mm±1mm 的水泥净浆为标准稠度净浆。其拌和水量为该水泥的标准稠度用水量，按水泥质量的百分比计。

（四）水泥凝结时间试验

凝结时间的测定，我国按国标规定采用标准法维卡仪测定。在标准法维卡仪上，以测试从水泥全部加入水中起，至试针沉入标准稠度净浆中距底板之间的距离为 4mm±1mm 时所经历的时间为初凝时间；从水泥全部加入水中起，至试针沉入净浆试体 0.5mm 时（即环形附件开始不能在试体上留下痕迹时）所经历的时间为终凝时间。

1. 试验目的

测定水泥的凝结时间，用以评价水泥的性能。同时对水泥混凝土等混合材料的施工也具有重要的指导意义。

2. 试验仪具

（1）标准法维卡仪：测定凝结时间时取下试杆，换用试针，组成凝结时间测定仪。

（2）湿气养护箱：应能使温度控制在 20℃±1℃，相对湿度不低于 90%。

3. 试验方法

（1）试验前的准备工作。调整凝结时间测定仪的试针接触玻璃板时，指针对准标尺零点。

（2）试件的制备。在玻璃底板上及试模内侧稍稍涂上一层机油，然后将试模放在玻璃底板上。以标准稠度用水量制成标准稠度净浆，并一次装满试模，振动数次刮平，立即放入湿气养护箱中。记录水泥全部加入水中的时间作为凝结时间的起始时间。

（3）初凝时间的测定。试件在湿气养护箱中养护至加水后 30min 时进行第一次测定。测定时，从湿气养护箱中取出试模放到试针下，降低试针与水泥净浆表面接触。拧紧螺丝 1~2s 后，突然放松，试针垂直自由地沉入水泥净浆，观察试针停止下沉或释放试针 30s 时指针的读数。当试针沉至距底板 4mm±1mm 时，为水泥达到初凝状态。由水泥全部加入水中至初凝状态的时间为水泥的初凝时间，用分钟表示。

（4）终凝时间的测定。为准确观测试针沉入的状况，在终凝针上安装了一个环形附件。在完成初凝时间测定后，立即将试模连同浆体以平移的方式从玻璃板取下，翻转 180°，直径大端向上，小端向下放在玻璃板上，再放入湿气养护箱中继续养护，临近终凝时间时每隔 15min 测定一次，当试针沉入试体 0.5mm，即环形附件开始不能在试体上留下痕迹时，为水泥达到终凝状态。由水泥全部加入水中至终凝状态的时间为水泥的终凝时间，用分钟表示。

（五）水泥安定性试验

水泥安定性是表征水泥硬化后体积变化均匀性的物理性能指标。我国现行规定有两种测定方法，雷氏法是观测由两个试针的相对位移所指示的水泥标准稠度净浆体积膨胀的程度，为标准法；试饼法是观测水泥标准稠度净浆试饼的外形变化程度，为代用法。如测定结果有争议时以雷氏法为准。

1. 试验目的

测定水泥安定性，可以观测水泥硬化后体积变化的均匀性，用以评定水泥的技术性能。还可以间接地反映出引起水泥体积安定性不良的化学因素。

2. 试验仪具

（1）雷氏夹。当一根指针的根部先悬挂在一根金属丝或尼龙丝上，另一根指针的根部再挂上 300g 质量的砝码时，两根指针针尖的距离增加应在 17.5mm±2.5mm 范围内。

（2）沸煮箱。有效容积约为 410mm×240mm×310mm，箅板的结构应不影响试验结果，铝板与加热器之间的距离大于 50mm。能在 30min±5min 内将箱内的试验用水由室温升至沸腾状态并保持 3h 以上，整个试验过程中不需补充水量。

（3）雷氏夹膨胀值测定仪。标尺最小刻度为 0.5mm。

3. 试验方法

（1）测定前的准备工作。每个试样需成型两个试件，在玻璃板表面和雷氏夹内表面要稍稍涂上一层油。

（2）雷氏夹试件的成型。将预先准备好的雷氏夹放在已稍擦油的玻璃板上，并立刻将已制好的标准稠度净浆一次装满雷氏夹。装浆时一只手轻轻扶持雷氏夹，另一只手用宽约 10mm 的小刀插捣数次，然后抹平，盖上稍涂油的玻璃板，接着立刻将试件移至湿气养护箱内养护 24h±2h。

（3）沸煮。调整好沸煮箱内的水位，使能保证在整个煮沸过程中都超过试件，不需中途添补试验用水，同时又能保证在 30min±5min 内升至沸腾。加热至沸并恒沸 180min±5min。

脱去玻璃板取下试件，先测量雷氏夹指针尖端间的距离，精确到 0.5mm，接着将试件放入沸煮箱水中的试件架上，指针朝上，然后在 30min±5min 内加热至沸并恒沸 180min±5min。

沸煮结束后，立即放掉沸煮箱中热水，打开箱盖，待箱体冷却至室温，取出试件进行判别。

第二节　道路检测新技术及应用

一、道路路面检测新技术及应用

20 世纪 60—70 年代以来，许多国家认识到了路面检测技术的重要性，逐步建立了较为完善的路面检测系统，但普遍存在数据采集手段落后、大量的设备使用时对交通影响大以及路面结构的完整性被破坏、数据的精度无法得到保证等问题。为此，各国针对道路检测技术存在的问题开展了更为深入的研究，半个世纪以来有了突破性的进展。

我国路面检测工作起步较晚，始于 20 世纪 80 年代，通过对国外先进设备和技术的引进，在路面检测自主研发方面取得了关键技术的突破。

（一）道路路面承载能力检测

路面承载能力的检测是得出路面的弯沉。路面弯沉检测是我国柔性路面强度测量的一项主要指标。路面弯沉是指在规定的标准轴载作用下，路面表面轮隙位置产生的总垂直变形或垂直回弹变形值。

我国现行设计和检测规范中都是采用贝克曼梁法（BB 法）进行路面弯沉检测，该法简单易行，操作方便，但测速慢、精度低、可靠性差，静态弯沉与实际行车荷载不符，路面的承载能力通过单点最大回弹弯沉值表示也显不当，并且它不适用于水泥混凝土路面的检测。随着国家沥青路面以及"白改黑"工程的大量建设和实施，沥青路面所占比例逐步提高，故完成全部路段的弯沉检测工作最巨大，也不现实。每次仅测一点，并将该点最大弯沉作为评价路面承载能力的依据也是欠缺理论根据和实践检验的，实践证明这种检测方法已不满足当代路面快速检测、养护、检修的需要，可以采用以下新技术进行检测。

（1）激光弯沉测定仪法。在测定时将测定仪固定在路面上汽车的后轮隙中，利用汽车驶离被测点时路面回弹，带动原固定于地面上的硅光电池测头向上升起，使激光器发出的激光束通过进光射到硅光电池上产生光电流，并根据光电流的大小来计算路面回弹变形的数值，即路面回弹弯沉值。这种弯沉仪操作简单、精度高、读数稳定、体积小、质量轻、造价低且容易研制。另由于该测定仪依靠光线作为臂长，可以射得很远。加上激光发射角窄，光点小而红亮，10m 之远仍能清晰可见，可用于刚性路面弯沉检测。

（2）自动弯沉测定仪法。自动弯沉测定仪在检测路段上在牵引车的作用下以一定的速度行驶，将测定仪的弯沉测定梁放在车辆底盘的前端并置于地面保持不动，当后轴双轮隙通过测头时，弯沉通过位移传感器等装置被自动记录下来。这时，测定梁被拖动，以二倍的牵引车速度拖到下一测点，周而复始地向前连续测定。通过计算机可输出路段弯沉检测统计结果。整个测定是在测定车连续行驶的情况下进行的。它可对路面进行高密集点的强度测量，适用于路面施工质量控制、验收和路面养护管理。

（3）落锤式弯沉仪（FWD）法。落锤式弯沉仪（FWD）是目前国际上最先进的用于路面强度无损检测的设备之一。其原理为通过计算机控制下的液压系统将标准质量的重锤从一定高度自由落下，冲击力作用于承载板并通过承载板传到路面，导致路面产生瞬时变形，即动态荷载作用下产生动态弯沉或弯沉盆，通过分布在距测点不同距离的传感器检测结构层表面的变形，记录系统将信号输入计算机，得到路面测点弯沉盆。由此对路基或路面各层材料的动态弹性进行推算，依此评定道路的承载能力。FWD 测量是计算机自动采集数据，进度快、精度高，检测最大速度可达 80km/h，内置式落锤弯沉仪的牵引速度可大于 100km/h，是一种很理想的动态无损检测设备。由于落锤式弯沉仪法能够较好地模拟动态载荷对路面产生的作用，因而与其他静态的检测技术相比具有明显的优势，尤其是距测点不同距离的传感器所测的弯沉盆检测数据蕴含着该路面结构强度丰富的信息。作为一种理想的动态无损检测设备，落锤式弯沉仪以其检测精度高、测速及时准确及可靠性好等特点，正在逐步取代我国传统的贝克曼梁弯沉路面检测方法，它是科学、准确地评价公路路面结构状态、合理地制订公路养护计划的重要依据，也因此愈来愈受到业内人士的关注和重视。

（4）便携式落锤弯沉仪（PFWD）法。便携式落锤弯沉仪（PFWD）具有快速、轻便、操作简单、信息量大、精度高、价格较便宜等特点，是新一代路面弯沉检测设备。便携式落锤弯沉仪简称 PFWD，是一种动力试验检测设备，是继常规拖车式落锤弯沉仪（FWD）后的又一种新的用于确定路基、非约束层和道路结构承载能力的快速无损检测设备，可获得路基、非约束层和道路结构的动态弯沉与动弹性模量。PFWD 由加载系统、数据采集系统和数据传输系统组成，加载系统由落锤、滑竿、锁定杆和橡胶垫块等机械装置组成，数据采集系统由压力传感器、位移传感器和采集装置等组成，数据传输系统由计算机、有线数据传输装置、无线数据传输装置和数据处理软件等组成。PFWD 工作原理为：将一质量为 10kg 的落锤提升至一固定高度然后释放，让其自由下落，落锤冲击承载板产生冲击荷载，在冲击荷载作用下，承载板产生竖向位移，位移传感器和压力传感器分别测得刚性承载板中心处的弯沉和压力，从而根据压力和位移的峰值确定路基路面动弹性模量。

（5）快速弯沉检测技术测动态弯沉法。具有代表性的有丹麦的 TSD 和美国的 RWD。TSD 采用激光多普勒技术测试路面在荷载作用下的垂直下沉速度，并通过对速度积分获得最大弯沉及弯沉盆数据。RWD 则是利用高频激光扫描，连续测量车辆在路表产生的动态弯沉。此类设备记录真实受力状态而非模拟荷载状态下的路面弯沉，并能以正常行驶速度 70~80km/h 连续检测，对交通的影响较小。

（二）道路路面平整度检测

路面平整度可定义为路面表面诱行驶车辆出现振动的高程变化，它是路面使用性能的一项重要指标。平整度、车辙和裂缝是评价路面质量最重要的三个参数。平整度检测贯穿于路面施工质量检测、评定、验收及运营期路面质量检测等环节，其检测设备、原理和方法多种多样，检测结果因检测设备不同而有较大差异，因此平整度的检测是路面施工和养护的一个非常重要的环节。

目前，公路平整度施工质量控制与检查验收中，广泛采用的测试设备有传统的 3m 直尺、连续式平整度仪和车载式颠簸累积仪。这些测试方法相对简单且方便，但也存在着较大的测量误差及问题。3m 直尺检测精度低、效率低、代表性差且检测时需低头弯腰，工作量大；连续式平整度仪的机械性能对数据的精度影响较大，设备笨重、不灵活，且不适用于坑槽和破损严重的路段，在实际行车速度较快的高等级公路的大面积检测中测试速度受到限制；车载式颠簸累积仪时间稳定性差、转换性差，不能给出路面的真实断面。

现在，新型的、自动化程度更高的测试设备已应运而生，如纵断面分析仪、路面平整度数据采集系统等。颠簸累积仪是应用最广泛的反应类设备，而激光平整度仪则是最先进的断面类设备。

1. 连续式平整度仪

连续式平整度仪测量时由人或车拉动该仪器前进，由于路面不平引起测量小轮上下摆动，并带动位移传感器的测杆在传感器的小孔槽里上下滑动，这样就可以根据传感器输出的电位的正负及其大小来确定路面平整度。采用该类测定仪灵活性较大，既可人拖，也可车拉，但检测效率较低（检测速度不大于12km/h）。该方法适用于测定路表面的平整度，评定路面的施工质量和使用质量，但不适用于在已有较多坑槽、破坏严重的路面上测定。连续式平整度仪的标准长度为 3m，其质量应符合仪器标准的要求。中间为一个 3m 长的机架，机架可缩短或折叠，前后各有 4 个行走轮，前后两组轮的轴间距离为 3m。机架中间有一个能起落的测定轮。机架上装有蓄电源及可拆卸的检测箱，检测箱可采用显示、记录、打印或绘图等方式输出检测结果。测定轮上装有位移传感器，自动采集位移数据时，测定间距为 10cm，每一计算区间的长度为 100m。100m 输出一次结果。当为人工检测，无自动采集数据及计算功能时，应能记录检测曲线。机架头装有一牵引钩及手拉柄，可用人力或汽车牵引。

2. 激光路面平整度测定仪

激光路面平整度测定仪是一种与路面无接触的测量仪器，测试速度快，精度和效率高，通过数据分析系统，可显示打印国际平整度指数 IRI 等平整度检测结果。较早有英国 TRRL 开发的激光平整度仪，随后丹麦在此基础上研发了 DYNATEST5051RSP 激光平整度测试车，它是一种非接触式平整度测试设备，系统处理器主要用于控制激光发生器，并收集由集光器传送的电信号，加以放大、转换、数据处理，得到路面与光平面的差值。激光器包括激光发生器和集光器，均安装在测试车前端横杠内，用于发射和收集激光束，确定光时差。测速为 80km/h，利用系统软件计算需要的国际平整度指数 IRI 值。[①]

采用激光传感器和距离传感器组合成惯性参照路面纵断面剖面检测系统。通过对应于轮迹位置的激光传感器测得距离路面的高度，随着车辆的行驶可以得到路面纵向断面，即可计算纵向平整度，其中车辆振动带来的影响通过加速度传感器（对应左右轮迹各一个）记录数据的两次积分来扣除；惯性运动传感器可以反映水平纵向、水平横向和竖向的角度，扫描得到的数据经专业软件分析后可以输出各种评价指标，包括国际平整度指标（IRI）、平整度标准差（U）、观测打分值（RN）、行驶质量指数（RQI）等参数。该系统可在正常车速的条件下对路面进行长距离快速自动检测与现场计算机数据分析与评价。

激光平整度仪检测速度快，是传统检测方法的几倍甚至是几十倍；可充分保证路面检测的高精度，其检测精度高达 0.1mm，样点采集间距为 0.13mm，检测车速可达到 80km/h，适用于高速公路、城市道路、机场跑道路面的建设、大规模公路路面病害数据采集等工作。

（三）沥青路面无损检测技术

路表破损状况往往是道路使用者对于路面施工及养护质量的直观感受，损害不但影响路面的结构使用性能和结构承载力，也会影响路面使用性能。

现有高速公路路面病害的主要形式有路面裂缝、坑槽、沉陷、车辙、推移、壅包、脱空、松散及基层断板等。针对高速公路路面病害的形式及特点，开展路面病害无损检测技术的综合应用研究，对路面健康状况进行全面、快速而有效的检测与评价。

1. 频谱分析技术

频谱分析检测技术的基本原理是分析在不同介质中传播表面波的频率特性。在路面结构表面施加瞬时的垂直冲击，就可以产生一组以震源为中心的具有各种频率成分，并沿地表一定深度向四周传播的瑞雷波面，通过调整力锤重量或不同的锤头可以获得含有各种频率成分的瑞雷面波信号，在不同位置设置传感器可以检测到波传播的频率，借助于频域的互谱分析和相干分析技术，可

---

① 周艳. 道路工程施工新技术 [M]. 徐州：中国矿业大学出版社，2013：178.

以达到测试不同深度分层介质力学参数的目的。与传统方法相比，它具有速度快、检测频率高的特点。

2. 图像分析技术

图像技术包括红外成像技术和激光全息图像技术。红外成像技术主要是利用不同材料介质导热性能不同的原理，利用高精度的热敏传感器可检测结构物内部的热传导规律和温度场分布情况，将检测得到的数据图像化，从而将结构内部状况表现出来。激光全息技术是通过分析全息摄影得到的全息图，再从全息图上测取数据求出相关力学量的方法，具有精细度高、直观可靠、能够给出全场情况等优点。

3. 超声波无损检测技术

超声波路面检测技术主要是通过发射超声波到材料介质，接收反射波的相关参数，进而判断结构内部破损情况的一种新型无损检测方法。通过在介质中不同位置设置传感器，测量超声波在一定距离内传播的时间，计算出波速，利用速度与介质相关参数的关系可以间接测定材料的有关力学性能参数，如弹性模量、抗压强度、抗折强度等，还可以检测材料或结构内部的缺陷。

4. 激光检测技术

激光具有高亮度和高的分辨率，具有方向性、相干性、衍射性好等特点。激光技术在路面检测时利用激光光强愈强则光电流愈强的原理，通过光电转化器将光能转化为电能，当激光光强发生变化时，光电流也随之发生变化，事先标定建立电流与位移关系，可根据光电流的变化反算弯沉位移的变化量。在路基和路面检测中，激光主要应用于距离测定、弯沉测定、车辙深度及平整度测定几个方面。

利用激光束扫描物体，反射回来的光束得到的排布顺序不同而成像。激光成像具有超视距的探测能力，可用于卫星激光扫描成像、激光扫描显示等科技领域。线激光连续测试方法通过激光成像和数字图像分析技术得到车道横断面相对高程数据，计算出车辙深度。这类方法测试效率高，安全性较高，测试精度稍差一些。目前激光传感器的精度高，抗干扰能力强，是应用较多的路面检测设备。

5. 探地雷达

探地雷达（GPR）是近些年发展起来的浅层高效的地球物理探测新技术。路用探地雷达具有无损、快速、连续、高精度、高分辨率、实时成像探测等特点，在精确检测路面层厚度的基础上，能有效探测道路结构层病害。雷达波属于电磁波的一种，其主要原理是雷达波在混凝土中传播时，其传播速度与介质的介电常数相关，当遇到混凝土界面、内部缺陷、钢筋等介电常数变化较大的目标时发生反射、散射等，通过反射信号的波形、传播时间等参数判断混凝土内部状况。路面结构为非磁性介质，电磁波反射特性仅与介质的介电常数有关。

探地雷达主要包括发射机、接收机、天线、信号处理机和显示设备。根据高频电磁波在地下介质传播的理论，发射电线向地下发射大功率的宽频带短脉冲电磁脉冲信号，接收天线接收微弱的回波信号，信号处理机用于处理接收到的回波信号，进行数字滤波技术、反褶积、偏移绕射处理、雷达图像的增强处理等以去除高频杂波，可用来检测路面破损，如裂缝、错台和唧泥等病害。但探地雷达技术最适宜道路内部结构检测。在公路行业采用短脉冲雷达测试技术测定路基路面结构层厚度。根据电磁波在介质中的传播速度，可以确定地层的相对介电常数；根据高频电磁波在路面面层中的双程走时以及材料的相对介电常数，可以确定面层厚度，从而达到探测的目的。

(四) 道路路面抗滑性能检测

路面抗滑性能是路面使用性能的重要组成部分，直接影响道路行车安全。影响抗滑性能的因素有路面表面特征、路面潮湿程度和行车速度。路面抗滑性能包括纵向和横向两个方面，纵向抗滑性能决定车辆在刹车时的滑行距离，对避免追尾交通事故的发生有直接的决定作用；横向抗滑性能决定车辆的方向控制能力，对车辆弯道行驶安全性较为重要。

抗滑能力主要是指路面摩擦系数。在检测方法上主要有早期英国的摆式摩擦仪法（静态、单点检测）和现今制动测距（动态、连续检测）的方法。在研究方面目前集中在对检测手段（主要是动态连续式）的可靠性、应用指标及指标体系的研究。抗滑检测包括手工铺砂法、电动铺砂法、激光构造深度法、摆式摩擦仪法和摩擦系数测定车法。

动态连续式检测已成为当今国际上的主流，但在制造上有较大的难度。同时检测时，由于要对检测轮进行完全制动，其检测费用较高。国际上检测手段较发达的国家有瑞典和美国等。另一种新的检测方法是测定检测车全刹车时的最大减速度。

从目前国内公路检测技术情况看，应该尽快组织力量、投入资金，并在国内外已有成果基础上，从公路快速检测设备、技术以及养护新材料、新方法、新工艺等方面，深入系统地开展沥青路面快速检测与养护技术的研究，发展我国自主知识产权的路面快速检测技术，提升我国路面检测技术的规范和行业标准，促进我国路面检测技术的发展、应用及实施，对于全面提高我国公路的管养水平，进而全面提高我国公路工程质量，具有重要意义。

动态连续式检测是当今国际上检测路面抗滑性能的主流。目前，我国应用最为广泛的抗滑性能的测试技术是横向力系数测试仪。横向力系数测试仪在20世纪90年代已成功实现了国产化，其特点是工作时速较高但不会影响整个公路的交通，特别适合高速公路路面抗滑性能的检测。除此之外，还有水准仪量测法、雷达、超声波法等厚度检测新技术和用于路面车辙检测的激光车辙扫描测试仪法。

1. 横向力系数测试仪

该仪器在我国应用最广泛，基本原理是测定车上的试验轮与行车方向成一定角度，测定时，供水系统洒水，降下测试轮，并对其施加一定载荷，载荷传感器测量与测试轮轮胎面垂直的横向力，此力与轮载荷之比即为横向力系数。横向力系数越大，路面抗滑能力越强。测试车自备水箱，能直接喷洒在轮前约30cm宽的路面上，可控制路面水膜厚度。该设备测速较高（可达50km/h），不妨碍交通，特别适宜于在高速公路、一级公路上进行测试。

2. 刹车式摩擦系数测试仪

该仪器是在行驶的过程中，每间隔指定的距离自动对测试轮刹车，刹车期间测试轮在路面上滑动，根据传感器所记录的力，即可计算制动力系数。该设备在美国是抗滑能力测试标准设备之一，测试速度最高可以达到110km/h。

3. 不完全刹车式摩擦系数测试仪

该仪器的测试轮和行驶轮之间，用不等直径的同轴齿轮和链条连接，使得测试轮的滚动线速度小于行驶轮的滚动线速度。在正常测试时呈现连滚带滑的运动状态，根据力传感器记录的数据即可计算路面摩擦系数。该设备在路面上的测试速度为50km/h左右，在欧洲应用较多。由于不是现行规范规定的采集设备，在进行摩擦系数测试时需进行与摆式仪或横向力系数测试仪间的对比试验，建立两者之间的关系。可以预见，由于在安全性和精度方面的优势，自动化摩擦系数仪在我国将成为主流。

（五）道路路面车辙检测

车辙是指沿道路纵向在车辆集中位置处路面产生的带状凹槽，由于交通量的增长、车辆渠化交通、持续高温等因素的综合影响，车辙已经成为我国沥青路面早期破坏中常见的一种路面病害。车辙对行车安全有重大影响，尤其是在雨后，易造成车辆横向侧滑引起交通事故。随着计算机技术、超声波技术、激光技术的快速发展，出现了超声波车辙测试仪、激光断面仪等新型车辙测试设备。

1. 超声波车辙测试仪

超声波车辙测试仪一般由30个左右超声波传感器组成，传感器之间间隔约 100mm，测试宽度约 3m。通过测量距路表距离描绘路面横断面，通过直尺分析来确定路面最大车辙深度，其优点是价格低、可以沿横向密布、断面连续性好；缺点是单个传感器精度低于激光传感器，受外界影响大，只能垂直向下。

2. 激光断面仪

激光断面仪除测试平整度外，还可测试车辙，即通过横向分布的 5~9 个激光传感器测试距离路面的高度，通过几个测点高程模拟路面横断面从而可以快速计算车辙。

3. 激光车辙扫描测试系统

近年来，一种新的激光车辙扫描测试系统已经开始研发并有样机问世，该系统包含两个断面激光扫描器，能在 4m 范围内采集 1280 个点的数据，取样率为 25 断面/s，在工程应用上能更加真实地反映路面车辙的实际情况。系统不受温度、湿度、路面颜色和平整度的影响，雨天也可测试。此外，激光车辙扫描测试系统具有很高的重复性以及精确度，测试高度的精确度为 ±1mm，预计此类产品将成为未来的发展趋势。

4. 多激光连续测试方法测车辙

以激光测距技术为代表，这种测试方法的测试准确性受采样点数量和测试宽度的限制，我国确定横断面不得少于 13 个测点的要求，测试精度为 1mm。通过采集到的各横断面相对高程数据计算车辙深度。国内已经研制了多功能激光路面测试仪，该仪器可以检测车道宽度大于 3500mm 的路面车辙数据，测试车的测试速度在 25~120km/h 范围。

二、道路路基检测新技术及应用

(一) 道路路基压实度无损检测

1. SDG 密度仪填土压实度检测

SDG 密度仪是一种基于电磁学原理开发的填土密度检测仪，通过电磁感应场对材料基质电化学阻抗的变化响应来达到无损密度检测目的。事实上，由于空气的介电常数比土体中固体颗粒的介电常数低，土体压实度提高后，土体中孔隙体积减小，也就伴随着土体中空气体积缩小，导致测试到的综合介电常数提高。SDG 密度仪通过内置数据处理器将测试数据经计算得到填土的密度、压实度及土体含水率等指标，以实现对现场填土密度的实时快速无损检测，利用检测实时性及时反映填土的压实质量，为填土质量实时控制提供必要的条件，同时利用其无损性提高检测效率。

SDG 密度仪作为填土密度无损检测新技术，除了具有实时、快速、安全性高等特点以外，还有携带操作简便、数据存储容量大及可重复测试等优点，对于提高诸如路基、堤坝及其他填土工程的压实度检测效率及现场质量控制水平是十分有利的。

测试仪本身主要由传感器及显示存储处理器等两个部分组成。测试时将其置于被测压实填土上，对于每一个测试点，为了提高测试数据的准确性及可靠性，按一定顺序改变测试位置并分别进行测试，5 次测试完成后数据处理器自动计算并显示该测试点的填土压实度数据。根据密度仪的性能，测试仪可以测试深度 30cm、直径 28cm 范围内的压实填土密度等。

为了满足实时性要求，测试前需要预先输入被测土体的前置参数，主要包括最大干密度、最优含水量、土的塑液限指标、土的颗粒分布参数等。

2. 便携式落锤弯沉仪检测

便携式落锤弯沉仪（PFWD）是在落捶式弯沉仪基础上发展而来的一种新型快速检测设备，它的优点是易携带、易操作、处理数据快且精确，并可用于现场测试。PFWD 主要用于路基强度的测试与评价，在路基压实度的预测方面也已经有学者进行了初步探索。

PFWD 是继 FWD 后的一种方便用于确定路基和地基承载力的无损检测设备，通过反演可获得路基的动弹性模量。该仪器能较好地采集路基弯沉盆数据，且具有操作安全可靠、测试数据客观、数据精度高、携带和操作方便等优点。PFWD 主要装置由加载系统、数据采集系统和数据传输系统组成。其中，加载系统由落锤、滑竿、橡胶垫块等装置组成；数据采集系统由荷载传感器、位移传感器和数据采集装置等组成；数据传输系统由计算机、有线和无线数据传输装置以及数据处理软件组成。

PFWD 测试原理是将一定重量的落锤提升至一定高度，然后释放让其自由下落，落锤冲击置放在路基表面的承载板和底座产生冲击荷载，在冲击荷载作用下，承载板与路基表面会产生竖向位移，由荷载传感器和位移传感器将荷载和位移时程曲线记录下来，并传输到计算机数据处理软件中。PFWD 配置有 1 个压力传感器，另外还配置 1~3 个位移传感器，其标准配置采用一个位移传感器。

3. 车载式压实度计

压实度计是根据在压路机—土壤模型中，振动轮的动力学参数的变化与压实材料的压实度有密切关系，特别是利用振动轮上激振器产生的激振信号与被压实材料的压实度密切相关的关系，来反映压实材料的压实状态的好坏。在压实作业中，通过在振动轮上安装精密传感器采集激振信号，经处理器进行分析处理后，得出实时压实度值。对压实度数值的信号反映方法的选择和确定是研究压实度计的关键。

振动压路机在振动压实过程中，压实度测量仪通过安装在压路机振动轮上的加速度传感器采集激振信号，激振信号经放大电路放大，传感器微弱电荷信号转换为有用的电压信号，经滤波器滤波，消除加速度信号中多余的噪声信号，得到所需的电压信号，A/D转换装置将采集的电压信号转换成数字信号，存放在微处理器中，并对原始信号进行数学处理，最终在显示器上输出压实度值。

落锤频谱式路基压实度快速测定仪利用落锤的冲击力使土体产生反弹力，当落锤自由下落到经过碾压的路基表面，土体对落锤产生反弹力，其反弹力应与土体密实程度成正比，土体密实程度大，则吸能作用小，反弹力大。利用低频测定土体响应值，从而测得路基压实度，根据此方法可以不用测出土体的含水率。

（二）道路路基弯沉检测技术

1. 稳态动力弯沉仪

稳态动力弯沉仪是根据动荷发生器对路基施加固定频率的正弦周期性动荷载，沿荷载轴线相隔定间距布置一组速度传感器（检波器），获得动弯沉盆曲线。应用在公路上的有两种，一是轻型动弯沉仪，作用动荷载约5kN；一是重型动弯沉仪，作用的动荷载约达150kN。稳态动力弯沉仪进行弯沉检测较贝克曼梁法和自动弯沉仪测试精度高，测试速度快，但因其施加的动荷载较小，不能完全反映实际的行车轮载作用。在检测过程中，应保证施加震动荷载时仪器保持稳定不跳离路面，仪器的自重必须大于动荷载，因此静力预载比施加的动荷大，会影响路基路面材料的应力状态，也不能客观反映实际应力情况。

2. 脉冲动力弯沉仪

脉冲动力弯沉仪主要是指落锤式弯沉仪，属于动力弯沉检测技术，适用于施工质量检测、养护管理检测、道路改造检测、路面动态理论研究。通过自由落下的重锤产生的冲击荷载来测定弯沉，改变锤重以及重锤的高度能较好地实现车辆荷载的模拟，根据传感器的9个弯沉值来测定和绘制弯沉盆。整个过程由计算机控制。将汽车开到测定地点后，启动计算机控制下液压系统的落锤装置，一定质量的落锤从一定高度自由落下，落锤瞬间产生的冲击荷载作用于承载板上，分布于距测点不同距离的传感器（一般为9个）检测到结构层表面的变形，将信号输入计算机，得到测点的弯沉值。弯沉检测过程，其装置由计算机控制，能够自动测量荷载、弯沉平均值、测点间距、标准差、变异系数、代表弯沉值等数据，并由此可以反算出各层材料的弹性模量。采用落锤式弯沉仪进行检测时，冲击荷载的大小可由锤重和重锤的落高调整。根据现场实际情况，汽车的牵引速度应为 50km/h 左右。在路基检测中，传感器分布在荷载中心 2.5m 半径范围，其中 1 个应位于承载板中心。在半刚性基层沥青路面结构检测中，半径为 3~4m。测点测定次数应不少于 3 次，舍弃不稳定的第一个测定值，取其余测定值的平均值进行计算。

（三）现场 CBR 值检测

CBR 值，即加州承载比。在国外 CBR 值作为评定路基土和路面材料的强度指标，国内很少用。用于现场 CBR 值检测的方法主要有承载比 CBR 试验和落球仪快速测定土基现场 CBR 值试验。

1. 承载比 CBR 试验

该法在贯入杆处安放承载板，将载重汽车作为反力架，使用千斤顶加载，连续加载贯入杆上，贯入杆压入土基同一深度的荷载越大，说明路基强度越高，CBR 值也越大。

2. 落球仪快速测定土基现场 CBR 值试验

该法适用于细粒土路基 CBR 值测定。根据一定质量的落球从一定高度自由下落，陷入土基表面，路基强度与陷入深度成反比。一定质量的落球从一定高度自由下落所做的功应等于室内标准试验贯入深度所做的功，因此可以计算得出现场 CBR 值。将落球仪测得的 CBR 值换算成室内 CBR 值，评定路基强度。

第三节　桥梁检测新技术及应用

一、桥梁工程检测的内容

桥梁工程试验检测的内容随桥梁所处的位置、结构形式和所用材料不同而异，应根据所建桥梁的具体情况按有关标准规范选定试验检测项目，一般常规试验检测主要包括以下内容。

（1）施工准备阶段的试验检测项目，包括桥位放样测量、钢材原材料试验、钢结构连接性能试验、预应力锚具、夹具和连接器试验、水泥性能试验、混凝土粗细集料试验、混凝土配合比试验、砌体材料性能试验、台后压实标准试验、其他成品、半成品试验检测。

（2）施工过程中的试验检测，包括地基承载力试验检测、基础位置、尺寸和标高检测、钢筋位置尺寸和标高检测、钢筋加工检测、混凝土强度抽样试验、砂浆强度抽样试验、桩基检测、墩台位置检测、尺寸和标高检测、上部结构（构件）位置、尺寸检测、预制构件张拉试验、运输和安装强度控制试验、预应力张拉控制检测、支架内力变形和稳定性监测、钢结构连接加工检测、钢构件防护涂装检测。

（3）施工完成后的试验检测，包括桥梁总体检测、桥梁荷载试验、桥梁使用性能监测。

二、桥梁工程原材料试验检测技术及应用

（一）石料

石料是由天然岩石经打眼放炮开采得到的大块石，再按要求的规格经粗加工或细加工而得到的规则或不规则的块石、条石等；还有部分是由天然的卵石、漂石、巨石经加工而成。桥梁工程使用的石料主要用于砌体工程，如桥梁拱圈、墩台、基础、锥坡等。

1. 石料的要求

（1）石料应符合设计规定的类别和强度，石质应均匀、不易风化、无裂纹。石料强度、试件规格及换算应符合设计要求，石料强度的测定应按规定执行。

（2）一月份平均气温低于-10℃的地区，除干旱地区的不受冰冻部位或根据以往实践经验证明材料确有足够抗冻性者外，所用石料及混凝土材料须通过冻融试验证明符合抗冻性指标时，方可使用。

（3）片石一般指用爆破或楔劈法开采的石块，厚度不应小于150mm（卵形和薄片不得采用）。用作镶面的片石，应选择表面较平整、尺寸较大的，并应稍加修整。

（4）块石，形状应大致方正，上下面大致平整，厚度200~300mm，宽度为厚度的1~1.5倍，长度为厚度的1.5~3倍（如有锋棱锐角，应敲除）。块石用作镶面时，应由外露面四周向内稍加修凿，后部可不修凿，但应略小于修凿部分。

（5）粗料石是由岩层或大块石料开劈并经粗略修凿而成，外形应方正，呈六面体，厚度200~300mm，宽度为厚度的1~1.5倍，长度为厚度的2.5~4倍，表面凹陷深度不大于20mm。加工镶面粗料石时，料石长度应比相邻顺石宽度至少大150mm，修凿面每100mm长须有錾路4~5条，侧面修凿面应与

外露面垂直，正面凹陷深度不应超过 15mm。镶面粗料石的外露面如带细凿边缘时，细凿边缘的宽度应为 30~50mm。

（6）拱石可根据设计采用粗料石、块石或片石；拱石应立纹破料，岩层面应与拱轴垂直，各排拱石沿拱圈内弧的厚度应一致。用粗料石砌筑曲线半径较小的拱圈，辐射缝上下宽度相差超过 30% 时，宜将粗料石加工成楔形，其具体尺寸可根据设计及施工条件确定。

（7）桥梁附属工程采用卵石代替片石时，其石质及规格须符合片石的规定。

2. 石料的单轴抗压强度试验

1）仪器设备

①压力试验机。其测量精度为 ±1%，试件破坏荷载应大于压力试验机全程的 20% 且小于压力试验机全程的 80%，同时应具有加荷速度指示装置或加荷速度控制装置。可以均匀地连续加荷卸荷，保持固定荷载，开机停机均灵活自如。试件两端的承压板为洛氏硬度不低于 HRC58 的圆盘钢板，承压板的直径应不小于试件的直径，也不宜大于试件直径的两倍。当压力试验机承压板直径大于试件直径的两倍以上时，必须在试件的上下两端加辅助承压板，其刚度和不平度均应满足压力试验机承压板的要求。两压板之一应是球面座，球面座应放在试件的上端面，并用矿物油稍加润滑，以使在滑块自重作用下仍能闭锁。试件、压板和球面座要精确地彼此对中，并与加载机器设备对中，球面座的曲率中心应与试件端面的中心相重合。

②切石机或钻石机、磨平机等岩石试件加工设备。

③烘箱、干燥器、游标卡尺（精度 0.1mm）、角尺及水池等。

2）试样

桥梁工程用的石料试验，采用立方体试件，边长为 70mm±2mm。每组试件共 6 个。有显著层理的岩石，分别沿平行和垂直层理方向各取试件 6 个。试件上、下端面应平行和磨平，试件端面的平面度公差应小于 0.05mm，端面对于试件轴线垂直度偏差不应超过 0.25mm。

3）试验步骤

①对试件编号，用卡尺量取试件尺寸（精确至 0.1mm），对立方体试件在顶面和底面上各量取其边长，以各个面上相互平行的两个边长的算术平均值计算其承压面积。

②试件的含水状态可根据需要选择烘干状态、天然状态、饱和状态。

a. 试件烘干方法：将试件放入温度为 105~110℃ 的烘箱内烘至恒量，烘干时间一般为 12~24h，取出置于干燥器内冷却至室温 20℃±2℃，称其质量，精确至 0.01g。

b. 试件强制饱和，可用煮沸法饱和试件或者用真空抽气法饱和试件。

③按岩石强度性质，选定合适的压力机。

④以 0.5~1.0MPa/s 的速率进行加载直至破坏，记录破坏荷载及加载过程中出现的现象。

3. 石料的单轴压缩变形试验

1）目的和适用范围

石料的单轴压缩变形试验用于测定岩石试件在单轴压缩应力条件下的轴向及径向应变值，据此算出岩石的弹性模量和泊松比。弹性模量是轴向应力与轴向应变之比；泊松比是在弹性模量相对应条件下的径向应变与轴向应变之比。该试验可分为电阻应变仪法和千分表法，适用于能制成规则试件的各类岩石。坚硬和较坚硬的岩石应采用电阻应变仪法，较软岩石应采用千分表法。

2）仪器设备

①钻石机、锯石机、磨石机等岩石试件加工设备。

②惠斯顿电桥、万用表、兆欧表、千分表。

③电阻应变仪。

④电阻应变片（丝栅长度大于 15mm）及粘贴电阻应变片用的各种工具及黏结剂等。

⑤压力试验机或万能试验机。

⑥其他设备：金属屏蔽线、恒温烘箱及其他试件加工设备。

3）试样

从岩石试样中制取直径为 50mm±2mm、高径比为 2:1 的圆柱体试件。试件含水状态可根据需要选择天然含水状态、烘干状态和饱和状态。试件烘干和饱和状态方法与单轴抗压强度试验处理方法相同。同一含水状态下每组试件数量不应少于 6 个。

4）试验步骤

①先测定其中 3 个试件单轴抗压强度。

②电阻应变仪法。选择电阻应变片；贴电阻应变片；焊接导线；按所用的电阻应变仪的使用说明书进行操作，接电源并检查电压，调整灵敏系数；将试件测量导线接好，放在压力试验机球座上；接温度补偿电阻应变片，贴温度补偿电阻应变片试件应是试验试件的同组试件，并放在试验试件的附近；粘贴温度补偿应变片的操作程序要尽量与工作应变片相同。将试件反复预压 2~3 次，加荷压力约为岩石极限强度的 15%。按规定的加载方式和载荷分级，加荷速度应为 0.5~1.0MPa/s，逐级测读载荷与应变值，直至试件破坏。读数不应少于

10 组测值。记录加载过程及破坏时出现的现象，对破坏后的试件进行描述。

③千分表法。采用千分表法测量岩石试件变形时，对于较硬岩，可将测量表架直接安装在试件上测量试件的纵、横向变形。

5）试验记录

单轴压缩变形试验记录应包括岩石名称、试验编号、试件编号、试件描述、试件尺寸、各级荷载下的应力及纵向和横向应变值、弹性模量和泊松比。

（二）钢材

桥梁用钢按其形状分类可分为型材、棒材（或线材）和异型材（特种形状）等三类。型材主要包括型钢和钢板，常用于钢桥建筑。线材主要包括钢筋、预应力钢筋、高强钢丝和钢绞线等，它是钢筋混凝土桥梁建筑中使用的主要材料之一。异型材是为特殊用途而制作的，如预应力混凝土桥梁中的锚具、夹具和大变形伸缩装置中使用的异型钢梁等。[①]

1. 钢材的主要力学性能

1）强度

强度是钢材力学性能的主要指标，包括屈服强度和抗拉强度。屈服强度也称屈服极限，它是钢材开始丧失对变形的抵抗能力，并开始产生大量塑性变形时所对应的应力。抗拉强度是钢材所能承受的最大拉应力。屈强比是屈服强度与抗拉强度的比值，通常用来比较结构的可靠性和钢材的有效利用率。

2）塑性

塑性是钢材在受力破坏前可以经受永久变形的性能，通常用伸长率和断面收缩率表示。伸长率是钢材受拉发生断裂时所能承受的永久变形能力。试件拉断后标准长度的增量与原标准长度之比的百分率即伸长率。断面收缩率是指试件拉断后缩颈处横断面积的最大缩减量占原横断面积的百分率。

3）冷弯性能

冷弯性能是钢材在常温条件下承受规定弯曲程度的弯曲变形能力，并可在弯曲中显示钢材缺陷的一种工艺性能，规定试件在规定的弯曲角度、弯心直径及反复弯曲次数后，试件弯曲处不产生裂纹、断裂和起层等现象时即认为合格。

4）硬度

硬度是钢材抵抗其他较硬物体压入的能力，实际上硬度为钢材抵抗塑性变形的能力。测定钢材硬度常用的方法有布氏法、洛氏法和维氏法，相应的硬度指标有布氏硬度（HB）、洛氏硬度（HR）和维氏硬度（HV）。硬度常用于检

---

① 吴书君. 道路与桥梁工程试验检测技术［M］. 徐州：中国矿业大学出版社，2012：148.

查钢材质量和确定合理的加工工艺。

5）冲击韧性

钢材的冲击韧性，是指钢材在冲击荷载作用下断裂时吸收能量的能力，它是衡量钢材抵抗脆性破坏的力学性能指标。

6）耐疲劳性

钢材若在交变应力（随时间做周期性交替变更的应力）的反复作用下，往往在工作应力远小于抗拉强度时发生骤然断裂，这种现象称为"疲劳破坏"。钢材抵抗疲劳破坏的能力称为耐疲劳性。

7）良好的焊接性

良好的焊接性是指钢材的连接部分焊接后力学性能不低于焊件本身，以防止产生硬化脆裂和内应力过大等现象。

2. 预应力混凝土用钢筋、钢丝和钢绞线检测

1）预应力混凝土用钢筋、钢丝和钢绞线的力学性能和表面质量要求

预应力混凝土用钢筋有热处理钢筋、冷拉钢筋和精轧螺纹钢筋。预应力混凝土用的钢丝有冷拔低碳钢丝、冷拉或消除应力的光圆钢丝、螺旋肋钢丝和刻痕钢丝。消除应力钢丝包括低松弛钢丝和普通松弛钢丝两种，桥梁工程用钢丝一般为低松弛钢丝。

①热处理钢筋。热处理钢筋由热轧螺纹钢筋经回火的调质处理而成。

②冷拉钢筋。冷拉是将钢筋在常温下拉伸超过屈服点，以提高钢筋的屈服极限、强度极限和疲劳极限的一种加工工艺。但经冷拉后会降低钢筋的延伸率、断面收缩率、冷弯性能和冲击韧性。预应力混凝土结构所用的钢筋，主要要求具有高的屈服极限、变形极限等强度性能，而延伸率、冲击韧性和冷弯性能要求不高，因此这就为采用冷拉加工工艺提供了可能性。

③精乳螺纹钢钢筋。精轧螺纹钢筋是用热乳方法直接生产的一种无纵肋的钢筋，钢筋的连接是在端部用螺纹套筒进行连接接长。

④冷拔钢丝。冷拔钢丝是把直径 6~8mm 的普通碳素钢筋条用强力拉过比它本身直径还小的硬质合金拉丝模，这时钢筋同时受到纵向拉力和横向压力的作用，截面变小，长度拉长，经过几次拉丝，其强度比原来有极大提高。

⑤高强钢丝。高强钢丝有冷拉钢丝、消除应力钢丝和消除应力刻痕钢丝。

⑥钢绞线。钢绞线是钢厂用优质碳素结构钢经过冷加工，再经回火和绞捻等加工而成的，塑性好、无接头、使用方便，专供预应力混凝土结构使用。

2）预应力混凝土用钢筋、钢丝和钢绞线的力学性能检测

各种预应力混凝土用钢筋、钢丝和钢绞线应按批进行检查和验收，每批应由同一牌号、同一外形、同一规格、同一生产工艺和同一交货状态的钢筋

组成。

①热处理钢筋每批钢筋的质量应不大于 60t。

②冷拉钢筋应分批进行检验，每批质量不得大于 20t。

③精轧螺纹钢筋应分批进行检验，每批质量不大于 100t，对表面质量应逐根进行目测检查，外观检查合格后在每批中任选两根钢筋截取试件进行拉伸试验。

④冷拔低碳钢丝应逐盘进行抗拉强度、伸长率和弯曲试验。

⑤高强钢丝应分批检验，每批质量不大于 60t。

⑥钢绞线每批钢筋的质量应不大于 60t。从每批钢绞线中任取 3 盘，并从每盘所选的钢绞线端部正常部位截取一根试样进行表面质量、直径偏差和力学性能试验。

3）钢绞线非比例延伸力测试

钢绞线规定非比例延伸力采用的是引伸计标距的非比例延伸达到原始标距 0.2% 时所受的力。为便于供方日常检验，也可以测定规定总延伸达到原始标距 1% 的力，其值符合标准规定时可以交货。

4）应力松弛性能试验

应力松弛是预应力筋在恒定长度下应力随时间而减小的现象。目前桥梁施工中普遍要求测量预应力筋的松弛率。在进行应力松弛性能试验时，要求试验期间试样的环境温度始终保持在 20℃±2℃ 内。试验标距长度不小于公称直径的 60 倍。试样制备后不得进行任何热处理和冷加工。初始负荷应在 3~5min 内均匀施加完毕，持荷 1min 后开始记录松弛值。允许用至少 100h 的测试数据推算 1000h 的松弛率值。

三、桥梁工程检测技术

（一）地基承载力检测技术

地基容许承载力的确定一般可采用以下方法。

（1）在土质基本相同的条件下，参照邻近结构物地基容许承载力。

（2）根据现场荷载试验或触探试验资料。

（3）按地基承载力理论公式计算。

（4）按现行规范提供的经验公式计算。

桥梁地基的容许承载力可根据地质勘测、原位测试、野外荷载试验以及邻近旧桥梁调查对比，由经验和理论公式计算综合分析确定。

（二）钻孔灌注桩检测技术

混凝土钻孔灌注桩是桥梁及建筑结构物常用的基桩形式之一，这主要是由于桩能将上部结构的荷载传递到深层稳定的土层上去，从而大大减少基础沉降和建筑物的不均匀沉降，实践也证明它的确是一种极为有效、安全可靠的基础形式。但是，灌注桩的成桩过程是在桩位处的地面下或水下完成，施工工序多，质量控制难度大，稍有不慎极易产生断桩等严重缺陷。国内外钻孔灌注桩的事故率高达 5%~10%。因此，灌注桩的质量检测就显得格外重要。

1. 泥浆成孔质量检测技术

在桥梁工程中常用的灌注桩施工方式主要有钻孔、冲击成孔、冲抓成孔和人工挖孔等。人工挖孔为干作业施工，成孔后孔壁的形状、孔深、垂直度、孔底沉淀厚度以及钢筋笼的安放位置等均可通过目测或人下到孔内进行检查，成孔质量较易控制。钻孔、冲击成孔或冲抓成孔等灌注桩，通常以泥浆进行护壁，为湿作业施工。成孔后孔中充满泥浆而无法目测或人下到孔内进行检查，孔壁的形状、垂直度和沉淀土厚度等只能通过仪器进行检测。

2. 灌注桩完整性检测技术

灌注桩成桩质量通常存在两方面问题：一是属于桩身完整性，常见的缺陷有夹泥、断裂、缩径、扩径、混凝土离析及桩顶混凝土密实性较差等；二是嵌岩桩，影响桩底支承条件的质量问题，主要是灌注混凝土前清孔不彻底，孔底沉淀厚度超过规定极限，影响承载力。桩基础施工质量的检验，随着长、大桩径及高承载力桩基础迅速增加，传统的静压桩试验已很难实施，目前，常用的钻孔灌注桩质量的检测方法有以下四种。

1）钻芯检验法

由于大直径钻孔灌注桩的设计荷载一般较大，用静力试桩法有许多困难，所以常用地质钻机在桩身上沿长度方向钻取芯样，通过对芯样的观察和测试确定桩的质量。

2）振动检验法

所谓振动检验法又称动测法。它是在桩顶用各种打法（例如，锤击、敲击、电磁激振器、电水花等）施加一个激振力，使桩体乃至桩土体系产生振动，或在桩内产生应力波，通过对波动及振动参数的种种分析，以推定桩体混凝土质量及总体承载力的一类方法。这类方法主要有四种：①敲击法和键击法；②稳态激振机械阻抗法；③瞬态激振机械阻抗法；④水电效应法。

3）超声脉冲检验法

该法是在检测混凝土缺陷技术的基础上发展起来的。其方法是在桩的混凝土灌注前沿桩的长度方向平行预埋若干根检测用管道，作为超声发射和接收换能器的通道。检测时探头分别在两个管子中同步移动，沿不同深度逐点测出横截面上超声脉冲穿过混凝土时的各项参数，并按超声测缺原理分析每个断面上混凝土的质量。

4) 射线法

该法是以放射性同位素辐射线在混凝土中的衰减、吸收、散射等现象为基础的一种方法。当射线穿过混凝土时，因混凝土质量不同或因存在缺陷，接收仪所记录的射线强弱发生变化，据此来判断桩的质量。

(三) 基桩承载力检测技术

现有确定基桩承载力的方法有两类：一类是静荷载试验，另一类是各种桩的动测方法。静荷载试验在确定单桩承载力方法中是最基本、最可靠的方法，其他各种测定方法（如静力触探、动测法等）的成果都必须与静压试验相比较，才能判明其准确性。国内外规范一致规定，对重要工程都应通过静载试验。因此一般对特大桥和地质复杂的大中桥试桩，应采用静载试验确定单桩承载力。静载试验的方法主要与试验要求有关，国内外采用的试验方法主要有慢速维持荷载法、快速维持荷载法、等贯入速率法、循环加卸载法等。

第六章　城市道路桥梁养护技术及应用

第一节　沥青路面的维修养护技术及应用

一、沥青路面病害维修技术

（一）沥青路面变形维修

沥青路面变形有多种形式，我国沥青路面变形类病害中车辙问题尤为突出。车辙是路面上沿行车轮迹产生的纵向带状凹槽。它除了影响行车舒适性外，还对交通安全有直接影响。车辙在行车荷载重复作用下，有扩展和积累的趋势。

1. 车辙类型与维修

沥青路面车辙一般包括结构性车辙、流动性车辙、磨损性车辙、压实不足引起的车辙。根据车辙类型的不同，常用的车辙维修措施有：稀浆封层、微表处、石屑封层、罩面或改建等。高速公路一般采取局部铣刨、局部填补或整体改造措施。沥青路面车辙的具体维修方法的选择如下。

（1）因表面磨损过度出现的车辙，可先行铣刨，喷洒黏层沥青后，铺筑沥青混合料。

（2）属于路面横向推挤形成的横向波形车辙且已稳定者，可按上述方法修补；如因不稳定夹层引起，则应清除该夹层，重铺局部下沉造成的车辙，可按路面沉陷的处理方法进行修补。

（3）路面受横向推挤形成的横向波形车辙，如果已经稳定，可将凸出的部分铣刨，在波谷部分喷洒或涂刷黏结沥青并填补沥青混合料并找平、压实。

（4）车道表面因车辆行驶推移而产生的车辙，应将出现车辙的面层切削或铣刨清除，然后重铺沥青面层。在高速公路及一级公路上可采用 SMA 混合料或改性沥青混合料修补车辙。

（5）因面层与基层间有不稳定的夹层而形成的车辙，应将面层挖除，清除夹层后，重做面层。

（6）由于基层强度不足、水稳性不好，使基层局部下沉而造成的车辙，应先处治基层。

2. 纵向变形与维修

1）纵向变形

路面的纵向变形是由路基的纵向变形造成的。软土地基和非软土地基都可以产生纵向变形，纵向变形造成路面大波浪形的不平整，包括路面沉陷、桥头跳车、波浪等。

第一，沉陷。由于路基路面产生竖向变形而导致路面下沉的现象，通常有均匀沉陷、不均匀沉陷、局部较大面积沉陷等。

第二，桥头跳车。由桥台背填土压实不够而引起路基不均匀沉降，从而使路面产生沉陷，形成跳车。沉陷、桥头跳车都是因为施工质量没有严格控制所造成的，可采用新技术、新材料、新工艺来加强填方的压实度，使其达到要求。

第三，波浪。路面有规律地纵向起伏，波峰与波谷交替出现，间隔很近，一般在 60cm 之内。造成波浪的主要原因是材料组成设计差、施工质量差，使面层材料不足以抵抗车轮水平力的作用。此外，产生波浪也可能是由于旧面层已有搓板，而加铺沥青面层时未予妥善处理（铲除搓板）所致。

2）壅包维修

第一，属于施工时操作不慎将沥青漏油在路面上形成的壅包，将壅包除去即可。

第二，已趋于稳定的轻微壅包，应将壅包用机械刨削或人工挖除。如果除去壅包后，路表不够平整，应予以处治。

第三，因基层沥青用量过多或细料集中而产生较严重壅包，或路面连续多次出现壅包且面积较大，但路面基层仍属稳定，则应用机械或人工将壅包全部除去，并低于路表面约 10mm。扫尽碎屑、杂物及粉尘后，用热沥青混合料重做面层。

第四，因基层局部含水率过大，使面层与基层间结合不良而被推移变形造成的壅包，应把壅包连同面层一起挖除，将水分晾晒干，或用水稳定性较好的材料更换已变形的基层，再重做面层。

第五，由于基层局部强度不足或水稳定性不好，使基层松软而导致的壅包，应将面层和基层完全挖除。如土基中含有淤泥，还应将淤泥彻底挖除，换填新料并夯实。在地下水位较高的潮湿路段，应采取措施引出地下水并在基层下面加铺一层水稳定性较好的材料，最后重做面层。

3）沉降维修

（1）因路基不均匀沉降而引起的局部路面沉陷，若土基和基层已经密实稳定，不再继续下沉，可只修补面层，并根据路面的破损状况分别采取下列处治措施。

第一，路面略有下沉，无破损或仅有少量轻微裂缝，可在沉陷处喷洒或涂刷黏层沥青，再用沥青混合料将沉陷部分填补，并压实平整。

第二，因路基沉陷导致路面破损严重，矿料已松动、脱落形成坑槽的，应按照坑槽的维修方法予以处治。

（2）因土基或基层结构遭到破坏而引起路面沉陷，应处治好基层后再重做面层。

（3）桥涵台背因填土不实出现不均匀沉降的，可视情况选择以下处理方法。

第一，挖除沥青面层，在沉陷的部分加铺基层后重做面层。

第二，对于台背填土密实度不够的，应重新做压实处理，台背死角处的压实宜采用机械夯实。

第三，对含水率和孔隙比较大的软基或含有有机物质的黏性土层，宜采取换土处理，换土深度应视软层厚度而定。换填材料首先应选择强度高、透水性好的材料、如碎石土、卵砾土、中粗砂及强度较高的工业废渣，且要求级配合理。

4）波浪与搓板维修

（1）属于面层原因形成的波浪或搓板可按下述方法进行维修。

第一，路面仅为轻微波浪或搓板，可在波背部分喷洒沥青，并匀撒适当粒径的矿料，找平后压实。

第二，波浪（搓板）波峰与波谷高差起伏较大时，应顺着行车方向将凸出部分铣刨削平，并低于路表面约 10mm。削除部分喷洒热沥青，再匀撒一层粒径不大于 10mm 的矿料，扫匀、找平，并压实。

第三，严重的、大面积波浪或搓板，需将面层全部挖除，然后重铺面层。

（2）若面层与基层之间存在不稳定的夹层，面层在行车荷载的作用下推移变形而形成波浪（搓板），应挖除面层，清除不稳定的夹层后，喷洒黏结沥青，重铺面层。

（3）因基层局部强度不足或稳定性差等原因造成的波浪（搓板），应先对基层进行处治，再重做面层。

（二）沥青路面表面损坏维修

沥青路面表面损坏形式如图 6-1 所示。

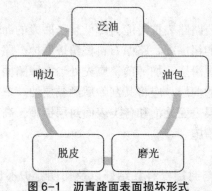

图 6-1　沥青路面表面损坏形式

1. 泛油维修

泛油是指沥青从沥青混凝土层的内部从下向上移动，使表面出现过多沥青。泛油主要是由于沥青用量过大、稠度太低或热稳定性差等原因所引起的。此外，也可能由于低温季节施工，层铺法沥青路面的嵌缝料失散过多，在气温转暖后，自行车荷载作用下多余沥青溢出表面而形成的。

在轻微泛油的路段，可撒上 3~5mm 粒径的石屑或粗砂，并用压路机或控制行车碾压在泛油较重的路段，可先撒上 5~10mm 粒径的碎石，用压路机碾压，待稳定后，再撒 3~5mm 粒径的石屑或粗砂，并用压路机或控制行车碾压。

面层混合料中沥青含量过高，且已形成软层的严重泛油路段，可视情况采用：①先撒一层 10~15mm 粒径（或更大的）碎石，用压路机将其强行压入路面，待基本稳定后，再分次撒上 5~10mm 粒径的碎石，并碾压成型；②将沥青含量过高的软层铣刨清除后，重做面层。

维修要点：①泛油处治时间应选择在泛油路段已出现全面泛油的高温季节，并在当日气温最高时进行；②撒料应顺行车方向撒，先粗后细，做到少撒、薄撒、匀撒、无堆积、无空白；③禁止使用含有粉粒的细料；④采用压路机或引导行车碾压，使所做料均匀压入路面，如采用行车碾压，应及时将飞散的粒料扫回。

2. 油包维修

对于较小的油包、油垄或轻微的搓板，在气温较高时（或用加热器烘烤）铲除，也可用机械铣刨铲除后找平补顺，再用热熔铁烙平。因基层强度不足或稳定性差而引起的严重壅包或波浪（搓板），应对基层做补强处理后，再铺面层。如面层与基层间有不稳定层，应清除不稳定层，再铺筑面层。

3. 磨光维修

高速公路、一级公路路表抗滑能力降低且已磨光的沥青面层，可用路面铣刨机直接恢复其表面的粗糙度。路面石料棱角被磨掉，路面光滑，抗滑性能低于要求值时，应加铺抗滑层。加铺前，应先处治好原路面上的各种病害，若原路表有沥青用量过多的薄层，应将其刮除后洒黏层油。罩面形式可以采用拌和法或层铺法施工的单层表面处治和各类表面封层措施，高速公路一般采用超薄磨耗层、薄层罩面等措施。

4. 脱皮维修

（1）因沥青面层与封层没有黏结好以及初期养护不良引起的脱皮，应清除已脱落和已松动的部分，再重新做上封层，所做封层的沥青用量及矿料粒径规格应视封层的厚度而定。

（2）如沥青面层层间产生脱皮，应将脱落及松动的部分清除，在下层沥青面上涂刷黏结沥青，并重做沥青层。

（3）面层与基层之间因黏结不良而产生的脱皮，应先清除掉脱落、松动的面层，并分析黏结不良的原因。若面层与基层间所含水分较多，应晾晒或烘干；若面层与基层之间夹有泥层，则应将泥砂清除干净，喷洒透层沥青后，再重做面层。

5. 啃边维修

因路面边缘沥青面层破损而形成的啃边，应将破损的沥青面层挖除，在接茬处涂刷适量的黏结沥青，用沥青混合料进行填补，再整平压实。修补啃边后的路面边缘应与原路面边缘齐顺。因基层松软、沉陷而形成的啃边，应先对路面边缘基层局部补强后再恢复面层。应加强路肩的养护工作，保持路肩稳定。随时注意填补路肩上的车辙、坑洼或沟槽，保持路肩与路面衔接平顺，并保持路肩应有的横坡，以利排水。

二、沥青路面加铺改造技术

（一）沥青路面加铺方案制定

第一，路面状况判定。对现有路面的使用情况进行调查和判定的目的是了解现有路面的物理或结构状况，评定它对当前和今后使用要求（结构和功能）的适应程度，以便确定需采取修复措施的路段和方案，选择合适的修复对策，并为加铺层设计提供依据和参数。

第二，加铺层结构方案。对沥青路面进行加铺层设计可以分为两种类型，旧沥青路面上的沥青加铺层和旧沥青路面上的水泥混凝土加铺层。在原沥青路面开裂不太严重的情况下，可以在对原路面的病害进行修补后，直接在原沥青路面上铺设沥青加铺层，其中包括最下面的整平层。在原沥青路面开裂较严重的情况下，可以在对原路面的病害进行修补后，在原沥青面层与加铺层之间增加一个粒料层，以减少原沥青层或半刚性基层的裂缝对加铺层的反射作用。或者，对损坏严重、无法修补（经济上不合算）的原沥青层予以铲除或就地进行再生利用。

（二）旧沥青路面处治

1. 加铺前预处理

在对现有沥青路面的损坏状况进行调查、检测和评定的基础上，对原路面存在的病害提出相应的处治措施。

（1）面层出现中等或严重程度的龟裂时，进行全深度修补。

（2）面层出现纵向裂缝时，按裂缝深度进行部分深度（疲劳裂缝）或全深度（施工接缝）修补。

（3）面层出现横向裂缝时，进行全深度修补或采取其他控制反射裂缝的措施。

（4）面层出现沥青老化和由此引起的裂缝时，采用冷磨措施铣刨表层。

（5）面层出现轻度或中度车辙或者纵向不平衡时，采用冷磨措施铣刨表层；出现严重车辙或纵向不平衡时，进行整层更换。

（6）沥青层出现严重沥青剥落时，采用冷磨措施铣刨该层。

（7）半刚性基层出现严重碎裂、粒料层被细粒土渗入和污染或者路基湿软沉降变形过大时，不应在旧面层上直接采用加铺层措施，而应对整个路面结构进行重建设计。

2. 反射裂缝防治

反射裂缝产生是由于应力集中造成的，在荷载和温度收缩的作用下，产生弯曲或剪切力。荷载产生的应力集中与加铺层厚度、材料劲度以及路面结构整体强度有关，温度收缩产生的应力集中与温度的日（季）变化、材料温度胀缩系数有关。加铺前的预处理，如裂缝修种或灌缝有助于减少反射裂缝产生，同时采取一些反射裂缝防治措施则更有利。常用的措施如下。

（1）应力吸收层：在控制轻度或中等程度的龟裂裂缝反射方面，应力吸收层被证明是有效的，同时，在控制温度收缩裂缝的反射裂缝方面也是有效的，和灌缝一起使用效果更好。但一般不能延缓由显著地水平和竖向位移产生的裂缝反射。

（2）集中应力释放：7.5cm 以上厚度的裂缝集中应力释放层在控制大位移产生的反射裂缝方面是有效的，这类材料一般是低沥青含量的开级配粗集料组成的沥青混合料。

（3）锯缝与填缝：在直裂缝的对应位置，对 AC 加铺层进行锯缝处理，并用适当的材料填缝，这种措施对于控制反射裂缝的损坏是很有效的。

（4）增加加铺层厚度：可有效降低荷载作用下的弯曲和剪切位移，也可减少路面内的源度变化，在延缓反射裂缝和其他损坏的反射方面最为有效，但缺点是费用较高。

反射裂缝对加铺层的寿命影响很大，一旦出现反射裂缝，应及时封缝或采取其他措施处理。

三、沥青路面预防性养护施工技术应用

（一）沥青路面预防性养护施工工艺概述

高速公路沥青路面预防性养护作为路面养护的一项手段，它的实施效果的好坏必须借助于合理而完善的施工工艺来保证，以使所施工的路段达到最佳的状态，发挥其最好的服务效能。如果制定了一套好的养护方案，而没有合理而完善的施工工艺作为技术保障，同样是不能取得预期效果的。施工工艺必须借助于一定的辅助手段来体现，如施工机械的先进性、所用材料的适用性、检测标准的合理性等，所以施工工艺的进步取决于以下条件。

（1）制定或修订公路养护工程技术规范，建立适合我国国情的养护标准、规范，为预防性养护施工工艺的发展奠定理论基础。

（2）机械化施工水平的大幅度提高，尤其是各种先进的施工机械、试验和检测仪器设备的开发，为预防性养护施工的实施做了实践和物质上的准备。

（3）新技术、新工艺、新材料的研发，进一步促使预防性养护技术的提高。

（二）沥青路面预防性养护施工技术

1. 雾封层技术

简单地说雾封层技术就是利用专用雾封层洒布车在沥青面层上喷洒一层薄薄的、高渗透性改性乳化沥青，以形成一层严密的防水层将路面孔隙封闭，起

到隔水防渗、保护路面功能的作用。雾封层技术的费用较低，能够加大路面骨料间的黏结力，填补微小裂缝和空隙，防止下渗水，最大限度地减少路面的水破坏，改善路面外观，可以将路面性能维持 2~3 年时间，推迟了造价更高的养护工程，提高了道路的经济效益。在西方国家，雾封层是经常采用的沥青路面预防性养护技术。对于使用 6~7 年的道路（或其他时间，视原路面情况和当地条件而定）来讲及时进行雾封层处理可以有效阻止出现松散情况，延迟时间为 1~4 年，即 1~4 年后才需再进行雾封层处理或其他处理方式。雾封层作为高速公路争期预防性养护有效的方法，可以起到防水、封闭微裂缝、补充沥青黏结料、稳定松散的集料等作用。京秦高速曾于 2004 年在北京方向 K204+600~K204+300 路段上铺设了 300m 的试验路。

当沥青路面正常使用几年后，路面开始出现轻微疲劳龟裂、损失细骨料的现象，并且其渗水性大大提高，路面水会经过裂缝或细骨料损伤处（露骨处）进入沥青混合料中，这进一步加速了路面的损坏。在这一时期，路面处于基本完好时期，如果不进行及时处理，会导致网裂、龟裂、坑洞等路面破坏。这一阶段，最有效的方法是雾封层技术，即 FOGSEAL，且它的费用非常得低廉。经雾封层后，由于所用材料流动性比较大，可渗入骨料缝中去，可流入裂缝中去，对路面"输血"，从而恢复路表沥青黏附力，填补微小裂缝和空隙，更新和保护旧氧化沥青路面，防止路表水下渗，使低温下的路面免受损害，加深沥青路面的颜色，加大沥青路面与标线的对比度，防止开级配路面的松散，将路面性能维持 2~3 年时间，推迟造价更高的养护工程，提高了道路的经济效益。雾状封层所使用的材料一般为乳化沥青和水，有时可以添加一定比例的添加剂。科氏公司的雾封层与其他雾封层乳化沥青相比，经过特殊配方和科氏专有生产技术的科氏雾封层乳化沥青的沥青颗粒更小、更均匀，工作温度更宽，能够在不同气候环境下保持性能。[①]

（1）雾封层的适用范围。主要包括：更新和保护旧氧化沥青路面；填补小型裂缝和表面空隙；使低温下的路面免受损害；防止石屑封层的松散；加深新石屑封层的颜色；防止开级配路面的松散；保持和维护重交通道路的路肩。

（2）雾封层的关键技术。使用雾封层技术的关键是要有高品质的乳化沥青喷洒设备和乳化沥青材料。没有高品质的乳化沥青喷洒设备，就无法将乳化沥青以雾状的形式均匀喷洒到路面上，没有高品质的乳化沥青材料，乳化沥青在通过间隙很小的喷头时就会被剪切破乳，而不能形成保护层，很好地保护沥青路面。

---

① 王春清. 京秦高速公路沥青路面预防性养护技术研究 [D]. 西安：长安大学，2007：63-102.

2. 沥再生施工技术

沥再生是一种预防性的沥青路面维护产品，它应该在沥青路面裂缝<5mm时使用，能达到预期效果；当沥青路面裂缝≥5mm时须对裂缝采用填补剂处理后再使用沥再生，即应在沥青路面处于病害前期或更前时使用为最佳时期。沥再生改变了以往等沥青路面出现病害，影响使用功能后再进行养护维修的观念，而在路面未出现病害或刚出现轻微病害时即对路面进行保养，使其恢复新路面的弹性和柔韧性，使路面长期处于较佳的使用状态。

（1）施工准备工作

第一，按养护施工技术规范的要求封闭行车道，摆放安全作业标志，施工机械、车辆、人员入场。

第二，清洁路面，对较大的裂缝进行灌缝处理。

第三，施工前应用空压机将路面表面吹干，湿度过大不宜进行沥再生的涂刷工作，准备宽胶带纸保护道路上的标志线。

第四，对所要施工路段的路况做测试，如渗水系数、抗滑系数等指标。

第五，试验人员用小毛刷在选定的位置上将沥再生均匀地涂刷一层，测得每平方米的实际用量，然后测定渗水系数、抗滑系数，通过调整用量确定满足养护规范要求时的抗滑值的用量，以此作为最佳用量，指导施工。

（2）施工步骤

第一，沥再生 RejuvaSealTM 包装如罐装油漆，因运输或存放时间长，会出现部分沉淀，使用前将沥再生彻底搅拌均匀，然后如涂油漆般将沥再生RejuvaSealTM均匀涂刷在沥青路面上即可。

对于大面积的施工，可使用专门的喷洒设备，采用电脑控制流速以保证喷洒的均匀性。采用机械喷洒时对于局部未喷洒到的地方，人工用毛滚筒刷将沥再生均匀涂刷上；人工采用毛滚刷涂刷时一定要保证均匀性，并准备一桶清水，每隔一段时间，在材料附着在滚刷上还没有硬化前，将其浸入水桶里，这样附着在刷子上的大部分材料被冲洗掉，从而不至因刷子变硬而影响以后的涂刷效果。

第二，在沥再生硬化前均匀地撒一层黑砂，再用胶轮压路机碾压密实。

第三，经过4~6小时的养生，撕掉标线上的保护胶带，并清理收拾施工中的工具及残留材料，即可重新开放交通。

虽然胶轮压路机碾压后可以保证大部分黑砂存留在路面上，但是经过一段时间的行车碾压，附着在表层的黑砂就会被车轮带走，从而影响材料的耐久性和路面的抗滑性，为了克服这一缺点，现在已经研制出砂型沥再生，所谓砂型沥再生就是将耐磨性好的黑砂与沥再生一起搅拌，然后装在密封容器中，在一定压力作用下，将黑砂和沥再生的混合物一起喷出来，打在路面上。这样做的好处是一方面黑砂与沥再生能够充分搅拌均匀，另一方面喷洒出来的混合物有一定的初始压力，在这个压力作用下，黑砂与沥再生能够牢固地附着在路面上，省去了事后撒砂和压路机碾压两步工序，实施效果较好。

（3）施工注意事项

第一，交通安全。由于是在已通车的公路上施工，参加施工的人员较多、施工时间较长，安全是不可忽视的，一定要在采取足够的安全措施（如施工人员穿着反光安全服、事先在施工路段安放慢行、减速指路等交通标志）的前提下施工。

第二，操作人员的防护。配备相应的防护用具（安全眼镜，防护口罩、保护工作服、手套、厚底工作鞋）以保证沥再生不与人体发生直接接触，若不慎沾及皮肤，并不会产生即时伤害，可用肥皂、清水或润肤油洗擦掉，若不慎沾及眼睛，立即用清水清洗最少 15min，若感到疼痛必须就医诊治。

第三，施工环境。施工时一定要保证空气流通，要在空气流通的环境下施工，并且施工时要保证材料的均匀喷洒。

第四，施工温度。保证有足够的时间使沥再生固化，开放交通时应确保沥再生已经固化，这取决于天气条件，视当时的气温情况而定，一般来说在高于 10℃的条件下，固化时间为 4~6 小时。

第五，施工火灾隐患。禁止在施工现场吸烟或生火，避免沥再生遇明火发生火灾。

（4）施工前后的检验工作

为评价使用效果，可以通过渗水试验对其防水性能进行检验，摆式摩擦仪对其摩擦系数以及铺砂法对其构造深度进行对比，现场钻芯取样进行抽提试验，测定针入度、软化点、延度以及黏度评价抗老化性能。

第二节　水泥路面的维修养护技术及应用

一、水泥路面病害维修技术

（一）水泥路面裂缝维修

1. 直接灌浆法

直接灌浆法适用于裂缝宽度大于 3mm，且无碎裂的裂缝。其修补工艺如下。

（1）清缝。将缝内泥土、杂物清除干净，并确保缝内无水、干燥。

（2）涂刷底胶。在缝两边约 30cm 的路面上及缝内涂刷一层聚氨酯底胶层，其厚度为 0.3±0.1mm。

（3）配料灌缝。由环氧树脂（胶结剂）、二甲苯（稀释剂）、邻苯二甲酸二丁酯（增稠剂）、乙二胺（固化剂）、水泥或滑石粉（填料）组成。采用配合比为胶结剂∶稀释剂增稠剂∶固化剂填料＝100∶40∶10∶8∶（200～400）。视缝隙宽度掺加，按比例配制好，并搅拌均匀后将配料直接灌入缝内，养护 2～4 小时即可开放交通。

2. 扩缝灌浆法

扩缝灌浆法适用于裂缝宽度小于 3mm 的表面裂缝。其修补工艺如下。

（1）扩缝。顺着裂缝用冲击电钻将缝口扩宽成 1.5～2cm 沟槽，槽深根据裂缝深度确定，最大深度不得超过板厚的 2/3。[①]

（2）清缝填料。清除混凝土碎屑，用压缩空气吹净灰尘，并填入粒径 0.3～0.6cm 的清洁石屑。

（3）配料灌缝。采用聚硫橡胶∶环氧树脂＝6∶2～6∶16，配成聚硫环氧树脂灌缝料，拌和均匀并倒入灌浆器中，灌入扩缝内。

（4）加热增强。宜用红外线灯或装有 60～100W 灯泡的长条形灯罩，在已灌缝上加温，温度控制在 50～60℃，加热 1～2h 即可通车。

3. 全深度补块法

全深度补块法适用于宽度大于 15mm 的严重裂缝。全深度补块法又分为集料嵌锁法、刨挖法、设置传力杆法。

（1）集料嵌锁法。集料嵌锁法适用于无筋混凝土路面交错的接缝，且接缝的间隔小于 300～400cm。其施工工艺如下。

第一，画线、切割。将修补的混凝土路面沿面板平行于横向纵缝画线，并沿画线用切割机进行全深度切割，在全深度补块的外侧锯 4cm 宽、5cm 深的缝。

第二，破碎、凿毛。用风镐破碎并清除旧混凝土，将全深锯口和半锯口之间的 4cm 宽条混凝土垂直面凿成毛面。

第三，基层处理。基层强度如果符合规范要求，应整平基层，若低于规范要求应予以补强，并严格整平；若基层全部损坏或松软，应按原设计基层材料重新做基层。

---

① 范伟. 道路桥梁维修与加固 [M]. 徐州：中国矿业大学出版社，2016：39-100.

第四，混凝土配合比。新的混凝土配合比应与原混凝土材料一致。若采用 JK 系列混凝土快速修补材料，水灰比以 0.30~0.40 为宜，坍落度宜控制在 2cm 内。混凝土 24h 的弯拉强度应不低于 3.0MPa。

第五，混凝土拌和、摊铺。严格按配合比用搅拌机将混凝土搅拌均匀，将拌好的混合料摊铺在补块区内，并振捣密实。浇筑的混凝土面层应与相邻路面的横断面高程一致，其表面纹理应与原路面相同。

第六，养生。补块的养生宜采用养护剂养生，其用量根据养护剂材料性能确定。

第七，接缝处理。做接缝时，将板中间的各缩缝锯切 1/4 板厚处，并将接缝材料填入缩缝内。

第八，浇筑混凝土达到通车强度后，即可开放交通。

（2）刨挖法（倒 T 形法）。该法适用于接缝间传荷很差的部位。其施工工艺如下。

第一，刨挖法施工要求按集料嵌锁法进行。

第二，在相邻板横边的下方暗挖一块面积为 15cm×15cm 的槽，用于传递荷载。

（3）设置传力杆法。该法适用于在寒冷气候和承受重型交通荷载的混凝土路面。其施工工艺如下。

第一，设置传力杆法施工要求按集料嵌锁法进行。

第二，处理基层后，应修复、安设传力杆和拉杆。

第三，原混凝土面板没有传力杆和拉杆折断时，应用与原尺寸相同的钢筋焊接或重新安设。安装时应在板厚 1/2 处钻出比传力杆直径大 2~4mm 的孔，孔中心间距 30cm，其误差不应超过 3mm。

第四，横向施工缝传力杆直径为 φ25mm 的光圆钢筋，长度为 45cm，嵌入相邻保留板内深 22.5cm。

第五，拉杆孔直径宜比拉杆直径大 2~4mm，并应沿相邻板间的纵向缝，在板厚 1/2 处钻孔，中心距为 80cm。拉杆采用 φ16mm 螺纹钢筋，长 80cm（40cm）嵌入相邻车道的混凝土面板内。

第六，传力杆和拉杆宜用环氧砂浆牢牢地固定在规定位置。摊铺混凝土前，光圆传力杆的伸出端应涂少许润滑油。

第七，新补块与沥青混凝土路肩相接时，应和现有路肩齐平。

第八，传力杆若安装倾斜或松动失效，应予以更换。

4. 条带罩面补缝法

条带罩面补缝法适用于贯穿全厚大于 3mm、小于 15mm 的中等裂缝。其罩面补缝工艺如下。

（1）切缝。顺裂缝两侧各约 15cm，且平行于缩缝切 7cm 深的两条横缝。

（2）凿除混凝土。在两条横缝内侧用风镐或液压镐凿除混凝土，深度以 7cm 为宜。

（3）打钯钉孔。沿裂缝两侧 15cm，每隔 50cm 钻一对钯钉孔，其直径各大于钯钉直径 2~4mm，并在两钯钉孔之间打一与钯钉孔直径相一致的钯钉槽。

（4）安装钯钉。用压缩空气吹除孔内混凝土碎屑，将孔内填灌快凝砂浆，把除过锈的钯钉弯钩长 7cm，插入钯钉孔内。

（5）凿毛缝壁。将切割的缝内壁凿毛，并清除松动的混凝土碎块及表面松动裸石。

（6）刷黏结砂浆。将修补混凝土毛面上刷一层黏结砂浆。

（7）浇筑混凝土。应浇筑快凝混凝土，并及时振捣密实，磨光和喷洒养护剂，其喷洒面应延伸到相邻老混凝土面板 20cm 以上。

（二）接缝、板边与板角修补

1. 接缝修补

（1）接缝填缝料损坏修补

第一，清缝。用清缝机清除接缝内杂物，并将接缝内灰尘吹净。

第二，接缝作胀缝修补时，先将建筑热沥青涂刷缝壁，再将接缝板压入缝内。对接缝板接头及接缝与传力杆之间的间隙，必须用填缝料灌实抹平，上部用嵌缝条的应及时嵌入嵌缝条。

第三，用加热式填缝料修补时，必须将填缝料加热至灌入温度，滤去杂物，倒入填缝机内即可填缝。在填缝的同时，宜用铁钩来回拌动，以增加与缝壁的黏结和填缝的饱满，在气温较低季节施工时，应先用喷灯将接缝预热。

第四，用常温式填缝料修补时，除无须加热外，其施工方法与加热式填缝料相同。

第五，填缝料的技术要求应符合规定。

第六，施工质量验收标准应符合现行规范的规定。

（2）纵向接缝张开维修

第一，当相邻车道面板横向位移、纵向接缝张开宽度在 10mm 以下时，宜采取聚氯乙烯胶泥、焦油类填缝料和橡胶沥青等加热施工填缝料。

第二，当相邻车道面板横向位移，纵向接缝张口宽度在 10~15mm 时，宜采取聚酯类常温施工式填缝料进行维修。

第三，当纵向接缝张口宽度为 15~30mm 时，采用沥青砂进行维修。

第四，当纵缝宽度达 30mm 以上时，可在纵缝两侧横向锯槽并凿开，槽间距 60cm，宽 5cm，深 7cm。要设置 φ12mm 螺纹钢筋钯钉，钯钉在老混凝土路面内的弯钩长度为 7cm。纵缝内部的凿开部位用同强度等级的水泥混凝土填补，纵缝一侧涂刷沥青。

2. 板边、板角修补

（1）板边修补

第一，当水泥混凝土板边轻度剥落时，应将混凝土剥落的碎块清理干净，可用灌缝材料填充密实，修补平整。

第二，当水泥混凝土板边严重剥落时，在剥落混凝土外侧，平行于板边画线，用切缝机切割混凝土，切割深度略大于混凝土剥落深度，用风镐凿除损坏混凝土，用压缩空气清除混凝土碎屑立模，浇筑混凝土修补材料，用养护剂养生，达到设计强度后，即可开放交通。

第三，当水泥混凝土板边全深度破碎，可按全深度补块的方法进行修复。

（2）板角修补

第一，板角断裂应按破裂面的大小确定切割范围并放样。

第二，用切割机切边缝，用风镐凿除破损部分，凿成规则的垂直面，对原有钢筋不应切断，如果钢筋难以全部保留，至少也要保留长 20~30cm 的钢筋头，且应长短交错。

第三，检查原有的滑动传力杆，如果有缺陷应予更换，并在新老混凝土之间加设传力杆。

第四，如基层不良时，应用 C15 混凝土浇筑基层，并在面板板厚中央用冲击钻打水平孔，深 20cm、直径 30cm、水平间距 30~40cm。每个洞应先将其周围湿润，先用快凝砂浆填塞捣实，然后插一根直径为 2cm 的钢筋，待砂浆硬化后，浇筑快凝混凝土。

第五，与原有路面板的接缝如为缩缝，应涂上沥青，防止新旧混凝土黏结在一起；如为胀缝，应设置接缝板。

第六，浇筑的混凝土硬化后，用切割机切出宽 3mm、深 4cm 接缝槽，并用压缩空气清缝，灌入填缝材料。

第七，待混凝土达到强度后，方可开放交通。

二、水泥路面加铺改造技术

（一）水泥路面加铺方案制定

旧水泥混凝土路面上加铺改造方案有：水泥混凝土加铺层、沥青混凝土加铺层（俗称白加白、白加黑）两种。水泥混凝土加铺层有结合式和分离式两种，混凝土加铺层材料可采用普通混凝土、钢筋混凝土、纤维混凝土和连续配筋混凝土；沥青加铺层有：单层式、双层式和多层式；加铺层包括防水层、防裂层、表面功能层等。

加铺方式应根据原有水泥路面的结构与材料情况、损坏状况、排水状况、接缝类型和布置、气候条件、交通状况、功能要求等条件来选择。加铺层结构应经过专业、正规的设计，经技术比较后确定。旧水泥路面加铺的前提条件为原有路面板状况基本完好，现有面板断板率不宜大于20%。加铺前要求处理的面板数量较少，旧混凝土板具有不小于4.0~4.5MPa的残余弯拉强度，原板底设有适宜的具有稳固和足够厚度的基层，路基稳定无浸水软化、大面积沉陷现象。旧混凝土路面加铺前均应进行路况调查与评价，并对旧混凝土板进行处理。

旧混凝土路面的损坏状况和接缝传荷能力评定等级为中或次，或新旧混凝土板的平面尺寸不同，接缝形式或位置不对应或路拱横坡不一致时，应采用分离式混凝土加铺层。旧混凝土路面的损坏状况和接缝传荷能力评定等级为优良，面层板的平面尺寸及接缝布置合理，路拱横坡符合要求时，可采用结合式混凝土加铺层。

（二）旧水泥路面处治

水泥混凝土路面加铺改造技术比较复杂。其中如何处治和利用旧水泥路面，在合适的时间针对不同的路况选择合适的技术方案用在合适位置上，使原路面发挥最大的价值，是旧水泥路面加铺改造的关键技术。

旧水泥路面进行加铺改造的基础是原有水泥混凝土板状况基本完好，可继续作为路面结构的承重结构层，加铺改造前要求处理的面板数量较少，采用换板、压浆、修补和接缝维修等措施，基本恢复水泥混凝土的承重能力。而当旧混凝土面层损坏状况等级为差时，宜将混凝土板破碎，用作新建路面的底基层或垫层，并应按新建水泥混凝土路面或沥青路面类型进行设计。

1. 旧水泥路面技术调查

在对旧水泥混凝土路面进行加铺前，应对原有水泥混凝土路面做下列技术调查。

（1）修建与养护的技术资料：包括路面结构与材料组成、接缝构造和养护历史等。

（2）原有路面损坏状况：损坏类型、轻重程度、范围及修补情况。

（3）路面结构强度：路面板边弯沉、接缝传荷能力、板脱空状况、面板厚度。

（4）旧混凝土弯拉强度与弯拉弹性模量、基层顶面的当量回弹模量。

（5）交通荷载与交通需求情况：累计标准轴载交通量、年平均交通量、轴载组成及增长率等。

（6）环境条件：沿线气候条件、路基的填土高度、地下水位、多年平均最大冻深、排水与积水状况等。

2. 旧水泥路面板病害处理

（1）绘制旧水泥路面病害平面图。对旧水泥混凝土路面板块进行调查，按 1km 绘制板块平面布置图，分板块逐一编号，调查路面板块损坏状况，绘制水泥路面病害平面图。

（2）按设计要求对旧混凝土板逐块进行处理。

第一，对脱空板块，可采用板下封堵的方法进行压浆处理。

第二，对破碎板块、角隅断裂、沉陷、掉边、缺角等病害，可用液压镐或风镐挖除，清除混凝土碎屑，整平基层，将基层夯压密实，然后铺筑与旧混凝土板块等强度的水泥混凝土，其高程控制与旧混凝土板面高程齐平。

第三，对接缝进行清缝、灌缝处理。

三、水泥路面的维修技术应用

（一）工程概况

某道路路线全长 27.697km，于 1996 年建成通车，老路建设规模为二级公路标准，老路路基宽度 15m，路面宽度 12m。后期分别于 2005 年、2007 年进行改建，一级公路标准，设计时速 80km/h，路基宽度为 27m、29m，2007 年进行改建，一级公路标准，设计时速 80km/h，路基宽度为 27m、45m，路面宽度为 24m、40m。

近年来经济迅速发展，交通日益拥挤，交通量大，车辆快速增长，现有沥青路面受重车、超载车的作用，致使该段路面出现不同程度的破损，主要表现为纵横缝、网裂，个别路段修补较多，出现坑槽、沉陷等，致使路面平整度及抗滑能力大大降低，局部路段路面破损率高，严重影响了车辆通行能力及行车舒适性、安全性。降低了该道路的通行能力及服务水平，制约了物质运输交流和经济建设的发展。

（二）路面损坏状况与病害调查

1. 路面损坏状况

从外业调查及检测结果来看，路面损坏类型主要包括：横向裂缝、纵向裂缝、坑槽、网裂、沉陷、块状裂缝、车辙、纵缝沉陷带等，其中又以纵横向裂缝、网裂、坑槽为主。

2. 路面病害调查

（1）路面主要病害

第一，横向裂缝。根据现场调查，横向裂缝间距 5~15m，绝大多数横向裂缝贯通整幅路面，并大致与道路中线垂直。缝宽、裂缝壁有散落，多数裂缝伴有支缝，裂缝交织形成了小规模的坑槽，裂缝宽度大多超过 5mm，且之前灌缝修补后又出现了二次开裂。

第二，纵向裂缝及沉陷。全线纵向裂缝粉分布较多，裂缝长度一般在 30~60m 之间，部分路段形成连续纵缝，长度超过 200m。纵缝宽多超过 5mm，多数纵缝伴有向四周发展的支缝且裂缝两侧沉陷、塌边现象较多，形成了连续的纵向裂缝沉陷带，纵缝处通常为沉陷最深处，并大致以纵缝为中线，向两侧沉陷量逐渐递减，沉陷宽度大致为纵缝两侧 0.5~1.5m 范围。沉陷最大深度多集中在 10~20mm 之间，部分沉陷深度超过 20mm。在路面修补后再度沉陷的现象较多。

第三，网裂。全线网裂病害较为普遍，缝宽较大，大多在 5~25mm 之间。网裂在全幅范围内分布较多。分布形态有不规则形与横竖交错为块状两种，不规则形网裂缝宽度在 5~10mm 之间，裂块较小，裂缝区变形明显，伴随沉陷出现；块状网裂裂块较大，缝宽在 10mm 以上，往往发展为坑槽。

第四，坑槽。全线坑槽分布较多，多为裂缝交错发展形成块状网裂所致。局部坑槽修补后产生的裂缝采用灌缝或局部修补处理，但随着裂缝的发展，修补过的路段又重新形成了坑槽。

（2）路面开槽情况

经开槽检测，路面网裂一直延续到基层乃至底基层，初步分析该裂缝为基层反射裂缝。开槽处面层裂缝较细，基层裂缝宽度较大（如图 6-2 所示）。

第一，横缝产生原因。由于路面采用的是水泥稳定碎石半刚性基层，半刚性基层具有较高的抗压、抗弯强度，以此作为基层能够满足基层所起的承重层作用，但伴随着强度增高的同时其刚度（模量）也较大，特别是胀缩系数较大，容易导致缩缝的产生，并引起沥青面层发生反射性裂缝。根据分析，横向裂缝通常破坏到上基层。

第二，纵缝产生原因。纵向裂缝的产生主要是由于地基及填土在横向不可避免地不均匀性沉降引起的，特别是新旧路基拓宽地段，往往是纵向裂缝的高发区。随着超重车辆的增加，在重车荷载的作用下，半刚性基层底部产生拉应力，当其大于半刚性基层材料的抗拉强度时，半刚性基层的底部就会很快开裂，在行车荷载的反复作用下，底部的裂缝会逐渐扩展到上部，使沥青混凝土面层产生裂缝。

第三，网裂产生原因。网裂通常由于路面整体强度不足、基层湿软、稳定性不良等原因引起。沥青路面老化变脆，也会发展呈网状裂缝。根据调查分析，其损坏主要表现在沥青面层，基层往往也发生了损坏。

第四，坑槽产生原因。路面裂缝后，水渗到基层，在行车荷载作用下，基层可能发生松散、沉陷，从而造成面层进一步龟裂。如此反复循环，沥青面层将发生脱落沉陷，形成坑槽。此种情况多伴随着基层损坏。

第五，沉陷产生原因。面层裂缝一旦发生冲刷就会产生以缝为中心的下沉变形，同时引起裂缝两侧产生新裂缝甚至碎裂破坏。

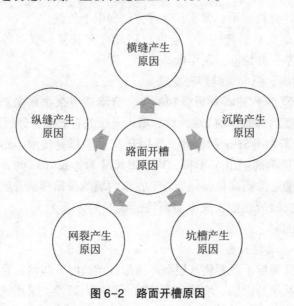

图6-2　路面开槽原因

（三）路面结构修整方案

根据要求，对本项目拟维修路段的路基路面破损情况进行详细调查，并进行路面弯沉、车辙等项目的检测。结合本项目所在地区自然条件、交通量分布等因素，综合考虑其使用任务、服务功能、当地材料及施工工艺，遵循因地制宜、合理选材、方便施工、利于养护、节约投资的原则，参照现场调查路面病害情况及相应的检测、评定结果，拟定本项目路面大修方案。

（四）路面病害养护要求

为减少对原路面结构整体强度的人为破坏，最大限度地发挥中修养护效果，在本项目具体实施过程中，应遵循以下要求。

1. 网裂修补要求

应根据现场实际情况确定挖补范围及所需挖补的结构层：

（1）铣刨面层、上基层后，若发现下基层破碎，则将下基层一并挖除，采用半刚性材料回填、碾压，然后随未挖补部分一起重新做上基层、封层、面层。

（2）破碎的下基层开挖后，若发现路基底基层破碎，则将底基层一并挖除，采用半刚性材料回填、碾压，处理方法同以上所述。

（3）破碎的底基层开挖后，若发现路基存在翻浆、沉陷等病害，则将翻浆、沉陷的路基一并挖除，采用砂砾换填，碾压。

2. 横向裂缝、纵向裂缝修补要求

（1）对缝宽小于 5mm 的纵缝和横缝，清除缝中杂物和尘土后，灌入热沥青料，灌入深度约为缝深的 2/3，然后填入干净的石屑或粗砂，并捣实。

（2）对缝宽大于 5mm 的裂缝，采用开 V 形槽修复技术，先沿裂缝用特制开槽机在裂缝顶端铣刨出 V 形槽，V 形槽尺寸为边长 6cm 的等边三角形，清理干燥后，在槽壁涂刷高粘弹热沥青、在槽内填筑高粘弹沥青胶砂，压实后形成密水性能、抗疲劳性能、变形协调性能极好的 V 形密封层，可以有效地阻止下承层裂缝的向上发展。

3. 沉陷、坑槽修补要求

因基层局部强度不足等使基层破坏而形成坑槽时，应将面层和基层完全挖除，重新铺筑基层与面层。坑槽病害挖除面积较大路段，采用铣刨工艺，以保证施工质量。

（五）透层与封层

1. 透层

沥青路面基层必须喷洒透层油，在基层铺筑结束碾压成型后表面稍变干燥，但尚未硬化的情况下喷洒透层油。透层油采用乳化沥青，用量为 $1.5L/m^2$。

在两层式或三层式热拌热铺沥青混合料路面的面层之间采用喷洒黏层，黏层油采用乳化沥青，用量为 $0.6L/m^2$。

2. 封层

本项目大中桥（板桥）桥面铺装采用 SBS 改性沥青防水封层，K52+964—

K62+064 段左幅采用橡胶沥青封层，其余路段均采用热沥青预拌碎石封层，预拌沥青碎石封层沥青洒布量为 $1.2kg/m^2$，喷洒最大偏差量不应超过规定的 $±0.2kg/m^2$，碎石撒布量为 $9kg/m^2$。

（1）预拌沥青碎石封层

①沥青的撒布

第一，沥青材料采用 70 号重庆道路石油沥青，其技术要求要符合有关技术规范要求。沥青洒布量应控制在 $1.2kg/m^2$，热沥青洒布温度宜为 135～165℃，洒布应均匀、不流淌，保证洒布的连续性。沥青洒布速度应与碎石撒布速度相匹配，速度不得过快，以防沥青过早冷却。

第二，在沥青洒布过程中，应注重接头的施工处理，主要包括横向和纵向接头的处理。在横向接头的位置，再次施工时既要与前次施工紧密衔接，同时要避免与前次施工断面重叠。可在每次横向接头前采用油毛毡或铁皮沿接头边缘将已洒布的路段遮挡覆盖，然后再进行施工。

第三，气温低于 10℃ 或者下承层潮湿，或即将降雨和大风时，均不得洒布热沥青。

②碎石的撒布

第一，碎石采用坚硬、清洁、干燥、无风化、无杂质的碎石，粒径采用 4.75～9.5mm，预拌沥青碎石的沥青含量控制在 5%，预拌沥青碎石出料温度宜为 160～170℃，预拌沥青碎石的撒布温度不得低于 150℃，用量为 $9kg/m^2$。

第二，沥青洒布车和集料撒布机联合作业，沥青洒布速度与集料撒布速度相协调，并应洒布（撒铺）均匀，局部用人工扫匀集料和嵌缝料。

第三，碎石的覆盖率应达到 85% 以上，以不重叠、不松散、不成堆、不露黑为准。

第四，碎石撒布一段后，使用 20℃ 以下胶轮压路机趁热将预拌沥青碎石压入沥青层，从底往高进行，碾压速度不超过 2km/h，碾压 2～4 遍，并扫除多余松散颗粒。

第五，为了避免碎石撒布车与沥青产生粘连，碎石撒布车的载重轮可用喷壶适量喷色拉油，但用量需严格控制，以不粘轮为标准，不可造成色拉油流淌在沥青层上。

第六，在撒布碎石施工过程中，为了保证撒布的均匀性，应注意撒布车辆的启动阶段，纵向、横向的交接处不能出现重叠和漏撒现象，应在胶轮碾压前，采用人工清理和人工嵌缝的办法处理。

③养生

施工后除沥青上面层施工机具外不得开放交通，沥青上面层运输车辆通行时行车速度不超过 20km/h，并应尽早覆盖下封层，以防止粉尘的二次污染。

（2）橡胶沥青封层

①橡胶沥青生产。橡胶沥青生产的关键因素是温度的控制。用于喷洒和用于拌和的橡胶沥青的生产方法也不存在区别。生产前，基质沥青需加热到 204~226℃ 的高温（橡胶沥青是不能加热的）。橡胶沥青胶结料必须在搅动状态下反应至少 45min 才能达到较为理想的反应效果，反应温度应保持在规定的 190~218℃。橡胶沥青生产完成后，应将橡胶沥青保温储存，用于储存橡胶沥青和基质沥青的储存罐须有加热和保温装置，以使储存罐能保持在规定的温度，温度范围一般为 190~226℃。

②施工准备。施工前，基面的处理必须满足规定要求，同时应彻底清除基面上的泥土、杂物，并确保基面的粗糙、干净、干燥。需用的设备应进入待命状态，包括橡胶沥青洒布车、碎石撒布机、胶轮压路机。

③预拌碎石。碎石采用坚硬、清洁、干燥、无风化、无杂质的碎石，粒径采用 9.5~16mm，为保证撒布的石料与橡胶沥青的充分黏结，石料需预先采用油石比为 0.5% 的普通热沥青进行预裹，拌和温度为 150~170℃。

④洒布橡胶沥青。在处理好的基面上喷洒弹性活化橡胶沥青。橡胶沥青用量为 2.0kg/m²，洒布必须均匀。沥青洒布量要严格控制，不宜多也不宜少，喷洒最大偏差量不应超过规定值的 ±0.2kg/m²。沥青纵向衔接应与已洒布部分重叠 10cm 左右。

⑤撒布碎石。喷洒橡胶沥青后应立即满铺碎石，碎石撒铺量采用 9km/m²，可用碎石撒布车撒布。根据试铺情况确定，以满铺、不散失为度，对于局部碎石撒铺量不足的地方，应人工补足。最低撒布温度不低于 120℃。

⑥碾压。采用 25t 轮胎压路机进行压实，碎石撒铺后应立即进行碾压作业。碾压速度 2~2.5km/h，碾压 3~4 遍，在碾压过程中压路机不得随意刹车或掉头，在施工中为了确保碾压的温度，碾压必须在 10~20min 内完成，碾压后橡胶沥青对碎石的裹覆率要达到 50%。

⑦清扫。碾压完毕后，清除多余的没有黏结的松散碎石，以避免影响与上层的黏结性能。

⑧交通管制。橡胶沥青封层的施工应与罩面层紧凑进行，施工期间不得开放交通。

（六）高聚物注浆施工

第一，注浆前检测诊断病害。利用落锤式弯沉仪（FWD）或探地雷达（GPR）对需维修路段进行检测，判断病害情况，确定注浆路段和注浆区域，确定注浆方案、注浆孔布设间距、打孔深度和注浆量。

　　第二，注浆孔布置。裂缝位置：注浆孔距离裂缝 0.25m，沿缝间距 1.00m，交叉布置。

　　第三，注浆孔直径和深度。注浆孔直径为 0.016m，钻孔深至路基顶。

　　第四，注射高聚物材料。按照设计或现场确定的注浆量进行注浆。使用夹具把注射枪与注射帽夹牢，配比仪按照配比通过输料管道分别把两类高聚物预聚体材料输送到注射枪口，两种预聚体材料在注射枪口处混合，通过注浆管输送到病害处。两种材料迅速发生化学反应后，体积膨胀固化，达到填充脱空、排除积水、加固松散区或软弱区，抬升沉陷路面，快速处治路面病害的作用。注浆压力根据设计要求控制，一般控制在 7MPa。

　　第五，注浆后检测注浆效果。注浆后利用 FWD 或 GPR 进行注浆后检测，分析注浆维修效果，如满足要求，则完成注浆；如不满足要求，则需进行补注，直到达到要求为止。

第三节　桥梁维修与修补技术及应用

一、混凝土桥梁缺损的维修

（一）混凝土材料的缺陷

1. 裂缝

裂缝（图 6-3）类型，如图 6-4 所示。

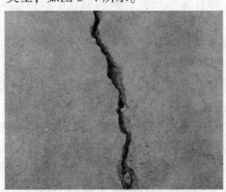

图 6-3　裂缝

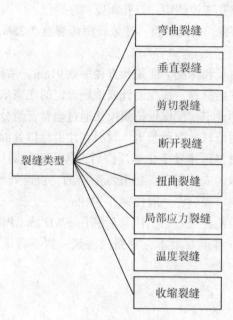

图6-4　裂缝类型

（1）弯曲裂缝：构件受弯拉部产生的裂缝。

（2）垂直裂缝：构件受压其强度不足产生的裂缝。

（3）剪切裂缝（斜裂缝）：构件受剪切力作用所产生的裂缝，通常出现在剪切力最大的部位，对于受弯构件和压弯构件，往往发生在主梁的1/4跨或支座附近，由下向上成25°～50°角度开裂。

（4）断开裂缝：钢筋混凝土构件受拉时，产生的截面裂缝。

（5）扭曲裂缝：构件受扭转和弯曲同时作用时而产生的裂缝，裂缝一般呈45°倾斜方向。

（6）局部应力裂缝：构件受局部集中应力产生的裂缝，出现在墩台支座部位或受冲击荷载作用部位。

（7）温度裂缝：构件由于不均匀受热，产生温度应力。当温度应力超过材料强度时，产生的裂缝。

（8）收缩裂缝：混凝土凝固时水分蒸发，表面收缩大内部收缩小，收缩产生不均匀性，当表面混凝土所受的拉力超过其抗拉强度时产生的裂缝。

2. 表面缺损

（1）风化：混凝土构件表面或整体出现的因物理、化学性质变化而形成的表面材质退化现象。

（2）磨损：指构件在外界作用下出现的骨料和砂浆的表面磨耗脱损现象。

（3）剥落（露筋）：由于混凝土强度不足或钢筋锈蚀体积膨胀引起混凝土表层脱落，造成粗骨料或钢筋外露现象（图6-5）。

图6-5　剥落（露筋）

3. 质量缺陷

（1）蜂窝：混凝土局部酥松，粗骨料多砂浆少，石子间出现空隙，形成蜂窝状孔洞的现象（图6-6）。

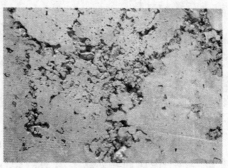

图6-6　蜂窝

（2）麻面：指混凝土表面局部缺浆、粗糙或有许多小凹坑的现象（图6-7）。

图6-7　麻面

（3）孔洞或空洞：指表层或混凝土内部，由于在浇筑混凝土过程中缺乏必要振捣或出现漏浆，导致混凝土表面或内部出现空洞。

（4）掉角：构件角边处混凝土局部掉落或出现不规整缺陷。

（二）混凝土桥梁缺陷的形成

混凝土表层缺陷，其原因是多方面的，如设计、施工、维修养护不善、交通事故、地震和结构老化等。

内部缺陷产生的原因如下：

（1）设计方面：结构受力分析错误、布筋不当、结构不合理、计算上出现差错、图纸不完整，而造成结构强度不足、稳定性不好、刚度不足等。

（2）施工不当方面：施工质量不好，施工中所使用材料的规格与性能不符合要求，操作违反规程，钢筋绑扎不规范，模板支立不当，骨料过密，振捣不实。

（3）营运中的外部因素：交通量增加，荷载重量加大，地震、洪水、泥石流等自然灾害的影响，以及海水、污水和化学物的侵蚀作用等。

（三）表层缺陷检查与修补材料

为了保证桥梁结构具有足够的承载能力，延长使用寿命，就得及时检查出结构的各种缺陷并及时维修。

1. 混凝土的表层损坏

在对缺陷进行修补前，先必须把已损坏的混凝土除掉，直到露出完好的混凝土，并除去钢筋上的铁锈。其消除的常用方法如下。

（1）人工凿除。对于浅层或损坏面积较小的构件，一般可采用手工工具凿除。

（2）气动工具凿除。对于损坏面积较大，且有一定深度的缺陷，如内部蜂窝、空洞，一般可以采用气动工具凿除，对于个别部位不能满足要求的，再用手工工具补凿，直到满意为止（图6-8）。

图6-8　气动工具凿除

（3）高速射水清除法。对于浅显损坏层，且面积较大的缺陷，可用高速水流冲射法除去混凝土损坏部分。

2. 混凝土的表层缺陷检查

在发现混凝土桥梁结构表层产生缺陷时，应对其进一步检查，观测其发展变化，以便区别情况进行处理。在实施修补前，应对缺陷进行实地检查，收集材料，进行材料取样；对缺陷产生的原因、现状、发展趋势等进行周密的调查研究，确定缺陷的程度和性质。量测结构的截面，调查结构的周围环境、影响因素及其特殊要求，做好施工前的资料汇集、整理工作。确定缺陷部位、位置、形式、走向、深度、宽度（或面积）及发生的时间。了解结构的施工时间，查看施工记录，分析原材料组成、物理力学性能，考察交通量状况、养护措施、维修方法等。

根据结构受力状况、缺陷产生原因与发展趋势，用以分析缺陷对结构的影响程度。修补方案应在分析比较的基础上，认真选择。修补方案一经确定，应做好各项有关准备工作，做好施工组织和施工计划。

3. 混凝土的表层缺陷修补常用材料

修补混凝土桥梁缺陷，首先选用与原结构相同的水泥混凝土和水泥砂浆，其水泥和骨料的品种应与原混凝土相同。黏结技术和黏结材料在修补混凝土结构中应受到重视。

（1）混凝土材料

一般采用与原结构混凝土级配相同的材料，或者比原结构更高一等级的细石混凝土材料，水泥取 C40 以上等级；水灰比尽量取小值，并且通过实验来确定，必要时可以加入减水剂来调节其和易性。

（2）水泥砂浆

最好采用与原混凝土相同品种的水泥拌制的水泥砂浆；配合比一般要通过实验求得。水泥砂浆的修补，可以采用人工涂抹填压、喷浆修补等方法。

（3）混凝土胶黏剂

不同的混凝土胶结材料，可以根据不同要求拌制成净浆、砂浆剂混凝土等几种形式，可以采用表面封涂、灌浆、黏结、浇筑等方法，对缺陷进行修补。常用的胶液是硅酸钠，固化剂可用氟硅酸钠进行配制。

（4）环氧树脂类材料

环氧树脂类有机黏结材料、环氧树脂类材料对于修补混凝土结构表层缺陷，有较理想的效果。常用的修补材料包括有机环氧胶液、环氧砂浆、环氧混凝土等。

由于环氧树脂类材料的价格比较贵，因此，只有在修补质量要求比较高的部位，或其他材料无法满足要求时，才考虑使用。

①环氧树脂组成

环氧树脂由固化剂、固化促进剂、增韧剂、稀释剂、填料、偶联剂等组成。

第一，固化剂。双酚环氧树脂本身很稳定，即使加热到200℃以上也不会发生变化，因此，需加入固化剂，而且，环氧树脂胶的性能在很大程度上取决于固化剂的性质。常用的固化剂有多元胺类、酸酐类、聚酰胺类等。其用量根据环氧树脂种类、型号剂和不同用处而定，称量要准确。注意：过多地使用固化剂易引起环氧浆液的暴聚，过少使用固化剂会使环氧树脂强度降低或导致其他不良后果。

第二，固化促进剂。它的主要作用是加速固化反应、降低固化温度、缩短固化时间，通常与固化剂合并使用。固化促进剂用量应严格控制，一般应不超过双酚A型环氧树脂的5%，用量过多会降低胶黏剂的耐高温性能。常用的固化促进剂包括酚类、三剂胺类、氮杂环氧化合物、硫化二甘醇、硼的络化物等。

第三，增韧剂。为了改善双酚A环氧树脂胶黏剂的脆性，通常要加入非活性或活性增韧剂。活性的增韧剂要参与反应，非活性的增初剂不参与反应，挥发后易造成胶的老化，使用时应严格控制用量。

第四，稀释剂。它的主要作用是降低环氧树脂黏结剂的黏度，改善施工工艺，也可以相应增大填料的用量及延长胶液的活性期。不过，过多的稀释剂会影响环氧树脂的性质，加大硬化过程的收缩率，降低热变形温度、韧性强度和黏结力，特别是在使用非活性的丙酮作为稀释剂时，用量应控制在20%以下。

第五，填料。它的主要作用是降低胶层的收缩力和热应力，提高环氧树脂的胶结强度，尤其是显著提高在高温下环氧树脂的抗剪强度。但是，填料用量过多会使胶层的机械模量增加，也会使胶结接头的内应力增加而影响胶结质量。

第六，偶联剂。它的主要作用是改善环氧树脂胶的胶结强度和提高热老化性。目前，大多使用的偶联剂是有机硅偶联剂。它由两部分组成：一部分是能和环氧树脂或固化剂发生化学反应的活性基团；另一部分是吸湿后可以水解的基团。常用的偶联剂有氨基丙基三乙氧基硅烷（KH-550），环氧化丙氧基、丙基三乙基硅烷（KH-560）。

②环氧树脂使用方法

将偶联剂配制成1%~2%的乙醇溶液，喷涂在胶结表面上，待乙醇蒸发后再涂胶；将偶联剂直接加到环氧树脂胶液中去，用量为1%~5%。环氧砂浆各掺料的掺配料顺序：环氧树脂—增韧剂—稀释剂—固化剂—填料。每次调配的环氧树脂用量，应根据需要配制，如果一次调配数量过大，用不完会造成浪费。在调试环氧树脂时，注意通风、个人化学防护、防火等。

（五）混凝土的表层缺陷修补方法

1. 混凝土修补法

采用混凝土修补，适用于混凝土桥梁构件表面蜂窝、空洞以及较大范围破损等缺陷的修补施工。用混凝土材料进行缺陷修补时，应采用比原结构强度指标高一级的混凝土，混凝土粗骨料的粒径一般不大于15mm。在施工条件受限时可采用自流平混凝土。在修补前应对混凝土表面的蜂窝、空洞进行处理、凿毛，对已经生锈的钢筋除锈，并使旧混凝土表面保持湿润、清洁。混凝土施工技术要求应符合现行规范规定。在混凝土浇筑施工时应注意振捣及养生。

混凝土修补方法包括：直接浇筑、喷射、压浆、涂抹等。

混凝土修补完成后，要进行最后处理，特别要注意新老混凝土胶界面（缝）的处理，最后要注意加强养护。

2. 水泥砂浆修补法

桥梁构件表面出现深度较浅、小面积缺陷的修补，可采用水泥砂浆人工涂抹法进行修补。其修补材料主要采用普通水泥砂浆或专用修补材料。当桥梁构件表面出现大面积浅层缺陷及破损时，可采用喷浆修补法。

（1）水泥砂浆人工涂抹法。人工对损坏部位进行人工压力性涂抹水泥砂浆。对于小面积的缺陷、损坏深度较浅的部位的修补，常常采用水泥涂抹法进行修补，采用的修补程序：准备、涂抹修补、反复压光处理、注意养护。修补一个月后，再次检查、再次采用胶液进行防护。

（2）喷浆修补法。将水泥、砂和水的混合料，经高压喷射到修补部位的一种修补法。

1）喷浆法特点：可采用较小水灰比，较多的水泥，从而获得较高强度和密实度；喷射砂浆层与受喷之间有较高的黏结强度、耐久性较好；工艺简单、工效简单；消耗材料较多；当喷浆层胶薄或不均匀时，收缩率大，容易发生裂缝。

2）喷浆准备工作：对老混凝土进行凿毛处理，并将表面清理干净。修补要求挂网时，要进行制作和固定处理。喷浆前一小时，应对受喷面进行洒水处理，保持受喷面的湿润。

3）喷浆工艺流程：一般采用干料法。

4）喷浆作业内容及要求：①喷浆前应准备充足的砂子和水泥，经拌和后要及时使用，注意保护。②输料管道的设置：一般采用软管作为输料管，不宜采用短于15m长的管道。③气压和水压的选择：喷浆的压力应控制在0.25～0.40MPa的范围。④喷头操作：喷头与喷面的距离为80～120cm，喷头与受喷面要保持垂直。

5）喷层厚度控制与要求：喷射厚度与喷射的方式有关。如果分层喷射，要在第一层没有完全凝固时开始第二层的喷射，每层的间歇时间以2～3h为宜。如果上层已凝固，则采用刷子将层间松层刷除，然后再喷射。最后根据要求进行表面处理。注意养护、遮阴和保湿措施。

3. 表面防腐涂装法

处于严重腐蚀环境下的混凝土桥梁，其混凝土表面可进行防腐涂装。选择防腐材料型号时，应综合考虑桥梁所处环境的温度、湿度及养护条件等因素，采用能有效抵抗外部不良因素侵害的，经检验符合国家有关标准要求的材料。混凝土桥梁涂装前，应除去混凝土表面模板残渣、油污及杂物等，金属外露的锐边、尖角和毛刺应打磨圆顺。涂装前应使混凝土表面保持干燥、清洁。在混凝土表面处理检测合格后4h内进行混凝土表面防腐涂装施工。

4. 混凝土黏结剂修补法

聚合物水泥砂浆适用于混凝土桥梁表面的风化、剥落、露筋及小面积的破损等缺陷的修补。聚合物水泥砂浆的性能指标应符合规范的规定。在聚合物水泥砂浆修补施工过程中，应避免振动。修补部位的聚合物砂浆终凝前，应保护其表面免受雨水、风及阳光直射而产生的不利影响，并应及时养护。

（1）表面封涂修补。对于混凝土桥梁结构表面的风化、剥落、露筋及小面积的破损，可以人工用混凝土胶黏剂进行表面封涂修补。

人工表面封涂注意事项：涂抹修补实施从低向高、由内向外，并保证在涂抹缺陷处的周边有2cm黏层，涂抹厚度不小于2.5cm。

（2）浇筑修补。当混凝土结构破坏较大且深入构造内一定深度时，可以采用混凝土胶黏剂浇筑涂层的方法进行修补。

浇筑修补注意事项：施工操作时，应避免荷载和振动。在修补强度达到原结构强度的100%，才可承受荷载或振动。在修补部位，早期和中期都应避免高温影响，注重养护。

5. 环氧树脂修补法

环氧树脂具有较高的强度、抗腐蚀、抗渗透，能与混凝土材料牢固粘贴，是一种较好的修补材料。但是，环氧树脂价格较高，工艺要求高，通常在特别需要的情况下才使用。采用改性环氧砂浆（混凝土）修补混凝土表面缺陷时，改性环氧基液的安全性能指标应符合国家标准、规范的有关规定。涂抹改性环氧砂浆（混凝土）修补前，应先在已凿毛的混凝土表面涂一层改性环氧基液，使旧混凝土表面充分浸润。立模浇筑改性环氧混凝土的工艺要求与浇筑普通混凝土的基本相同，但应防止扰动已涂刷的改性环氧基液。浇筑时应充分插捣，反复压抹平整。改性环氧砂浆施工温度宜为 20±5℃，高温或寒冷季节应采取有效措施控制温度。

（1）修补表面处理的一般技术要求。混凝土表面要求做到无水湿、无油渍、无灰尘和其他污物、无软弱带。对混凝土面加以凿毛，保持平整、干燥、坚固、密实。混凝土表面凿毛可以采用人工、高压水或空气吹净，或采用风沙枪喷砂除净。

（2）修补施工工艺要求。抹环氧树脂基液：采用人工或喷枪，使混凝土表面充分被环氧树脂基液所湿润（厚度不超过 1mm）。间隔 30~60min 后，再进行下一步工作。涂抹环氧砂浆：平面涂抹时，应均匀，每层厚度不超过15cm，进行反复压抹；斜、立面涂抹时，适当增加浆内填料，再涂抹、反复压抹；底面涂抹时，使用黏度大的基液，环氧砂浆厚度在 0.5cm 为宜，均匀压抹。浇筑混凝土时，其浇筑工艺与普通混凝土的基本相同。平面应充分插捣或反复压抹，浇筑侧面或顶面时均须架立模板，并插实密实。环氧树脂材料的养护时，应注意温度保持在 20±5℃ 养护时间，夏天 2 天，冬天 7 天以上；养护前 3 天，不应有水的浸泡或其他冲击。

（3）修补施工时注意事项。环氧树脂材料的每次配置数量要严格控制，保证在 2h 内用完为标准。配置的环氧树脂材料要注意放置地点或装置器皿。注意季节的温度影响，注意施工人员的安全，防止材料污染环境。

（六）钢筋锈蚀处理

1. 钢筋锈蚀的影响

钢筋的锈蚀可分为红色锈蚀和黑色锈蚀。氢氧化铁在水的作用下，进一步生成红锈（铁锈），一部分氧化不完全生成 Fe_2O_3（黑锈），在钢筋表面形成锈层。红锈体积可大到原来体积的 4 倍，黑锈体积可大到原来体积的 2 倍，从而使混凝土开裂、剥离，破坏了混凝土的受力性能，降低了材料的耐久性，影响了桥梁的使用寿命，削弱了钢筋的受力截面。铁锈层及其引起的混凝土裂缝，削弱了钢筋和混凝土的共同作用效果。

除此以外，钢筋的锈蚀还会使预应力钢筋、高强钢筋产生预应力损失或脆性破坏等的严重后果。

2. 钢筋锈蚀的一般修补方法

混凝土表层缺陷处理前应对生锈钢筋进行除锈，除锈后应及时涂刷阻锈剂。阻锈剂的质量及性能指标应符合有关现行国家标准的规定。采用阻锈剂溶液时，混凝土拌合物的搅拌时间应延长 1min；采用阻锈剂粉剂时，混凝土拌合物的搅拌时间应延长 3min。

凿除松脱、剥离等已损坏部分的混凝土。对钢筋进行防锈处理，涂以环氧胶液等黏结剂。立模、配料浇筑，喷浆、涂抹施工，对新喷涂或浇筑的环氧混凝土进行表画处理。对于锈蚀而出现的微小裂缝的部位，可以采用粘贴两层玻璃布的方法进行修补。

二、桥梁裂缝修补

圬工桥梁、混凝土及钢筋混凝土桥梁均可能存在不同程度的裂缝。为了恢复桥梁结构的整体性，保持其强度、刚度、耐久性，使其更加美观，应对这些裂缝进行仔细的检查、评价，并进行有针对性的维修。

（一）裂缝的表面封闭修补法

桥梁结构裂缝的表面封闭修补常用方法有填缝法、表面抹灰法、表面喷浆法、凿槽嵌补法和加箍封闭法等。

填缝法常用于砖石砌体轻微裂缝的简单修理。填缝法的操作步骤为将缝隙清理干净，根据裂缝宽度选择相应的勾缝刀、抹子、刮刀等。填缝所用水泥砂浆强度不得低于原灰浆的强度。

表面抹灰法的操作步骤为将水泥浆、水泥砂浆、环氧基液、环氧砂浆等材料涂抹在裂缝部位的砖石砌体或混凝土表面上。

水泥砂浆涂抹法的操作步骤为先将裂缝附近的混凝土表面凿毛（糙面应平整）、洗刷干净后，洒水使之保持湿润（但不可有水珠）；然后将水泥砂浆（1：1~1：2）涂抹其上，涂抹时应先用纯水泥浆涂刷一层底浆（厚度 0.5~1.0mm），再将水泥砂浆一次或分次抹完（厚度越厚，所需次数越多），涂抹的总厚度一般为 10~20mm；最后用铁抹压实、抹光，配制砂浆时，砂子不宜太粗，以中细砂为宜，水泥可用普通水泥（标号不宜低于 32.5 号）。夏季施工时，应防止阳光直射，在涂抹 3~4h 后应洒水养护。冬季施工时，应注意保温，避免因受冻而降低水泥强度。

环氧砂浆涂抹法的操作步骤为先在裂缝上口凿一宽 1~2cm，深约 0.5cm 的 V 形槽，槽面应尽量平整；再用钢丝刷或竹刷刷净缝口，凿去浮渣，用手持式皮风箱吹清缝内灰砂并烘干混凝土表面，在裂缝外用蘸有丙酮或二甲苯的纱头洗擦一边，保持槽内混凝土面无灰尘、油污等，在裂缝周围涂一层环氧浆液，若裂缝较深，在垂直方向可静力灌注（环氧浆液可灌入 0.5mm 的细缝中）；最后嵌入环氧砂浆，用刮刀将其平面与原混凝土面齐平，待环氧树脂硬化后（常温 20~25℃时，约需 6~7 天），即可应用。注意在该方法中施工人员应做好防火、防毒工作。

表面喷浆法的操作步骤为先对需要喷浆的结构表层仔细敲击，敲碎并除去剥离的部分，若为钢筋混凝土，还须清除露筋部分钢筋上的铁锈；接着将裂缝表面凿毛（V 形槽），并用水冲洗结构物表面，在开始喷浆前将基层湿润一下；最后喷射一层密实、高强的水泥砂浆保护层以封闭裂缝。根据裂缝的部位与性质及修理的要求与条件，该方法可分为无筋素喷法、挂网喷浆法等。

凿槽嵌补法的操作步骤为先沿混凝土裂缝凿出深槽，槽形根据裂缝位置和填补材料而定（多采用 V 形槽）；再将槽两边混凝土修理整平，将槽内清洗干净；最后在槽内嵌补黏结材料（当填补水泥砂浆时，应先保持槽内湿润且无积水；当填补沥青或环氧材料时，应先保持槽内干燥）。

加箍封闭法主要用于钢筋混凝土梁的主应力裂缝的加箍处理。选用的直箍或斜箍可由扁钢焊成或圆钢制成，设箍方向应与裂缝方向垂直，箍、梁上下面接触处可垫以角钢。

（二）裂缝的表面粘贴修补法

表面粘贴法是用胶黏剂将玻璃布或钢板等材料粘贴在裂缝部位的混凝土面上。现介绍粘贴玻璃布法与粘贴钢板法。

1. 粘贴玻璃布法

粘贴玻璃布法所用的玻璃布由无碱玻璃纤维织成，耐水性好、强度高。它又可分为无捻粗纱布、平纹冰、斜纹布、缎纹布、单向布等多种。其中，无捻粗纱布因强度高，气泡易排除，施工方便，最为常用。

玻璃布在使用前必须除去油蜡（玻璃布在制作工程中加入了含油脂和蜡的浸润剂），以提高粘贴效果。玻璃布除油蜡的方法有两种：一是将其在碱水中浸泡 30~60min，再用清水洗净；二是将其放在烘烤炉上加温到 190~250℃，使油蜡燃烧（会产生很多灰尘），烘烤后将玻璃布在浓度 2%~3% 的碱水中煮沸 30min，取出用清水洗净并晾干。其中，后一种方法效果较好。

粘贴前先将混凝土面凿毛，并冲洗干净，使表面无油污灰尘，若表面不平整，可先用环氧砂浆抹平。粘贴时，先在粘贴面上均匀刷一层环氧基液（不能有气泡），接着展开、拉直玻璃布，放置并抹平使之紧贴在混凝土表面，用刷子或其他工具在玻璃布面上刷一遍，使环氧基液浸透玻璃布并溢出，在该玻璃布上刷环氧基液。按同样方法粘贴第二层玻璃布（为了压边，上层玻璃布应比下层的宽 1~2cm）。

2. 粘贴钢板法

首先按所需尺寸切好钢板，用打磨机研磨，使其表面露出钢的本色。修凿裂缝附近混凝土，表面使其平整，用丙酮或二甲苯擦洗修补部位的混凝土表面及钢板面以去除黏结面的油脂和灰尘，在钢板和混凝土粘贴面上均匀地涂刷环氧基液黏结剂。用方木、角钢和固定螺栓等均匀地压贴钢板，待养生到所需时间，拆除方木、角钢等材料，并在钢板表面上再涂刷一层养护涂料（如防锈油漆）。

（三）裂缝的压力灌浆修补法

压力灌浆法一般用于裂缝多且深入结构内部或结构有空隙的部位。它通过施加一定的压力，将浆液灌入结构内部裂缝中，以封闭裂缝，恢复并提高结构强度、耐久性和抗震性。该方法依据灌入浆材的不同，又可分为水泥灌浆法（灌浆材料为纯水泥、水泥砂浆、水泥黏土、石灰、石灰黏土、石灰水泥）和化学灌浆法（灌浆材料为环氧树脂类浆液、丙烯酸酯类浆液、水玻璃类浆液、丙烯酰胺类浆液、丙烯酸盐类浆液、聚氨酯类浆液等）。

1. 水泥灌装修补法

水泥灌浆修补法的施工要点如下。

（1）灌浆前应再仔细检查一遍裂缝，确定修补的数量、范围、钻孔的位置及浆液数量。

（2）钻孔时，一般不可顺着裂缝方向，钻孔轴线与裂缝面的交角以大于30°为宜。

（3）钻孔完毕后应清孔，可用水由上向下冲洗各孔。用水冲净后，再用压缩空气将各孔吹干。孔眼的冲洗、吹风是按由上向下、一横排接一横排的顺序进行的。

（4）灌浆前应先将结构中大的裂缝与孔隙堵塞起来，以防灌浆时浆液通过它们流到表面（即止浆、堵漏处理）。止浆、堵漏主要有三种方法：用水泥砂浆或环氧砂浆涂抹，用环氧胶泥粘贴，用棉絮、麻布条等嵌塞等。

（5）灌浆前应作压水或压风，以检查孔眼畅通情况及止浆效果。

（6）通过结构上人工钻成的孔眼将水泥浆液灌入。

（7）圬工结构灌浆时，水泥标号一般不低于 325 号，灌浆压力一般为 0.1~0.304MPa。

（8）混凝土、钢筋混凝土结构灌浆时所用的水泥标号一般不低于 425 号，灌浆压力一般为 0.405~0.608MPa。

（9）当工程量较大时，可采用灌浆机、灌（压）浆泵、风泵等加压设备。

当工程量较小时，可采用打气筒状的注射器。

2. 化学灌装修补法

化学灌浆修补法的施工要点如下。

（1）灌浆前应先对修补部位的裂缝情况进行详细的检查、记录，做好定量和定性的分析。据此计算和安排有关灌浆材料配量、埋嘴、灌浆注射等工作。

（2）在裂缝两侧画线之内用小锤、手铲、钢丝刷等工具将构件表面整平，凿除突出部分，再用丙酮擦洗，清除裂缝周围的油污（不要将裂缝堵塞）。

（3）应选择大小合适、自重尽可能轻的嘴子。嘴子的布置原则是：宽缝稀，窄缝密；断缝交错处单独设嘴；贯通缝的嘴子设在构件的两面交错处。

（4）埋嘴前，先把嘴子底盘用丙酮擦洗干净，然后用灰刀将环氧胶泥抹在底盘周围，骑缝埋贴到构件裂缝处（不要将嘴子和裂缝灌浆通道堵塞）。

（5）埋嘴后，应封闭其余裂缝，进行嵌缝或堵漏处理，以保证浆液将裂缝填充密实、防止浆液流失。裂缝封闭方法为：①对于裂缝较小的混凝土构件，先沿裂缝走向均匀地涂刷一层环氧浆液（宽7~8cm），再在其上分段紧密贴上一层玻璃丝布（宽5~7cm）。在嘴子底盘周围5~10mm的范围内不贴玻璃丝布，可用灰刀沿其周围先抹上一层环氧胶泥（鱼脊状），再刷上一层环氧浆液。②对于裂缝较大的混凝土构件，先沿裂缝用风镐凿成V形槽（宽5~10cm，深3~5cm），再清除槽内松动的碎屑、粉尘，最后向槽内填塞水泥砂浆。

（6）在前一步骤完成一天以后，应进行压水或压气，以检查裂缝封闭及孔眼畅通情况。

（7）化学灌浆可采用两种工具：手压泵，裂缝较大时采用；灌浆注射器，裂缝较细微、灌浆量不大时采用。两者灌浆时均应保证泵或注射器针头与嘴子的严密连接，不能漏气。前者与灌嘴可用聚氯乙烯透明塑料管连接，后者可将气门芯套在针头上，再将针头插入灌浆嘴内进行灌浆。

（8）灌浆时应注意压力的控制。当裂缝较宽，进浆通畅时，压力应小（手压泵泵压控制在0.1~0.2MPa）。当裂缝细微、进浆困难时，压力应大（手压泵泵压控制在0.4MPa左右）。用灌浆注射器注射主要靠手的推力，以灌得进浆液为准。

（9）灌浆的次序应事先标定。灌浆次序标定原则是：竖向裂缝先下后上，水平裂缝由低端逐渐灌向高端，贯通裂缝在两面一先一后交错进行。灌注过程中应随时注意排气。每灌完一个嘴子，不要急于转移器械，稳压几分钟待所修补裂缝吃浆饱满再灌下一个嘴子。在每个灌完的嘴子上绑扎一段透明塑料管，以便其溢浆时可立即扎死管子。

（10）灌浆完毕待浆液聚合固化后，拆除灌浆嘴，并用环氧胶泥抹平。在每一道裂缝表面再刷一层环氧树脂水泥浆，以确保封闭严实。

3. 水泥灌浆修补法的施工时注意安全事项

（1）施工现场注意通风，以防技术人员呼吸中毒。

（2）灌浆材料应密封储存。

（3）施工人员应佩戴口罩、橡胶手套、防护眼镜等。

（4）身体接触到环氧树脂材料时不可用丙酮等溶剂清洗，应先用锯木屑或去污粉擦除，再用肥皂热水清洗。

（5）施工器械可用丙酮、甲苯等溶剂或热水清洗。

（6）施工现场严禁明火，注意器械与残液的回收，以防污染环境。

（四）裂缝修复质量检验与验收

表面封缝材料固化后应均匀、平整，不出现裂缝，无脱落。

当注入裂缝的胶黏剂达到 7 天固化期时，应采用取芯法对注浆效果进行检验。芯样检验应采用劈裂抗拉强度测定方法。当检验结果符合下列条件之一时为符合设计要求：

（1）沿裂缝方向施加的劈力，其破坏应发生在混凝土内部（即内聚破坏）。

（2）芯样破坏虽有部分发生在界面上，但这部分破坏面积不大于破坏面总面积的 15%。

第四节 桥梁结构加固技术及应用

一、桥梁结构加固与技术改造规定

（1）桥梁经过技术状况评定及承载能力鉴定后，确认经过加固能满足结构安全或正常使用要求时应进行加固。加固工作的内容及范围应根据评定结论和委托方提出的使用要求确定。

（2）桥梁的加固应尽可能不损伤原结构，避免不必要的拆除及更换，防止加固中造成新的结构损伤或病害。

（3）因特殊环境（高温、冻融、腐蚀等）造成的桥梁结构病害，加固设计时应采取针对性的处治措施。

（4）有抗震要求的桥梁，加固时还应进行桥梁抗震能力验算。

（5）加固施工方法、流程、工艺的设计，应考虑结构或构件出现倾斜、失稳、坍塌等可能性，并采取有效措施。

（6）特大桥、大桥主要承重构件的加固方案应进行充分论证，做多方案的技术、经济比选。

二、梁桥上部结构的加固

（一）上部结构加固的规定

梁式桥的主梁受力状况由三个要素决定，即荷载（恒载、活载）作用产生的内力（弯矩），主梁截面面积决定的截面几何特性（惯性矩、几何抗弯弹性模量）和主梁材料的自身强度。当外界条件改变，如车辆荷载增加、超限、超重等，对桥梁引起的内力增大，超过主梁结构和材料强度的允许范围时，势必造成主梁受拉部位开裂、破损、承载力下降，成为危桥。随着桥梁运营年限的增加，各种外界因素导致材料性能恶化、强度降低，也将造成原桥承载力下降、开裂、破损，最终成为旧危桥。

钢筋混凝土及预应力钢筋混凝土梁板桥的加固应符合以下规定：

（1）当梁板桥强度、刚度、整体性及耐久性不足时，应对其进行加固。

（2）梁板桥的加固主要采用粘钢加固、FRP 加固、高强钢绞线网聚合物砂浆加固、体外预应力加固等方法，也可采用上述多种方法的组合。

（二）上部结构的加固原理

目前对桥梁进行加固遵循的原理都是力学基本原理，主要使用的加固角度有两个：一个是外界因素角度，另一个是内在状况角度，加固的目的是为了让桥梁有更高的承载力。

1. 外因角度

首先，增大截面。增大截面的时候，我们可以使用喷射混凝土、外包混凝土或是现浇混凝土的方式增加主梁截面的尺寸。增大截面方法加固的本质是让主梁截面的抗弯惯矩或几何抗弯模量有所增加，如果弯矩不变或荷载等级有提高的时候，我们可以让截面几何特性发生改变，进而降低主梁截面要承受的拉应力，让主梁材料始终能够承受拉应力。做到这一点就提高了桥梁的承载力，也就实现了主梁加固。其次，增加主梁高度。可以在主梁的加固中使用环氧砂浆粘贴钢板、碳纤维布、环氧玻璃钢以及芳纶纤维布等高强度的材料。主梁强度增加的加固方法不改变主梁截面，只是增加主梁受拉区材料本身的强度，无论荷载等级是不变还是增加，主梁受到的荷载拉力都不会超过主梁材料的承受力，也就实现了主梁的加固。

2. 内因角度

从桥梁结构体系的改变入手，把原来的简支梁体系改成连续梁，并且通过加八字支撑的方式让桥梁路径发生改变，也可以通过施加预应力的方式让主梁从弯剪结构变成压弯剪结构，这两种方式改变的是结构内力以及应力的分布情况，进而提高主梁的承载力。

总得来说，对主梁进行加固的时候，无论是从外部进行加固，还是从内部结构的角度进行加固，它的基本原理都是控制主梁承受力的变化实现加固，要么是减少主梁承受的拉应力，要么是提高主梁自身能够承受的拉应力大小，以此实现桥梁承载能力的整体提高。

(三) 增大截面的加固

当年，已经建工完成的桥梁基本已经投入使用很久了，它在建设之初遵照的是当年设定的荷载等级要求。但是当今交通运输情况有了极大的变化，过去建设的桥梁有的已经无法满足如今的交通需求了，甚至出现了危桥。之所以出现这样的情况，是因为桥钢筋和截面的尺寸比较小，无法承载如今的桥面压力。这样的桥的问题可以使用加大构件截面的方法来解决。

1. 增大截面的加固原理与特点

增大截面的加固方法适合对钢筋混凝土受弯构件、预应力混凝土受弯构件以及钢筋混凝土受压构件进行加固，构件截面增加以后，构件的刚度、强度、抗裂性、稳定性都会有所增加。

对受弯构件进行加固的方法属于被动加固方法的一种，按照被加固构件的加固目的、加固要求、加固尺寸、加固受力点的不同，我们可以将加固分成单侧加固、双侧加固、三侧加固以及四周外包加固，不同的方法操作起来方便程度不同。除此之外，这种方法还可以被分成以增大截面为主的加固和以加配钢筋为主的加固，有的时候也可以两种加固共同使用。以钢筋为主的加固方法主要目的是让配筋能正常发挥作用，所以，使用这个方法时，需要考虑钢筋之间的间距以及钢筋保护层，在此基础上，加大截面尺寸。

使用增大截面的方法处理钢筋混凝土受弯构件以及预应力混凝土受弯构件的加固时，有两种方法：一是增加混凝土的截面，这种方法利用现浇混凝土来提高正截面的高度，进而实现正截面刚度的增加和抗弯承受力的增加；二是增加受力钢筋的截面，这种方法需要在受拉区截面的外面增加纵向方向的钢筋，与此同时，还需要根据构造的具体要求浇筑混凝土保护层，以此作为纵向钢筋可以正常工作的保障。所以，在具体的操作中，我们应该结合实际状况，考虑选择以上两种方法。

增大截面加固方法的特点有：

第一，计算方法简单，主梁有明确的受力，进行加固之后，主梁有了更好的承受能力、稳定性和刚度。

第二，操作简便，经济实用。施工活动集中于桥面，可以更好地操作，工程质量有更好的保证，而且经济效益可观。

第三，构件截面的增加会使上部结构的恒载增加，这会影响原来桥梁的下部结构。

第四，需要进行大量的现场作业，还要进行桥体养护，所以会适时中断交通。

第五，如果是在梁底加大尺寸，那么会造成桥下净空间的缩小。

2. 增焊主筋的加固法

如果遇到了梁内受力钢筋截面积不足和桥下净空间不足而无法通过增加桥梁高度来提高桥抗弯承载力的情况，我们可以选择增加纵向方向的主梁钢筋，利用这种方法实现桥梁的加固，具体的步骤如图 6-9 所示。

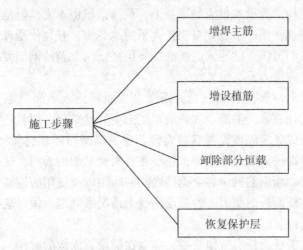

图 6-9　增焊主筋加固法主要施工步骤

（1）增焊主筋。凿开梁肋下缘混凝土保护层，露出主筋，将原箍筋切断并拉直，再把新增钢筋焊在原主筋上，新增受力钢筋与原受力钢筋净间距在20mm 以上，采用短筋或箍筋与厚钢筋焊接，增焊钢筋断头宜设在弯矩较小的截面上。为减少焊接时温度应力的影响，施焊时应采用断续双面施焊，并从跨中向两支点方向依次施焊。

（2）增设植筋。如果原桥梁的箍筋不足或梁腹出现剪切裂缝，则在加固过程中，在增焊主筋的同时还应在梁的侧面增加 U 形箍筋或封闭式箍筋，并与原构件牢固连接。具体做法是：在梁腹上埋入梢钉，把补充的箍筋固定起来，并把箍筋上端埋入桥面板中。

（3）卸除部分恒载。加固时，为了减少原结构的截面应力，使新增加的钢筋充分发挥作用，有条件时应采取多点顶起等措施，将梁顶起或凿除部分桥面铺装，然后再进行加固（起顶位置和吨位由计算确定）。

（4）恢复保护层。钢筋焊接好并接卡箍筋后，重新做好混凝土保护层。

3. 增大混凝土截面的加固法

使用增大混凝土截面的方式对桥进行加固时，需要考虑结构分阶段受力的特点，然后在此基础上，分析计算。这种方法的使用是有限制的，即加固之后的恒载必须在原来结构下缘受拉区承受的范围内时才可以使用这种方法，换句话说，就是原来的恒载和加固之后的恒载的总和不可以超过原来结构截面的承受范围。

受压区增大截面加固方法通常用于处理跨径小的 T 形梁桥以及板梁桥。如果原来的桥结构构件没有过大的承载力，截面面积也不大，但是它有良好的墩台和基础，在这种情况下，如果想扩大桥的承载力，并且使用较为方便的施工方式，那么我们可以拆除原来的桥面铺装层，浇筑上新的钢筋混凝土层，以此提高梁板的抗弯能力。

拆除原来的桥面铺装层之后，需要处理原桥面板表面凿毛，将其剔除干净，这样才能让原来的混凝土和新的混凝土更好地结合，而且，要定隔设置齿形剪应力槽，或者定隔埋设桩状剪力键，也可以使用环氧树脂材料的胶结层。同时，为了提高桥面板的承受力，还要在桥面板上铺钢筋网，这样可以避免钢筋混凝土撕裂。而钢筋网中各个钢筋之间的间距以及使用的钢筋直径大小都需要参考实际的桥面板的受力、补强层的受力情况来确定。做好这些之后，可以着手铺设新的铺装层。

如果原来的桥面板有三角垫层，那么在铺设新面板的时候，可以将三角垫层去除，同时，铺上可以和原来桥面板共同受力、组成整体的钢筋混凝土补强层，也可以直接用钢筋混凝土补强层替代原来的桥面铺装层，这种处理方法不会增加桥的自重，有更好的加固效果，而且操作简单，但是也有不足，那就是施工的时候，路面无法通车。所以，如果是无法中断的重要道路，那么就不能使用这种方法。这种方法有使用范围，只适合跨径小的 T 形梁桥以及板梁桥。

除此之外，在实施之前，还需要综合考量梁板的受力状况，根据梁板可以承受的翼缘强度限度明确桥面可以设定的加厚高度。

除此之外，我们还发现有一些 T 形梁桥本身没有太高的原截面高度，或者截面比较小，所以没有过高的承载力。在处理这样的桥梁时，我们可以选择将梁肋下缘处的截面面积扩大，但是支座的梁端部分截面保持不变，在原截面和扩大的截面之间需要建立斜面，斜面的作用是过渡。新增的混凝土截面中应该加入受力主筋，以此让原结构和加固层之间实现紧密结合，成为整体，共同承担荷载。

在浇筑新的混凝土之前，必须把原来混凝土中的表面毛去除，露出骨料，同时，按照固定的间距把主筋凿出来，这样做是为了促进新的主筋和原来的主筋之间的联结。通常情况下，会使用悬挂模板现场浇筑新的混凝土。

三、拱桥上部结构加固

（一）粘贴钢板的加固方法

1. 粘贴钢板加固的优点

桥梁的拱圈在荷载条件下会受到拉应力的作用。当桥梁的材料强度不足以应对这种拉应力的时候，拱圈就会出现损坏，导致桥梁承载能力下降，甚至出现坍塌。此种情况下，可以采用加大拱圈横截面的办法增强拱圈的强度。除此以外，将钢筋、钢板、碳纤维材料、玻璃纤维材料等粘贴在拱圈受拉的部位，同样可以提高拱圈的强度，从而提升桥梁的承载能力。

其中，粘贴钢板就是一种常用的加固桥梁方法。钢材的强度远高于石头或混凝土等桥梁基材，粘贴时还可以结合桥梁受力情况间隔粘贴。因此，粘贴钢板法可以应用于多种类型的拱桥，无论是石拱桥还是混凝土拱桥，都可以采用粘贴钢板法进行加固。采用粘贴钢板法进行桥梁加固时，钢板放置位置通常为受拉区段，钢板的使用数量可以综合拱圈受拉的强度进行估算，钢板的应用范围一般为导致拉应力产生的负弯矩区或正弯矩区，并延长 1~2m。钢板厚度以5~10mm 为宜。钢板长度不可过长，在分段粘贴时，每段钢板长度一般为 1.2~1.5m，以确保钢板可以与桥拱腹线紧密贴合。钢板可以根据需要直接在工厂进行加工，在粘贴桥梁的一面提前布置好膨胀锚栓，在砂浆凝固之前进行固定，确保钢板可以与拱圈紧密贴合。下面简要介绍粘贴钢板法的施工工艺，也可以参照上述桥梁的施工方法。

2. 粘贴钢板的加固施工工艺

在使用粘贴钢板法对桥梁进行加固时，钢板通常布置在拱圈的受拉部位，以提高拱圈的强度。拱圈属于压弯构件，根据界限受压区高度的不同可以分为大偏心受压构件和小偏心受压构件。粘贴钢板法通常应用于加固大偏心受压构件。

加固施工工艺及要点如下。

（1）在钢板上钻灌胶孔和排气孔。

（2）表面处理要点包括：①钢板表面除锈至发光，再做粗糙处理，纹路与受力方向垂直，然后用酒精或丙酮棉纱清洗钢表面除油；②打磨混凝土表面除去表面风化层，找平冲洗烘干。

（3）钢板密封要点包括：①配制密封胶，每次配胶量不宜超过500g，在30min内用完，以免浪费；②用密封胶密封钢板边缘及锚固螺栓；③在灌胶孔和出气孔上安装灌胶嘴并用密封胶黏结，密封后约2h，即可进行下一步施工。

（4）灌胶要点：①在灌胶嘴上安装塑料管，以备罐满时密封；②配制灌注胶，每次配胶量不应超过500g，在2h内用完，冬季时间可长些；③将胶液加入灌胶器中；④将灌胶器出口与灌胶嘴相连，加压人灌胶器打开阀门灌胶；⑤当出气孔有胶液流出时弯折塑料管，用钢丝捆扎，等待下一出气孔胶液流出；⑥如钢板过长，下一出口很久没有胶液流出，可将灌注口密封后，在下一出气口继续灌注。

（5）灌注胶使用的注意事项为：①使用灌注胶之前要确保其技术指标符合要求，要具备有资质单位出具的包括胶体性能、黏结能力、耐环境作用、耐应力作用等各项检测指标在内的安全性能检测报告；②灌胶的厚度一般为2mm；③施工时要严格遵守灌注胶的施工工艺要求。

（6）钢板的焊接要求为：①焊接施工前应严格检查焊接件，检查内容包括焊接件的平整情况、拼接情况，要对焊接设备和材料进行检查，确保焊接设备能够正常使用，焊接材料符合各项要求，还要检查焊剂和焊条是否烘干，焊剂中的异物和焊丝上的污渍是否清理干净；②焊接施工后，要严格对焊缝进行检查，确保符合相关工艺要求。

（7）钢板的防腐要求为：要先去除裸露在外的钢板上的锈迹，然后使用丙酮等溶剂去除油污，之后刷底漆和面漆各一遍。

（二）调整拱上建筑恒载加固方法

1. 加固原理及设计

拱圈是拱桥的主要承重构件，其形状呈轴线形。这对拱圈截面内力的分布具有一定的影响。在设计拱桥过程中，较少弯矩的产生是拱轴线选取的一项重要参考原则。拱轴线重合于荷载压力线是最理想的情况。这种情况下，拱圈内部不会产生弯矩，圬工材料的抗压能力可以得到最大限度的发挥。事实上，除了恒载以外，拱桥的受力情况还受到活载、温度、弹性、徐变等多种因素的影响。这些因素都可以导致拱圈截面产生弯矩。因此，拱圈内部不产生弯矩的拱轴线只能是一种理想状态。通常而言，恒载是一个最重要的考量因素，当拱轴线重合于恒载的压力线时，即可认为该拱轴线比较合理。

调整拱上建筑恒载加固方法，即通过调整拱上恒载改变压力线，使恒载压力线尽可能重合于拱轴线，从而减少弯矩。在桥梁承受的荷载中，拱上恒载比重较大，拱桥的恒载自重是拱圈承载力需要承担的主要部分。通过对拱上建筑进行适当的加载或减载，能够明显改善拱圈的受力情况。小跨径和中等跨径的石拱桥，尤其是实腹式拱桥，其拱上的填料比较多，适合利用调整恒载的方式调节拱桥的受力情况。大跨径石拱桥，特别是老旧拱桥，通常存在主拱圈破裂、拱轴线偏离等问题，如果此时能够对占桥梁承受荷载较大比例的拱上恒载进行调整，则十分有利于改善这些问题。对于空腹式拱桥，还可以结合钢筋混凝土套箍加固技术，以充分提高桥梁的承载能力。

在桥梁的活载承载能力不足或者桥梁的基础承载力无法承担对拱圈进行加固时，可采取调整拱上建筑的办法对桥梁进行改造，降低恒载自重，从而减少主拱圈的负载。同时，调整拱上建筑的加固方法对下部结构要求较低，因而是一种比较经济的方法。在进行加固设计之前，要对主拱圈的实际拱轴线线形进行准确测量，确保实际拱轴线与理论拱轴线相一致，为后续工作奠定基础。

2. 调整拱上建筑重量的方法

（1）将腹拱式拱上建筑替换为轻型拱上建筑。首先需要将原桥梁的拱上建筑拆除，之后在其上搭建轻型的拱上建筑，如钢筋混凝土钢架或桁架等类型的拱上建筑。这样可以降低恒载，从而承受更多活载，提高桥梁的承载能力。拱圈的受力情况受到拱上荷载分布和拱上建筑的共同影响。因此，在对拱上建筑进行减重时，不仅要仔细计算拱圈的受力情况、改造后桥梁的受力情况，还要对拱上联合作用以及施工过程中裸拱的受力情况予以重视。以最优的拱圈受力情况为目标，对拱上建筑调整方案进行设计，选取最佳的布局方式、结构组成和施工工艺。在拆除原拱上建筑和重建新的拱上建筑时，要严格遵照方案要求进行施工，从而保证施工过程中拱圈的受力均衡。如果裸拱的承载能力不能满足施工要求，就要先对拱圈进行加固，然后再进行拆除和重建，以确保施工安全。

（2）对腹拱的重力式横墙进行挖空或改造处理。对于无铰拱桥来说，拱上横墙通常较大，一些横墙并无横桥向小拱，所以其自重比较大。挖空腹拱的重力式横墙，然后以横桥向小拱或钢筋混凝土立柱取而代之，能够有效降低拱上建筑的自重，增强桥梁的承重水平。

（3）减少拱土填料厚度。一些拱桥的拱土填料厚度较大，如双曲拱桥和石拱桥等。特别是实腹式拱桥，其拱上填料厚度可达一米左右。如果能够减少填料厚度，就能有效提升桥梁的活载承载能力。

（4）采用轻质桥面系取代腹拱体系。一般来说，腹拱式拱桥在建筑过程中，先要利用护拱和填料将桥面系腹孔上方填平，之后再进行浇筑，而且有的区域是实腹部分，所以，此类拱桥的恒载比较大。如果能用微弯板、空心板等轻型桥面系代替原桥面系，就可以有效降低恒载。

第七章　城市道路桥梁 BIM 技术

第一节　BIM 技术的概念

BIM 技术是以 3D 建模技术为核心，将建筑、信息、模型三者结合在一起，以信息化的形式对工程项目主体进行数字化的表达，是一种智慧化的多角度的工作模式，能够提供全方位资源共享平台，具有高效、协同、便捷的优势。BIM 模型则是信息传递的中间桥梁，也是工程应用的基础。

在 BIM 中，每一个字母都有代表的意义。B 是 Building 的缩写，指的是建筑领域。I 是 Information 的缩写，含义是集成工程的所有信息，M 是 Modeling 的缩写，代表模型，是建筑活动中项目应用的基础。

BIM 技术的本质是通过 BIM 类软件创建该建筑的三维模型，将建筑物的几何信息、二维信息以及一些其他信息同二维模型关联在一起，是一种以 BIM 模型为核心对象进行信息化建模的管理方式，其应用涉及建筑项目的各个时期，能够确保各个主体之间信息交流的畅通。

BIM 技术借助 BIM 模型在搭建的平台上进行数据信息的共享交流，提高建筑物模拟的直观性和准确性，保证项目工程进展的效率，提高管理水平。

在实际工程中利用 BIM 技术具有诸多的优势（图 7-1），分别如下。

第一，BIM 技术通过模型实现构件的可视化。可视化是利用 BIM 技术将二维线条型构件以三维模型的形式展现。通过对三维模型进行合理结构分析、审核，及时发现未解决的问题并更新。同时依据模型渲染出不同角度的效果图，实现构之间的互动性和反馈性。

第二，BIM 技术具有很强的优化性。在桥梁工程各个阶段，需要不断地优化图纸来规避和有效化解项目过程中可能遇到的问题。如果借助 BIM 技术进行优化设计，可以让复杂的问题简单化，大幅度提高项目设计的精确度，提升施工方案的合理性。

第三，BIM 技术可以实现信息和资源的共享。由于有限的信息存储空间，传统模式无法传输和共享构件信息。通过 BIM 技术，可以存储从项目设计、施工到运营全部有效信息和数据，并将这些信息进行记录和合并，以此为基础进行多方协调和沟通，确保信息传递的一致性，实现项目中各参与方的协同工作。

第四，BIM 技术可以对复杂构件节点进行可建性模拟，模拟日光、碰撞、节能消耗等常见问题，进行合理的方案分析和优化，模拟项目施工进度过程，节约工程时间和成本。

第五，BIM 技术可以实现参数化建模。参数化建模是 BIM 技术的一个重要优势。在实际项目应用过程中，可以通过参数化图元保障模型参数信息的准确，同时利用参数实现对图元信息自动更新。

第六，BIM 技术可以更方便地进行工程量统计。BIM 模型中包含的所有数据信息都可以用表格的形式统计出来。例如，混凝土的数量、钢筋的数量和预应力钢绞线等。这种计算方式可以降低人为计算误差，科学估算，数据实时更新。

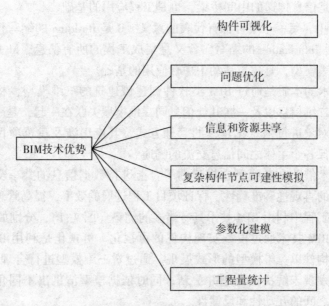

图 7-1　BIM 技术优势

第二节　BIM 技术的应用现状

　　桥梁工程设计一般包括初步设计、技术设计和施工设计三部分。初步设计主要根据前期勘察的数据来完成桥位、桥型以及上下部结构方案的比选工作，并计算出工程概预算数值。技术设计的主要任务是进行细部处理、配筋计算、工程量和结构力学验算。施工设计的任务是进行结构详细设计、施工组织设计、施工详图、结构验算等细化。各个设计阶段主要以 CAD 图纸和工程资料文件来进行交付。

　　依托 BIM 技术的桥梁设计阶段交付形式从工程资料文件升级为 BIM 模型。初步设计阶段在 BIM 模型中利用参数化设计的方式比选设计方案，技术设计和施工设计的工作是优化初设 BIM 模型，校对工程量和出施工图。同时依据 BIM 技术的虚拟模拟技术、射频识别技术等对桥梁工程进行全方位的监控。BIM 技术的桥梁设计阶段所包含的内容和深度都将远远胜于传统桥梁设计。

　　基于 BIM 技术的桥梁设计主要有以下几点。

　　（1）以三维模型为基础，可视化和直观性强，便于各参与方的理解和交流。

　　（2）参数化设计。通过参数化设计增加了设计的灵活性和可重复性，提高了桥梁模型的精度和质量。

　　（3）协同设计。桥梁的建设需要和其他专业配合，比如道路、设备、水路等专业，通过 BIM 平台可以和其他专业的设计人员进行实时沟通，针对专业问题进行探讨，节约了交流的时间。

　　（4）快速出图和工程量统计。BIM 技术并不否定传统文档的作用，而是在此基础上加强优势。通过 BIM 技术导出的二维图纸和其他报表，只要桥梁模型或者其他原始数据比如价格、材料种类等有进行修改的地方，所有涉及该信息的报表和数据将会进行实时修改，减少了相关人员的工作量。

第三节　城市道路桥梁全生命周期的 BIM 技术

　　近年来，随着我国基建行业的迅速推进和发展，BIM 技术，即建筑信息模型技术，作为当前建筑工程领域的热门技术之一，已经取得了广泛的研究和应用。尤其在我国的房屋建筑工程中，已经得到了很好的应用，如中国尊、上海中心大厦、国家会展中心等大型工程，BIM 技术在其建设过程中都发挥了重要的作用。但在我国的桥梁工程中，BIM 技术的应用却仍未全面展开。

与房屋建筑结构相比，桥梁结构更为复杂，在受力分析、结构设计等方面要求更高，所以在设计阶段会不可避免地出现或多或少的问题，进而影响了施工质量、成本、进度等。BIM 技术的出现可以很好地解决桥梁工程中出现的各种难题，从建设项目设计伊始就能够发挥巨大的作用。

一、设计阶段的应用

桥梁设计主要分为预可阶段、工可阶段、初步设计、技术设计、施工图设计阶段。

（1）在预可阶段中，通过设计不同的桥型方案，对其工程造价、投资效益和回报等相关问题进行初步的估算。本阶段通过建设不同的桥梁模型能够对不同的方案进行初步的工程造价和效益估算。而且可以对其周边的地形进行模拟创建，在美观、环境的保护和可持续发展等方面也能够为设计者提供参考和建议，以便于选择更合适的桥梁方案，提高桥梁项目顺利通过的效率和可能性。

（2）在工可阶段中，利用 BIM 技术能够在桥梁的建设规模、施工工艺、设备性能对比、环境等多个方面实现可视化。如使用 Revit 等 BIM 软件建立的桥梁模型不仅可以使设计人员直观准确地了解桥型设计方案，而且还能对桥梁模型中的材料、尺寸等信息进行编辑，从而使设计人员能够更清楚地从桥梁施工技术、成本的控制、工程的状况等多个角度对项目进行调查研究和分析比较。

（3）在桥梁的初步设计阶段中，利用 BIM 技术能够轻松地完成建筑材料以及工程量的统计，为编辑施工图设计文件、施工准备等提供依据。同时也能够通过 BIM 模型来检查图纸的准确性，避免在施工过程中出现错误修改图纸导致的工期延误，以及由此产生的工程浪费。

（4）对于复杂的特大桥、互通式立交桥、新型的结构桥梁等都需要进行技术设计。通过 BIM 技术对桥梁的结构进行深化设计以及局部的细节处理，工程的设计方案也会随之改变，BIM 技术协同化的特点可以做到设计实时更新。当工程的设计方案进行了更改的同时，工程量也会随之进行更新，大大节省了设计人员重复的工作，极大地提高了设计效率，将设计人员从枯燥的计算中解放出来，可以专注于桥梁设计本身。

（5）在桥梁施工图设计阶段中，BIM 技术的数字化、可视化等特点能够发挥很大的作用。该阶段需要对桥梁结构强度进行仔细的计算，确保桥梁结构的强度、变形等条件能够满足运营要求。人为的设计不但费时费力，而且很容易出现计算失误，利用 BIM 技术能够快速准确地计算桥梁配筋、截面以及形状等相关数据，而且系统会自动生成详细的报表，查看时一目了然。即使出现错误，也能够很快的改正。

二、施工阶段的应用

BIM 技术在施工过程中能够实现可视化技术交底，便于更好地、准确地传达工程设计人员的要求和意图。此外通过 BIM 技术可以建立统一的桥梁管理信息平台，对桥梁建设工程进行实时的动态管理和监控。桥梁施工管理不仅包含施工单位，同时包括建设单位、设计单位、监理单位、材料供应单位等。各单位之间信息协调时的效率问题一直都是桥梁工程在建设施工过程中的一大难题。BIM 技术的统一管理平台能够归纳各单位之间的信息，达到数据共享、信息集成，使各单位更好地协调，服务于工程项目，大大提高了工程的建设效率。

在桥梁建设过程中，也可以利用 BIM 技术进行辅助工作。通过建设 BIM 施工模型，施工人员可以更加直观地了解工地的现状，从而进行场地的设计、调整，优化施工现场的管理，有效地保障和提高施工的效率。许多桥区的地形险峻，良好的桥梁施工场地环境管理是重中之重。利用 BIM 技术能够模拟地形、做出精确的地质模型，为桥梁施工场地的环境选择和利用提供依据。同时也可以在电脑上进行灵活的现场布置，不仅可以为工人营造良好的桥梁施工环境和氛围，确保工人的安全，而且还可以提高桥梁施工的效率和质量。通过桥梁施工场地模拟还可以对施工工人进行安全方面的指导和培训，提高工人的安全意识。

工程中造价管理是十分重要的一环，BIM 技术还可以实现造价管理，这与之前的 BIM 模型息息相关。通过 BIM 模型，可以计算各个阶段的施工物资用量，预知项目盈亏情况，通过之前 BIM 技术生成的报表与施工现场材料用量进行对比，实现成本的动态控制。

三、运营阶段的应用

目前 BIM 技术的研究和应用更多地集中于桥梁工程的规划设计及施工的前期阶段，对于后期的桥梁工程运营阶段的应用尚不成熟。现在后期运营很大程度上是人工操作进行数据采集和常规检查，管理效率低下，在我国桥梁检测行业发展如此迅速的时代背景下，人工的检测难以有效地应付如此海量的桥梁工程信息数据收集、管理以及对病害的检测和评估。

BIM 技术在桥梁运营方面的应用相比于人为管理展现了诸多的优势。我国主要依靠中国公路桥梁管理系统，对桥梁进行运营维护。但是由于我国桥梁众多、情况复杂，而且桥梁的评估体系并不完善，加之信息不能够第一时间准确地搜集，使得桥梁运营管理系统还存在一些不足。BIM 技术的信息即时更新能够有效地弥补目前 CBMS 存在的缺陷。若是能够将 BIM 技术与桥梁的运营紧密结合，就能够使 CBMS 系统得到更有效的应用。

除此之外，在桥梁的日常安全管理方面，采用 BIM 技术的桥梁安全管理系统能够有效地将桥梁构件的所有数据结合起来，可以实现对桥梁的实时监测。利用 BIM 的可视化特性以及情景动画模拟可以提出应急预案，并对工程人员进行相关的应急培训，在桥梁的安全应急管理方面就能够发挥非常重要的作用。当面对不可抗力、交通事故等突发性事件时，给出安全完整的应急措施。未来 BIM 技术在桥梁运营维护方面的应用无疑会更加广泛，为我国的桥梁工程事业快速发展插上腾飞的翅膀。

第四节　城市道路桥梁 BIM 技术的应用展望

以实际桥梁工程为例，基于该桥梁项目的工程概况和桥型特点，通过所构建的桥梁族库和编写的程序代码块逻辑关系来创建桥梁三维模型，以验证文中前面所提出的桥梁模型创建流程的有效性和可行性。

根据所提出的创建方法，采用 BIM 技术建成的三维模型，在桥梁设计阶段中进行设计图纸校核及碰撞检查。通过 BIM 模型自动生成材料清单，统计工程量，从而进行桥梁模型的深化设计，为后续类似桥梁工程项目的设计积累经验。

一、城市道路桥梁的 BIM 模型创建

（一）下部构件创建

首先对桥梁构件进行划分，利用 WBS 法则对划分后的桥梁构件进行编码命名，列出清晰的桥梁构件名单，以便后续进行 BIM 应用和项目的信息集成。

　　根据桥梁图纸，该桥梁工程实例下部结构标高定位较为复杂。每个桩基、盖梁的顶标高处于不同的位置，桥墩的顶标高也不同，需要分别设置参数，增加了创建模型的难度。将桩基、系梁、墩柱、盖梁族（图 7-2）载入软件中，① 进行桥梁数据信息系统的整理和族的放置。利用桥梁下部结构 Dynamo 程序分别读取桥梁构件数据表格中的分项数据，进行程序调试和修改，生成桥墩三维模型。

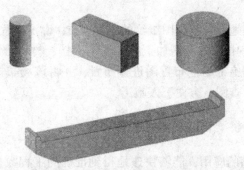

图 7-2　桩基、系梁、墩柱、盖梁族

　　完整的桥梁下部模型，共生成了 17 个桥墩，以桥梁中心线左右对称放置。利用这种创建方式快速准确地确定每个下部构件的高度和位置，节省了在 Revit 中创建参照平面定位和单独修改桥梁构件标的时间，保证了桥梁下部构件尺寸和位置的准确性。

（二）上部构件创建

　　依据桥梁图纸分析，该桥梁实例主体上部结构为单箱等截面、等高度的箱梁模型，难点在于箱梁模型中间曲线形空心部分和两端的曲线造型。

　　从桥梁族库中载入外形相似的箱梁族，在此基础上进行族和参数的修改，同时根据当前项目在箱梁上方预留工作孔和箱梁下方预留空气孔的位置，修改创建完成的单节中跨箱梁。

（三）附属结构创建

　　在桥梁模型的基础上，从桥梁构件族库中载入混凝土铺装层、沥青铺装层、内层外层防撞墙、桥搭板和锥坡、橡胶支座、护栏等附属设施族并进行参数修改。由于整个桥梁的所有模型是由族组成的，所以当需要修改时，只需要

① 王晓. BIM 技术在桥梁设计阶段的应用［D］. 大连：大连交通大学，2020：48.

在族及属性列表中修改参数。该建成的三维模型可以在立面、平面、剖面等多方位进行查看。同时将构件信息录入至该桥梁模型中，为后期 BIM 模型的应用打下基础。

现场施工区域的平面布置也是 BIM 应用中比较重要的一环。通过对施工区域和施工现场进行模拟重现达到安全文明施工的目的。虚拟场地布置需要合理地满足施工管理、施工设置、大临设施的要求，尽量规避和减少建筑材料的不合理搬运。

在软件中创建地形，依据图纸给的工程地质，确定高程点创建该项目的地形。并从桥梁族库中载入钢筋加工棚、施工围挡、材料堆场、汽车吊、搅拌站、罐车等，依据施工场地布置图进行布置，并将该场布模型上传至 BIM 平台中，供工人随时查阅，方便工人施工。

二、城市道路桥梁 BIM 模型的应用

通过 BIM 模型的应用，能够快速地得到准确的工程数据。利用该 BIM 模型，将设计和施工阶段的关键信息进行有效的录入，完成施工时期模拟、施工时期分析和施工时期优化，并进而利用 BIM 模型指导实际施工，提高项目工程质量，完善信息化管理。

(一) 碰撞检测

碰撞检测是 BIM 应用中优势最明显的。碰撞检测最先应用于解决建筑、结构、设备等不同专业之间的碰撞冲突问题。比如不同专业之间的机电管线碰撞、机电管线与结构墙之间的碰撞以及其他钢筋之间的碰撞，等等。碰撞检测的优势在于可以在工人进场之前，发现不同专业或相同专业之间的因碰撞产生的阻碍施工的问题。通过这种提前发现问题的方式减少设计的返工现象，从而减少损失，推动工程的顺利开展。

将碰撞检测应用到桥梁工程的时候，主要的应用方向是发现钢筋之间的碰撞问题。主要有横向预应力钢筋和纵向钢筋之间的碰撞、预应力钢筋的碰撞、预应力钢筋与钢筋之间的碰撞。桥梁钢筋主要结构形式有箍筋、主筋、架立筋、预应力钢束等。其中，预应力钢束是预应力构件的重要成果，能够提高桥梁的刚度和耐久性。

通常情况下，钢筋碰撞问题发生后，需要及时和设计院沟通修改图纸。但是这个修改流程漫长烦琐，容易延误工期。施工单位为保障工期，遇到类似碰撞问题会根据施工经验直接剪切和调整钢筋位置，导致整体桥梁的受力结构因预应力钢筋束的位置而被调整。在软件中用自带的钢筋命令绘制钢筋，绘制完

成的钢筋实体模型由于钢筋体量较大，软件运行时容易卡顿，可以用软件的线框模式或者粗略模式展示。

依据碰撞检测规则进行判断，当发现不合理的位置时，首先检查校对模型和图纸，确定模型和图纸无误后，则推断为设计问题，需对设计问题进行合理优化。

为了保证主梁预应力钢筋能满足桥梁结构性能设计要求，同时考虑施工人员施工的便携性，钢筋碰撞优化具有一定的规则：

（1）当纵向钢筋和横向钢筋碰撞时，应优先适当调整横向钢筋的位置。

（2）当纵向钢筋和竖向钢筋碰撞时，应优先适当调整竖向钢筋的位置。

（3）纵向、横向、竖向钢筋自身一般不会发生碰撞，所以不再进行碰撞检验。

（二）图纸的校核、出图

根据桥梁图纸，将桥梁的三维模型创建完成之后，桥梁设计人员可以根据创建的桥梁模型在软件三维视图、平面、立面、剖面的模式下进行细节的查看。通过校核及时发现该 BIM 模型中有问题的、不合理的地方，做出相应的设计修改，进行图纸校核。

在图纸校核过程中，桥梁设计人员把要修改的桥梁构件参数值更新于桥梁数据信息系统中，通过再次运行程序读取桥梁信息系统中的修改数据进行模型更新。由于在程序的设计过程中已经将各桥梁构件参数信息进行了关联，所以当某一桥梁构件的参数信息修改后，与之相关联的所有桥梁构件的信息也将发生相对应的改变，实现了相关联数据族的一次性批量修改。通过这种途径进行设计修改，相比于需要单个修改构件的参数信息提高了效率，保证了模型的质量和精度。由于实际的桥梁模型尺寸较大，考虑显示比例问题，为能使尺寸清晰地展示，所以这里的桥梁图纸未使用图框。

（三）工程量的统计

工程量的统计设计需求一旦发生修改，无法实时更新构件的工程量，需要统计人员修正每个过程的数据信息，增加了桥梁设计阶段的工程量。整体而言，传统方式对桥梁整体数据信息缺乏系统化管理，造成了项目数据信息和模型无法关联。

通过 BIM 技术可以精确地统计桥梁构件的材料用量和成本信息，通过桥梁构件参数化的建模和在明细表中定义相关工程量的成本计算公式进行工程量的分析和统计，对项目成本进行控制。在软件中利用功能区的明细表命令对项目工程量进行统计，明细表的类型分为实例、关键字、材质明细表等。明细表中统计的信息有族、族与类型、体积、材质、合计、混凝土量、钢筋量等。同时也能分别统计工程项目的新建和拆除工程量，需要在创建构件时确定属性栏中该构件的类型是新建还是现有。明细表功能统计的工程量是实量，如果修改了模型中的桥梁构件，明细表中关于该构件的数量或者相关联的工程量自动发生更改，不需要设计人员再次更新工程量，节省了时间。

以桥梁 BIM 模型校对后的桩基为例研究工程量统计在桥梁设计阶段的 BIM 应用。在软件中建立桩基明细表，该表统计的字段信息有族与类型、族名称、材质和体积，创建的所有桩基混凝土明细表。

由于桥梁钢筋数量多、形状复杂，手动计算的工作量比较大，特别容易出错，可以通过明细表直接对钢筋进行出量，统计钢筋的长度和重量。利用明细表表明统计钢筋的类型、直径、钢筋体积等字段数据信息。将图纸中的混凝土用量和软件中的混凝土用量做对比，查看是否在合理值范围内。如果发现相差较大，应首先检查模型，确保模型无误之后，说明图纸工程量有误，需要进行修改。

(四) 桥梁的施工模拟

桥梁工程传统的施工方案是通过文字与图纸的形式来表示复杂的施工工艺，这种形式不能直观、充分地表达施工意图，无法细致地考虑各个施工环节。通过 BIM 模型可以对施工难度大、施工节点复杂的部位进行分解式施工模拟，得出合理的施工工序，在相应的软件中进行施工模拟，达到准确施工的意图。

桥梁项目的总体施工工序为：桩基—系梁—墩柱—盖梁—箱梁—端部横梁—横向湿接缝—桥面铺装—桥面线。

1. 制订施工计划

按照施工工序及 WBS 编码单元对桥梁模型进行拆分，确保模型的最小单元不大于工序单元，给每个工序对应一个 WBS 编码，编码原则采用"单位工程-分部-分项"。根据工序划分排定工期计划，将模型与计划导入 Navisworks 平台，并通过 WBS 编码实现模型与计划的自动匹配，生成施工模拟，进而优化施工方案。

2. 预制箱梁支模、运输、拼装模拟

利用 BIM 模型和 BIM 信息，对施工工艺复杂、施工节点复杂的部位进行施工模拟，得出合理的施工工序，起到指导施工的作用。预应力钢筋的支模步骤：台座—底模—波纹管—钢筋—侧模—内模—端模—顶部支架—箱梁—拆模—

预应力钢筋张拉—压浆封锚。通过模型直观地表现预制梁加工的作业流程及质量控制点，提高了施工交底的效率，确保了施工质量。

施工进度模拟是在 BIM 模型的基础上加入时间线，利用施工组织设计模拟施工工序，将施工进度日期和模型关联实现虚拟施工，检查设计施工方案的合理性，优化资源配置。

通过 BIM 技术可以基于软件对该项目进行 4D 施工进度模拟，具有良好的兼容互动性，传递的三维模型信息准确，可以直观地通过施工进度计划实时反映施工进度，将实际施工计划和原始施工计划进行比较，发现有问题的地方。

结束语

我国基础设施建设在近几年发展势头迅猛，大批优秀的国家注册建造师投身道路工程建设行业，为行业的发展带来生机勃勃的希望。在工程施工技术人员按照国家规范、自己掌握的固有知识指导施工的同时，道路行业中的新技术、新材料、新工艺层出不穷。一些新的知识来自施工单位技术人员的经验总结，一些新技术来自高等院校的科研人员。无论新技术来自何处，对于国家建造师来说都是用于指导施工、解决施工中遇到的难题，进一步丰富自己专业知识的精神食粮。因此，掌握近年来道路桥梁工程新技术、新材料、新工艺，对设计单位技术人员、院校学生来说十分必要。

本书主要研究道路桥梁建设方面近年的新技术以及发展趋势，重点强调合理设计、科学施工、以人为本的理念，希望在道路桥梁设计与施工过程中，技术人员能够从社会、人类和人的健康、生命、发展的角度看待问题、解决问题，使道路桥梁施工、设计最低程度地破坏自然，尽最大可能保护环境和人的生命、健康。

参考文献

［1］李远富，王恩茂. 道路桥梁工程概预算［M］. 武汉：武汉大学出版社，2015.

［2］李栋国，张洪军，戴文宁. 道路桥梁工程施工技术［M］. 武汉：武汉大学出版社，2014.

［3］周艳. 道路工程施工新技术［M］. 徐州：中国矿业大学出版社，2013.

［4］吴书君. 道路与桥梁工程试验检测技术［M］. 徐州：中国矿业大学出版社，2012.

［5］蔡宇. 道路桥梁工程原材料试验检测技术探讨［J］. 住宅与房地产，2020（36）：108，116.

［6］王江超. 道路桥梁检测技术的要点及应用探究［J］. 居舍，2020（34）：53-54，44.

［7］石志刚. 市政道路桥梁工程中沉降段路基路面的施工技术［J］. 智能城市，2020，6（10）：185-186.

［8］尹彦锋. 桥梁检测技术及应用分析［J］. 交通世界，2020（14）：130-131.

［9］贺金平. 桥梁工程原材料试验检测关键技术［J］. 设备管理与维修，2020（08）：47-49.

［10］杨郑波. 市政道路桥梁工程中的沉降段路基路面施工技术分析［J］. 工程技术研究，2020，5（06）：76-77.

［11］王静，王焕东. 论述混凝土施工技术在道路桥梁工程施工中的应用研究［J］. 价值工程，2020，39（02）：155-156.

［12］孙欣. 市政道路桥梁工程的常见病害与施工处理技术探究［J］. 绿色环保建材，2019（05）：117，120.

［13］沈艺平. 试析市政道路工程材料的检测技术［J］. 江西建材，2019（02）：23，25.

[14] 贺拴海，赵祥模，马建，等. 公路桥梁检测及评价技术综述 [J]. 中国公路学报，2017，30（11）：63-80.

[15] 杨延军. 桥梁检测技术及发展趋势 [J]. 交通标准化，2014，42（16）：157-158，162.

[16] 黎晓东. 公路桥梁检测技术与应用 [J]. 交通标准化，2013（03）：20-22.

[17] 方诗圣，李海涛主编. 道路桥梁工程施工技术 [M]. 武汉：武汉大学出版社，2013.

[18] 张俊编. 道路工程施工技术 [M]. 武汉：华中科技大学出版社，2018.

[19] 王天成，张志伟主编. 道路工程施工技术 [M]. 北京：中国铁道出版社，2015.

[20] 肖飞鹏，王涛，等等. 橡胶沥青路面降噪技术原理与研究进展 [J]. 中国公路学报，2019，32（04）：73-91.

[21] 白晓辉. 道路工程路面排水技术分析 [J]. 科学技术创新，2018（03）：132-133.

[22] 闫宝杰，陈荣生. 城市水泥混凝土路面改造工程中破裂稳固技术的应用 [J]. 公路交通科技，2005，22（12）：20-22，34.

[23] 张永胜. 钢纤维混凝土路面施工技术探讨 [J]. 公路工程，2008，33（4）：121-124.

[24] 吴祥燕，谢德龙，刘鹜，等. 沥青路面精表处技术的机理及施工工艺 [J]. 筑路机械与施工机械化，2016，33（8）：29-34.

[25] 陈锋锋，黄晓明，张军辉. 连续配筋混凝土路面设计和施工方法的研究 [J]. 华中科技大学学报（城市科学版），2005，22（1）：49-53.

[26] 王庆祝. 透水沥青路面在我国湿热多雨地区城市道路应用的可行性研究 [J]. 中外公路，2005，25（6）：27-29.

[27] 曾革，唐元英. 沥青混凝土路面现场冷再生技术的应用研究 [J]. 公路，2007（4）：54-57.

[28] 郑霜杰. 桥梁工程施工技术 [M]. 武汉：华中科技大学出版社，2018.

[29] 范伟. 道路桥梁维修与加固 [M]. 徐州：中国矿业大学出版社，2016.

[30] 闫敏伦，杨淇源. 预制拼装桥梁下部结构关键技术研究 [J]. 智能城市，2021，7（02）：141-142.

[31] 高雷雷. 多滑道顶推技术在大宽高比桥梁施工中的应用 [J]. 施工技术，2018，47（04）：85-88.

[32] 王春清. 京秦高速公路沥青路面预防性养护技术研究 [D]. 西安：长安

大学，2007：63-102.

[33] 周慧文，韩玉虎，陈旭鹏，黄涛. BIM 技术在桥梁工程全生命周期的应用分析 [J]. 北华航天工业学院学报，2020，30（05）：15-17.

[34] 王晓. BIM 技术在桥梁设计阶段的应用 [D]. 大连：大连交通大学，2020：17-74.

[35] 杨胜. 桥梁检测技术在桥梁结构加固中的作用效应 [J]. 四川建材，2020，46（09）：163，171.

[36] 乔菡菡. 桥梁结构常见的病害及加固方法研究 [J]. 工程建设与设计，2020（05）：183-185.

[37] 陈安京，岳立强，张宇峰，徐一超. BIM 在城市桥梁管养中的应用研究 [J]. 建筑技术开发，2019，46（08）：110-111.

[38] 蒋凡. 环氧树脂浆液修补技术在桥梁维修中的应用 [J]. 河南建材，2018（05）：24-25.

[39] 徐庆林，曾竟成，邬志华，吴彬瑞. 复合材料加固混凝土桥梁结构有限元模拟 [J]. 科技导报，2016，34（08）：84-88.

[40] 刘丰军，朱潇赢，熊满初，等. 城市道路标志速度调整研究 [J]. 公路交通科技（应用技术版），2019，15（09）：335-338.

[41] 孙超，陈小鸿，张红军，等. 基于速度管理的城市道路交通安全应用 [J]. 中山大学学报（自然科学版），2018，57（03）：155-163.

[42] 程雪麒，张妍，朱殷桥. VR 技术在城市桥梁概念设计中的应用 [J]. 四川建筑，2017，37（04）：56-59.